학습이란 무엇인가

학습이란 무엇인가

김규민 지음

Just play, have fun, enjoy the game.
- Michael Jordan

삶과 죽음, 그리고 학습의 본질에 대하여

삶이란 무엇이며, 죽음이란 무엇인가? 그리고 그 속에서 학습이 가지는 의미는 무엇인가? 이 책을 읽는 여러분 모두는 살아 있지만 각자가 삶을 정의하는 방식은 다를 것이다. 누군가는 하늘의 구름이 예뻐서, 누군가는 그저 오늘 비가 와서, 또 누군가는 사랑하는 사람과 보내는 나날이 너무나 좋아서, 그리고 대부분은 이러한 고민 없이 그저 태어났기에 살고 있을 것이다. 스스로가 정의하는 자신의 삶은 곧 자신의 존재 가치의 본질을 의미하며, 자신이 왜 살고 있는가에 대한 답변이 된다.

우리 모두는 죽는다. 단 한 명의 예외도 없이 언젠가는 죽음을 맞이할 것이다. 그렇다면 죽음 앞에서 우리의 삶은 어떤 의미가 있는 것인가? 혹자는 이렇게 말할 것이다. "어차피 죽을 건데, 살아서 뭐하지?" 혹은 이렇게 말할지도 모른다. "죽는다는 건 너무 무서워! 죽기 싫어!" 하지만 결론부터 말하자면 둘

다 틀렸다. 죽음은 우리가 무서워한다고 해서 찾아오지 않는 것도 아니며, 그렇다고 해서 무언가 나쁘거나 악의 근원인 것도 아니다.

우리 모두는 스스로가 인식하고 있든 무의식에서 아직 꺼내지 않았든 스스로만의 '삶의 이유'를 지니고 있다. 아무리 외면하려 애써도 언젠가 죽음이 찾아온다는 사실은 변하지 않기에 삶의 이유를 찾으려는 노력을 꾸준히 한다. 그리고 우리 모두가 내리는 답변의 공통점이 있다. '변화'이다.

오늘보다 내일이 더 나을 것이라는 기대, 오늘 달성하지 못한 목표를 내일은 이룰 수 있을 것이라는 희망, 아니면 더 보잘것없어 보이는 이유로 — 내일 해가 뜰 것이고, 꽃이 필 것이며, 그녀가 기분 좋은 미소로 나를 향해 웃어줄 것이기 때문에 — 우리 모두는 살아간다. 그리고 이 모든 것을 가능케 하는 것이 바로 '학습'이다.

학습은 학교에서의 강의만을 의미하지 않는다. 아니, 실은 우리가 생각하는 학교와 학원 수업은 학습의 극히 일부분에 불과하다. 학습의 가장 큰 부분을 차지하고 있는 것은 바로 '훈습 薰習'이다. 고깃집에 들어가서 신나게 고기를 먹다 나오면 무슨 짓을 해도 옷에 냄새가 배기 마련이다. 바로 이것이 훈습이다. 우리 삶 전반에 걸쳐, 태어나는 그 순간부터 생을 마감하는 마지막 순간까지 우리의 사유 속에 주변 환경의 냄새는 끊임없이 배기 마련이다. 내일은 해가 뜰 것이고, 구름은 움직일 것이며, 나비는 날아와 꽃잎에 살포시 내려앉고, 그녀는 라일락 꽃향기 밴 손짓으로 나를 감싸줄 것이라는 기대와 변화, 이 전반에 관여하는 것이 바로 학습이다.

본디 학습은 즐겁고, 행복하며, 누군가에게는 삶을 살아가는 원동력이고, 누군가에게는 상상만 해도 가슴 설레는 활동이어야 한다. 하지만 현대사회를 살아가는 많은 학습자들에게 미소를 발견하기란 쉽지 않다. 꿈을 향해 나아간다는 야망 넘치는 표정도 찾아보기 어렵고, 학습한다는 행복에 가득 찬 모습은 눈 씻고 봐도 찾기 힘들다. 학문에 대한 순수한 호기심과, 무언가를 배운다는 데에서 오는 즐거움, 못 보던 것을 볼 수 있게 되고 더욱 깊이 있게 사고할 수 있다는 데에서 오는 행복감은 대체 어디로 사라진 것인가?

이 책은 학습의 본질적 의미는 무엇이며, 학습의 의미가 많이 변질된 현 사회의 문제 발생 원인과 해결 방안을 살펴보고, 궁극적으로는 어떻게 학습을 해야 하는지에 대해 다루고자 한다. 책 전반에 걸쳐 학습의 모습을 '갓난아기'를 통해 설명할 것이다. 이는 '갓난아기'는 아직 학습에 대한 어떠한 오해나 편견도 가지고 있지 않기 때문이다. 학습의 본 모습 그대로를 엿볼 수 있는 매체라는 것이다. 이를 통해 공부에 대해 오해하고 있는 점을 바로잡아 학습에 대한 색안경을 벗고, 무지개는 왜 일곱 가지 색인지 궁금해 하던 순수한 눈을 되찾기를 바란다.

이를 위해 필자는 "학습이란 무엇인가?"라는 질문을 현대사회의 수많은 학습자들과 교육자들에게 던진다. 이 책을 읽는 독자라면 책을 다 읽는 시점에는 이에 대한 답변을 내릴 수 있기를 기대하며, 그리고 학습을 하는 모든 찰나의 순간들이 행복하길 바란다.

차례

제1장

공부에 대한 오해와 이해

공부는 왜 재미가 없는가?

"공부 열심히 했구나!", "힘들지, 좀 쉬어." 이런 말을 불과 몇 시간 전에 듣지 않았는가? 아니면 이런 말을 직접 하는 입장이었는가? 혹시 오랜 시간 동안 책상에 앉아 공부하는 학생을 보고 '힘들 텐데, 어떻게 저렇게 하지?'라는 생각을 가져보지는 않았는가?

현대사회를 살아가는 우리는, 공부는 힘들고 고통스러우므로 참고 버텨서 이겨내야 하는 것이라는 생각을 당연하게 가지고 있다. 필자가 가르치는 학생들에게 "공부하는 거, 참 즐겁지 않니?"라고 물었을 때 돌아오는 대답은 외계인을 보는 것 같은 시선 혹은 떨떠름한 표정으로 마지못해 끄덕이는 고갯짓이 전부였다. 심지어 학교에서도 법으로 학생들의 '쉬는 시간'을 보장해주도록 되어 있다. 초등학생은 40분, 중학생은 45분,

고등학생은 50분 수업 후에 반드시 10분 간 쉬는 시간을 가져야만 하는 것이다. 그 이유 또한 당연하다. "공부하는 건 힘든 거니까."

무언가에 대한 호불호는 언제 생기는 것일까? 무엇을 좋아할지 싫어할지는 태어나면서부터 유전자에 새겨져 있는 것일까? 무언가를 경험해본 뒤 자신의 취향에 맞지 않을 때 불호가 생기는 것일까?

브로콜리를 아직 먹어보지 않았지만 브로콜리를 먹기 싫어하는 아이를 쉽게 볼 수 있는가 하면, 어릴 때는 대추를 그렇게 싫어하던 아이가 어른이 되면 '고향의 맛'이라며 대추를 맛있게 먹는 모습을 어렵지 않게 볼 수 있다.

그렇다면 호불호는 대체 언제, 어떻게 생기는 것인가? 이는 다양한 요인에 기인하게 되는데, 가장 대표적인 이유는 '고전적 조건화'와 '모델링' 그리고 '내재적 동기의 훼손'에 있다.[1]

'파블로프의 개' 이야기를 들어본 적 있을 것이다. 먹이를 줄 때마다 종을 쳤더니, 먹이 없이 종만 쳐도 개가 침을 흘리더라는 것이다. 이처럼 본능적 반응과 중성인 자극을 같이 가했을 때 중성 자극이 조건 자극으로 변하는 형태의 학습을 '고전적 조건화'라 한다.

파블로프의 개의 경우 '무조건 자극'은 먹이, '무조건 반응'은 침이었지만, 여기에 아무 의미도 가지지 않고 있던 '중성 자극'

인 종소리를 더하자, 중성 자극이 고전적 조건화를 통해 '조건 자극'으로 변하였고, 이로 인해 종소리를 듣기만 해도 '조건 반응'인 침 분비가 일어나게 된다.

이러한 고전적 조건화는 개에게서만 일어나는 것은 아니다. 다음 사례를 한 번 보자.

"철수는 지난 중간고사에서 알 수 없는 이유로 문제를 잘 풀 수가 없었고, 이에 당황한 나머지 중간고사를 망치고 말았다. 그는 크게 실망하였고, 다음 기말고사에서도 철수는 시험이 시작되자 너무 긴장한 나머지 떨리는 손으로 시험을 치렀다."

이런 비슷한 경험이 누구나 한 번쯤은 있을 것이다. 이 경우 '무조건 자극'은 실패한 경험, 이에 따르는 '무조건 반응'은 실망이었다. 여기에 아무 의미도 가지고 있지 않던 '중성 자극'인 시험이 더해지자, 시험은 고전적 조건화를 거쳐 '조건 자극'이 되었고, 이로 인해 시험을 치기만 하면 '조건 반응'인 불안함이 엄습하게 되는 것이다.

고전적 조건화는 교육심리학 이론 중 '행동주의 이론'에서 나온 가설로, 사람들의 행동뿐 아니라 심리 상태 또한 무조건 자극과 조건 자극의 연합으로 인한 조건화를 통해 설명할 수 있다는 내용을 담고 있다.

행동주의 심리학자 존 왓슨John Watson은 "나에게 건강한 10명의 아기를 달라. 그들의 재능, 취미, 성향, 능력, 직업, 종족에 관계없이 어떤 유형의 인간으로도, 의사, 변호사, 예술가, 상인, 거지, 도둑 등으로 훈련시킬 수 있다고 장담한다"라는 말을 남겼다. 다시 말해 어떠한 정서나 행동이든 전부 학습시킬 수 있다는 말이다.

이처럼 "공부하는 건 재미없어요"라는 학생들은 스스로가 인식을 하고 있든 하고 있지 않든 공부에 대한 안 좋은 경험으로 인한 고전적 조건화—이를테면 질문을 던진 것에 대한 꾸지람 등—로 인해 공부에 대한 불호가 생긴 것이라는 해석이 가능하다.

하지만 공부를 재미없어 하는 모든 학생들의 이유를 고전적 조건화로 설명할 수 있지는 않다. 호불호에 큰 영향을 미치는 두 번째 요인은 '모델링'이다. 사회인지학습 이론에 따르면 아이들은 다른 사람의 행동 결과를 관찰하고, 그에 따라 자신의 행동을 조절하는 모델링 과정을 통해 학습을 한다고 한다. 이에 관한 유명한 실험을 하나 소개하겠다.

1961년 알버트 반두라Albert Bandura는 보보인형 실험Bobo doll experiment을 진행하였다. 어른이 인형을 때리고 폭력적으로 대하는 모습을 아이들에게 보여준 뒤 그들을 인형이 있는 방에 있게 하자, 아이는 어른이 인형을 때렸던 것과 비슷하게 인형을 발로 차고 주먹으로 때리더라는 것이다.

아이들이 인형을 때렸던 이유는 당연하게도 하나같이 똑같았다. "어른이 때렸으니까." 이렇게 이루어지는 학습을 가리켜 '모델 학습', 혹은 '모델링'이라 부른다.

모델 학습의 과정은 다음과 같은 단계로 이루어진다. '모델 설정 – 주의 집중 – 파지 – 재생산 – 동기'. 이런 모델 학습의 각 단계를 아이의 관점에서 바라보고 공감하면서 하나하나 살펴보자.

먼저, 아이는 누구를 모델로 선정할지를 선택한다. 이 때 모델의 '지각된 유사성'과 '지각된 능력과 지위'가 영향을 미치는데, 지각된 유사성이라 함은 "모델이 나와 얼마나 유사한가?"이며, 지각된 능력과 지위라 함은 "모델이 얼마나 능력이 있고, 사회적으로 지위가 높은가?"를 의미한다.

이때 '지각된 유사성'은 그 모델이 실제로 나와 얼마나 비슷한지를 통해 판단하는 것이므로, 자신과 가까운 사람일수록 더 효과적이며 모델의 수가 증가할수록 유사성을 발견할 가능성이 높아지므로 더욱 효과적인 모델 학습이 이루어진다. 이런 기준들을 모두 무의식중에 고려하여 아이들이 선택하는 모델은 '부모님', '선생님' 그리고 '또래 친구들'이 될 것이다.

모델을 설정하였으면 이제 두 번째로, 아이는 모델의 행동과 결과를 관찰한다. '주의 집중' 단계이다. 이를테면 책을 읽는 것을 싫어하시는 부모님, 공부를 많이 했으니 쉬어도 된다는 선생님, 공부를 하는 것보다 노는 것을 더 좋아하는 또래 친구들, 그리고 공부가 재미있다는 친구를 이상한 눈으로 바라보면서 외계인 취급하는 많은 어른들과 학우들을 주의 깊게 관찰하는 것이다. 물론 그 수가 많으면 많을수록 더욱 효과적이다.

여기에 교장 선생님, 아니 교육감이나 교육부 장관까지 나서서 "아이들에게 쉴 권리를 보장해야 합니다!"라며, 공부하는 것은 힘드니 꼭 쉴 것을 법으로 만들기까지 하면 설상가상雪上加霜이다.

모델의 행동을 관찰한 아이는 이제 다음 단계인 '파지'로 들어간다. 이 단계에서는 앞에서 관찰한 모델의 행동에 대한 정보를 기억 속에 옮기게 된다. 가령 "공부하는 것은 힘든 거구나", "노는 게 공부하는 것보다 더 좋은 거구나", "책 읽는 것은 재미가 없구나"와 같은 식으로 말이다.

파지를 통해 기억 속으로 옮겨진 모델의 행동은 이제 '재생산' 과정을 거치게 되는데, 이 단계에서 드디어 아이는 파지된 모델의 행동을 따라한다. 바로 이런 식으로 말이다. "책 읽기 싫어!", "학교 가기 싫어!", "공부 그만 하고 게임 할래!"

여기에 만약 부모님의 "우리 아들, 공부 많이 했으니까 이제 좀 쉬렴"이라거나, 선생님의 "우리 철수, 공부 많이 했는데, 안 힘드니?"라거나, 친구의 "공부 재미없으니까 우리 같이 땡땡이 치자!"라는 말이 더해지면 아이의 모델 학습은 완전히 정착되게 되는데, 이 단계가 바로 '동기' 단계이다. 스스로가 자신이 행한 모델 학습에 확신을 가지고 이를 내면화하여 자기 자신과 동일시하는 '동기화' 과정을 거치게 되는 것이다.

다들 이런 경험이 한 번쯤 있지 않은가? 또래 친구에게 혹은 아들딸에게, 아니면 제자에게 이런 말을 무심코 내뱉지는 않았는가? 바로 그런 사소한 말들이 모이고 모여 아이의 모델링 학습에 기름을 부었을 수 있다.

공부를 싫어하는 학생에는 또 다른 유형이 있을 수 있다. 바로 "옛날에는 공부가 재미있었는데, 어느 순간부터 재미가 없어졌어", "공부를 취미로 하면 재미가 있는데, 이걸로 시험을 치고, 등수를 가르고, 대학이 결정되기 시작하면서 재미가 없어졌어"라고 말하는 학생들이다.

왜 이런 현상이 벌어지는 것일까? 취미로 하는 공부와, 시험을 치고, 등수를 가르고, 대학을 결정짓는 공부는 대체 뭐가 다른 것이기에 이렇게 다른 느낌으로 다가올까? 이런 현상을 이해하기에 좋은 일화 하나를 소개한다.

오랫동안 할아버지는 정원을 가꾸었습니다. 정원 가꾸기는 할아버지 삶의 유일한 낙이었죠. 매일 아름답게 피어나는 꽃과 뛰어다니는 다람쥐와 나뭇가지에 걸친 구름을 보며 하루하루를 행복하게 보내고 계셨답니다.

그러던 어느 날, 마을 아이들이 몰래 할아버지의 정원에 들어와서 꽃을 꺾고, 다람쥐에게 돌을 던지고, 열매를 짓뭉개는 등 정원을 휘저어 망쳐놓았답니다. 화가 난 할아버지는 아이들에게 호통도 쳐보고, 그들 부모님을 찾아가 화를 내보기도 했지만, 다음 날에도 또 그 다음 날에도 아이들은 어김없이 찾아와 정원을 망쳐 놓곤 했답니다.

어떻게 해야 아이들로부터 정원을 지킬 수 있을지 고민하던 할아버지는 이웃마을에 사는 친구를 찾아가 자신의 사정을 하소연하며, 아이들이 더 이상 정원에 찾아오지 않게 만들 수 있는 어떤 묘안이 있을지를 물었습니다.

친구는 껄껄 웃으며 할아버지에게 이렇게 말했답니다. "자네, 앞으로 아이들이 찾아와 정원을 망쳐놓는다면, 그 아이들에게 칭찬을 하고, 맛있는 쿠키를 손에 한가득 쥐어주게나." 그 말을 들은 할아버지는 이해할 수가 없었어요. 정원을 망쳐 놓은 아이들에게 혼을 내도 모자랄 판에 칭찬을 하고, 거기에 더해 쿠키까지 손에 들려주라니요!

그래도 친구의 말에 속는 셈치고 한 번 해보기로 결심한 할아버지는 다음 날, 아이들이 정원에 찾아와 나뭇가지를 꺾고, 꽃을 짓밟아도 오히려 칭찬을 하며, 쿠키를 한가득 손에 쥐어주었습니다. 그 다음 날에도, 또 그 다음 날에도 말이에요.

그런데 이게 어찌된 일일까요? 아이들은 그만 찾아오기는커녕 계속 정원에 오는 것이었습니다. 화가 난 할아버지는 친구를 찾아가 말했습니다. "아니, 자네! 내가 칭찬도 하고, 쿠키도 계속 줬는데 아이들이 그만 찾아오기는커녕 계속 오지 않는가? 어찌된 일인가?"

이 말을 들은 친구는 씨익 웃더니 할아버지에게 이렇게 말했답니다. "자, 이제 내일부터는 쿠키를 그만 줘보게나."

한 번 더 속는 셈치고 할아버지는 친구의 말을 따랐습니다. 아이들이 찾아와도 관심을 보이지 않고, 더 이상 쿠키를 주지 않았어요. 그러자 놀라운 일이 일어났답니다. 아이들이 더 이상 정원에 찾아오지 않는 것이었어요!

다시 친구를 찾아간 할아버지는 놀란 토끼 눈으로 "자네, 이게 대체 어찌된 일인가?" 하고 물었습니다. 친구는 호탕하게 웃으며 말했어요. "그 아이들이 처음에 왜 정원을 망쳤겠는가? 아마도 재미있어서였겠지. 하지만 자네가 그 아이들에게 칭찬을 하고 쿠키를 계속 쥐어준다면, 그 아이들은 정원을 왜 망치러 오겠는가? 바로 쿠키를 얻기 위해서지. 그런데 이제 정원을 망쳐도 쿠키를 주지 않는다면 아이들이 정원에 올 이유가 없지 않겠는가?"

그제야 친구의 깊은 뜻을 이해한 할아버지는 친구에게 고맙다는 의미로 정원에 피어난 예쁜 꽃들로 꽃다발을 만들어 주었답니다.

많은 의미를 내포한 이야기이다. 우리가 흔히 생각하는 해결 방법인 혼쭐을 내는 것으로 해결되지 않던 문제가, 오히려 아이들에게 쿠키를 주고 칭찬을 해주다가 쿠키를 끊으니 해결되

다니 얼마나 신기한가?

바로 이것이 '내재적 동기의 훼손'이다. 모든 행동에는 항상 동기가 있기 마련인데, 행동주의 이론에 따르면 그 동기는 크게 두 가지로 나눌 수 있다. 행하는 행동과 다른 최종 목표를 이루기 위한 수단으로서 참여하는 '외재적 동기'와, 행하는 행동 그 자체를 위해 참여하는 '내재적 동기'이다.

위의 예화에서 초기에 아이들이 정원을 망치는 행동을 한 동기는 정원을 망치는 행동 그 자체가 너무 즐겁고 재미있었기 때문에, 즉 내재적 동기로 인해서였다. 하지만 이후에 할아버지가 정원을 망칠 때마다 칭찬을 해주며 쿠키를 손에 쥐어주기 시작하자, 정원을 망치는 아이들의 동기는 '쿠키를 얻기 위해서'라는 외재적 동기로 바뀌게 되었다.

눈을 조금만 돌려보면 우리 사회의 많은 아이들에게 이와 유사한 일이 일어나고 있다. 분명 이 책을 읽는 '모든' 독자들은, 기억도 잘 나지 않는 어린 시절에 무언가에 대한 순수한 호기심을 가져본 적 있을 것이다.

필자의 경우, 어릴 적에 "유니콘은 어디 있을까?"가 너무 궁금했다. 조금 더 자라서는 "하늘은 왜 파란 색일까?"가 궁금했고, 지구과학을 배운 뒤에는 "위로 올라가면 대기권, 그 위에는 성층권, 중간권, 열권, 그 밖은 우주가 있을 뿐인데 왜 신을 '하느님'이라고 부르지? 하늘에는 신이 없는데?"가 궁금했다.

어느 날에는 "구름을 먹으면 솜사탕처럼 달까?"라는 생각에 솜사탕 파는 아저씨께 가서 "아저씨, 구름 맛 솜사탕 있어요?"라고 여쭤보기도 했고, "이 레고 블록은 던져도 멀쩡한데, 왜 계란은 던지면 깨지지?"나, 눈앞에서 일렁이는 가스레인지 불꽃을 보고서는 "저 춤추는 빨간 거는 만지면 어떤 느낌일까?"가 궁금했었다.

이 책을 읽고 있는 당신도 이런 것들이 궁금했던 시절이 있을 것이다. 그 순간이 기억나든 너무 오랫동안 잊고 살아서 기억나지 않든 말이다. 하지만 지금의 학생들에게 미분이 무엇인지, 공간벡터의 외적이 무엇인지, 키르히호프의 법칙은 무엇인지, 피타고라스는 직각삼각형을 보고 대체 무슨 생각이 들었기에 그런 공식을 만들어낸 것인지 혹시 궁금하냐고 물어본다면, 대부분은 그렇지 않다고 답한다.

이것이 바로 내재적 동기의 훼손, 즉 쉽게 말해 순수한 호기심에 훼손이 일어난 것이다. 앞의 '할아버지와 정원' 예화에서 보았듯 내재적 동기는 외재적 자극에 의해 쉽게 손상되는데, 이를테면 "공부하면 게임기 사 줄게"라거나, "45분 뒤면 쉬는 시간이다!", "성적 잘 받으면 좋은 대학에 가서 돈 많이 버는 좋은 직업을 가질 수 있어!"와 같은 자극들이 있을 수 있다. 혹은 "이번에도 성적 잘 못 받아오면 맞을 줄 알아!"라거나, "한 번만 더 졸면 게임기 압수야!", "공부 열심히 안 하면 나중에 커서 더울 때 더운 데에서, 추울 때 추운 데에서 일하면서도 돈을 쥐꼬리만큼도 못 벌어"와 같은 자극적인 언사도 마찬가지이다.

유니콘을 찾아 헤매던 아이가 이런 외재적 자극을 받으면 순수한 호기심이었던 내재적 동기는 점차 손상되고, 그 자리에 외재적 동기가 자리 잡게 된다. 이렇게 외재적 동기가 이미 자리 잡은 상황에서는 외재적 자극이 없어진다면 스스로 자신의 행동을 조절할 수 없게 되며, 오직 외재적 동기만이 공부를 하는 유일한 이유가 되는 것이다.

행동주의 이론에 따르면 외재적 동기로 공부를 하는 학습자들은 크게 네 가지로 나눠볼 수 있는데 외적 조절, 내사 조절, 동일시 조절, 통합 조절이 그것이다.

첫 번째, 외적 조절로 학습을 하는 학습자들은 "공부를 안 하면 혼나니까", 즉 어떠한 '결과'를 얻기 위해서 학습을 한다. 두 번째, 내사 조절로 학습하는 학생들은 '안 했을 때 오는 죄책감과 압박감' 때문에, 즉 "그것을 해야만 하기 때문에" 학습하며, 세 번째, 동일시 조절로 학습하는 경우에는 '장학금, 미래 연봉' 등의 이유 때문에, 즉 "그것이 중요하기 때문에" 학습한다. 마지막, 통합 조절로 학습하는 경우에는 '공부를 잘 하는 아이라는 사회적 시선' 등의 이유 때문에, 즉 "공부가 나의 가치를 반영하기 때문에" 학습한다.

자신이 공부하는 이유가 너무 적나라하게 드러나서 흠칫 놀라지는 않았는가? 아니면 혹시 "그럼 대체 어떤 이유로 공부를 하라는 거야?"라는 의문이 들지는 않았는가? 그렇다면 글을 아주 훌륭히 잘 읽고 있는 것이니, 그런 의문을 그대로 유지한 채로 계속 이어 읽기를 바란다.

왜 공부하는가에 대한 자세한 답은 '제2장 – 공부를 왜 하는가'에서 다루도록 하겠다. 다만 현재는 이것만은 기억해두자. '공부를 하는 이유는 공부 그 자체에 있다.'

쓸모없는 공부는 왜 하는가?

"쌤, 이거 배워서 어디다 써요?", "쓸모도 없는데 왜 배워요?", "이거 배울 시간에 정글에서 살아남는 방법이나 배울래요." 혹시 학습자로부터 이런 말을 들어본 적 있는가? 필자가 중학생일 때 학급의 많은 친구들이 이런 질문을 하곤 했다.

당시 필자 또한 똑같은 생각을 가지고 있던 학생들 중 한 명이었다. "도대체 가비의 리를 배워서 어디다 쓰지? 점과 직선 사이의 거리 공식을 대체 왜 배우는 것이며, 지각 아래 맨틀이 있고, 유동성 있는 외핵의 대류로 인해 지구에 자기장이 생기는 거랑 나랑 무슨 상관이 있지?" 이렇게 말이다.

하지만 학급에서 이런 질문을 하는 학생에게 돌아오는 것은 비웃음과 조롱, 그리고 선생님의 미움과 낙인뿐이었다. 물론 선생님의 마음이 이해가 되지 않는 것은 아니다. 새로운 개념을 배우는 모든 수업시간마다 손을 들고 "쌤, 이건 배워서 어디다 써요?"라는 질문을 던지니 얼마나 귀찮고 답답하겠는가? 아니, 심지어 선생님들도 그것을 왜 배우는지 알지 못하는 경우가 비일비재하니 답변하기 얼마나 난감했겠는가?

그렇다면 쓸모없는 공부를 왜 하는가? 지금껏 필자가 보아온 대부분의 교사들이 내리는 답은 이렇다. "그럴 생각을 할 시간에 한 글자라도 더 봐. 딴 생각 하지 말고 공부나 해", "그런 생각을 하는 애 치고 공부 잘하는 애를 못 봤어." 이런 생각을 갖고 있는 교사들이 바로 '이런 질문을 던지는 학생을 낙인찍는' 교사들이다. 실제로 필자가 중학교 2학년 때 "이거 배워서 어디다 써요?"라고 집요하게 질문하던 학생이 있었고, 해당 교과 선생님은 그 학생에게 주는 벌로 일 년 동안 반 학생 중 아무도 그 아이에게 말을 걸지 못하게 하셨다.

조금 더 학생에게 관심을 갖고 편견 없이 바라보려는 몇 안 되는 교사들은 이렇게 답하기도 한다. "지금은 쓸모없어 보여도 나중에 가면 쓸모 있을 거야. 그러니까 우리 철수, 지금은 그런 거 궁금해 하지 말고 일단 공부하려무나." 이런 말을 들으면 대부분의 학생들은 그런가보다 하고 납득하고 넘어간다. "나보다 몇 십 년이나 더 산 사람이 그렇다는데, 뭐 그렇겠지. 설마 거짓말이겠어?"라는 마음이다.

그렇지만 만약 바람직한 학습자라면 그 순간 질문하는 것을 포기하거나 선생님의 말에 납득되어 받아들이지 말고 이런 의문을 꼭 가져야 한다. "왜 쓸모가 있어야 하지? 만약에, 정말로 만약에 내가 죽을 때까지 열심히 이 공부의 쓸모를 찾아봤지만 결국에는 찾지 못했다면 난 인생을 낭비한 것이 아닐까?"

평범한 한 연구원의 이야기를 들어보자. 그는 어릴 적부터 '개미의 뇌는 몇 개의 세포로 이루어져 있을까?'라는 궁금증을 갖고 있었고, 연구원이 된 뒤에는 개미의 뇌에 대해 연구하겠다는 포부를 가지고 연구팀을 짰다. 하지만 연구는 연구팀만 있다고 해서 이루어지지 않는다. 연구를 하기 위해서는 무엇보다 연구비가 있어야 한다. 그의 연구팀에서는 연구 계획서를 정성껏 작성하여 연구비 지원을 받기 위한 서류를 제출하였다. 하지만 돌아온 답변은 이랬다. "그래서 그 연구를 해서 어디에 쓰죠? 쓸모없는 연구는 지원할 가치가 없다고 봅니다. 연구비 지원은 어렵습니다."

조금 과장된 측면이 있긴 하지만, 사례 속 연구원이 독특해서 이런 경험을 한 것은 아니다. 오히려 정말 많은 연구원들이 겪는 경험이다. 여러분은 이런 이야기를 들으면 어떤 생각이 드는가? 연구원이 이해가 안 되는가? 대체 왜 개미의 뇌 연구 같은 것이나 하려고 하는지 도저히 납득할 수 없는가? 연구비를 줄 수 없다는 답변에 대해 "음, 그렇지. 연구는 당연히 쓸모가 있어야지. 돈이 안 되는 연구라면 지원을 안 하는 것이 현명하지" 하며 고개를 끄덕이고 있지는 않았는가?

바로 이것이 문제다. 몇 년 전, 실험실 연구원들을 대상으로 설문조사가 이루어진 적이 있었다. 그들에게 "당신은 왜 연구를 하시나요?"라고 물었더니, 10명 중 9명은 "무언가를 발견한다는 것, 그 자체가 저는 너무 행복합니다"라고 말했다. 그들에게 자신의 연구가 '쓸모가 있는지' 따위는 중요하지 않았다. 이 연구를 통해서 '어떤 돈벌이를 할 수 있는지' 따위는 그들의 관심사가 아니었다는 말이다. 그들은 그저 무언가를 발견한다는 행위 그 자체에서 오는 즐거움 때문에 연구를 하고 있던 것이었다. 이런 생각을 갖고 있는 연구원들에게 연구비를 지원할 때의 기준이 '쓸모가 있는가?'라니, 얼마나 개탄스러운가?

학습이라고 해서 다르지 않다. "지금은 쓸모없어 보여도 나중에 가면 쓸모 있을 거야"라는 말 속에는 '그것이 쓸모 있기 때문에 공부하는 것이다'라는 논리가 깔려 있다. 하지만 모든 공부가 다 쓸모 있지는 않다. 물론 나중에 가면 쓸모 있을 것이라는 저 말이 완전히 틀리진 않다. 지금 시점에서 쓸모없어 보이는 공부가 나중에 가서 보니 사실 쓸모 있더라는 경험은 어렵지 않게 할 수 있다.

그렇지만 아무리 '쓸모'를 찾으려 해봐도 생을 마감하는 순간까지도 어떤 쓸모가 있는지 알 수 없는 공부 또한 분명히 존재

한다. 그렇다고 해서 그것이 곧 '공부할 이유가 없는 것'을 의미하지는 않는다. 이 지점에서 우리는 명확하게 이해하고 넘어가야 한다. 학습을 하는 이유는 그것으로 인해 얻을 수 있는 '쓸모'에 있지 않다.

무지개는 왜 일곱 가지 색으로 되어있는지 궁금해 하는 어린 아이를 떠올려보라. 그 아이는 '내가 이걸 알아서 돈벌이에 써먹어볼 테야!'라거나, '이걸 알면 어딘가에 쓸모가 있겠지?'라는 생각을 하지 않는다. 학습 자체에 관한 순수한 호기심이 전부일 것이다. 다시 한 번 강조하지만, 학습을 하는 이유는 학습 자체에 있어야 한다.

아마 여기까지 제대로 읽은 독자라면 이런 의문이 스쳐 지나갈 것이다. "그래, 알겠다. 꼭 어딘가에 쓸모가 있어야만 학습할 가치가 있는 것은 아니라는 것은 납득이 간다. 그렇지만 '왜' 우리는 계속 '이걸 배워서 어디에 쓰는지'를 알고 싶어 하는 것일까? 도대체 왜 우리는 공부에 있어서 '쓸모'를 찾는 것이 너무나 당연해 보이는 것일까?"

이에 대한 자세한 이야기는 제2장의 '공부의 재미 – 앎과 삶'에서 다루도록 하겠다.

"까먹었어요"와 아르키메데스

"아, 뭐였지?", "기억이 날 듯 말 듯 해요!", "아, 아는 건데 까먹었어요." 이런 말 많이 들어보지 않았는가? 특히 수학 시간에 정말 많이 들을 수 있다. 아마도 '아, 분명히 저거랑 비슷한 문제를 풀어봤었는데, 어떻게 푸는 거였더라?', 혹은 '하, 나 저 개념 알았었는데, 뭐였지?'와 같은 마음에서 나온 말일 것이다. 이 글을 읽고 있는 당신도 이런 생각을 하는 학생들 중 한 명은 아닌가? 아니면 왜 이 문제를 푸는 방법을 '기억'하지 못하냐며 학생을 다그치는 교사 중 한 명은 아닌가?

어쩌면 당신은 이렇게 생각하고 있을지도 모른다. "뭐가 문제라는 거지?", "당연히 문제를 푸는 방법이나 개념을 까먹을 수도 있는 거 아닌가?"라고 말이다. 자, 그럼 더 집중해보자. 지극히 당연하게 느껴지는 저 생각에 지금부터 반문을 제기해보겠다.

아르키메데스라고 혹시 들어보았는가? 어린 독자들은 아직 들어보지 못했을 수도 있겠다. 아르키메데스는 약 2300년 전, 고대 그리스의 시라쿠사에 살았던 수학자이자 물리학자였다.

시라쿠사는 도시국가였기 때문에 도시에 왕이 있었다. 하루는 왕이 금관을 만드는 대장장이를 시켜 왕관을 만들라 명령하였다. 시간이 지나 대장장이는 왕관을 만들어 왕에게 바쳤지만 어딘가 미심쩍게 여긴 왕은 아르키메데스에게, 왕관이 진짜 순금으로만 만들어진 것인지 아니면 혹시 다른 물질도 같이 들어간 것은 아닌지 확인해달라고 하였다. 단, 만들어진 금관을 녹이거나 부수는 등의 훼손을 가하는 것은 안 된다는 조건을 함께 걸었다. 심지어 얼마 뒤에 왕의 행차가 예정되어 있었기 때문에 아르키메데스에게 주어진 시간은 얼마 없었다.

아르키메데스는 고민에 빠졌다. 도대체 왕관을 부수지도, 녹이지도 않고 어떻게 순금으로만 이루어진 것인지의 여부를 알아내라는 것인가? 시간이 흘러 행차 예정일은 점점 코앞으로 다가오고 있었다.

문제를 해결하기 위해 끙끙대며 고민하던 아르키메데스는 고민 끝에, 왕관에 순금이 아닌 다른 물질이 들어있다면 순금으로만 이루어진 왕관과는 밀도가 다를 것이라는 결론을 내렸다. 밀도는 물질 고유의 값으로, 특정 물질의 단위부피당 질량을 의미하기 때문에 다른 물질이 섞여 들어갔다면 밀도가 다를 것이라 생각했던 것이다.

아르키메데스는 왕관의 질량과 똑같은 질량의 순금을 구하는 데에는 성공하였다. 하지만 문제는 복잡하게 생긴 왕관의 부피를 재는 것이었다. 왕관의 부피만 잴 수 있다면 동일 질량의 순금의 부피와 비교해 결론이 날 것인데, 왕관의 모양이 너무 복잡하게 생겨서 녹이지 않고서는 부피를 잴 방법이 떠오르지 않았다.

그렇게 며칠 동안이나 씻지도 않고 계속 고민을 하고 있던 아르키메데스를 보고 더럽다고 여긴 신하가 그를 번쩍 들어 목욕탕에 집어넣었고, 목욕탕 물이 흘러넘치는 것을 본 바로 그 순간 아르키메데스는 외쳤다.

"유레카!"

왕관을 녹이지 않고도 부피를 구할 수 있는 방법이 떠올랐던 것이다. 물이 가득 찬 통에 물체를 넣었을 때 흘러넘치는 물의 부피가 곧 집어넣은 물체의 부피와 같다는 사실을 깨달은 것이었다. 그것을 깨닫고 너무나 행복에 겨운 나머지 아르키메데스가 목욕탕에서 옷도 안 걸치고 나와서 거리를 미친 사람처럼 뛰어다녔다는 속설도 있다.

아무튼 이 방법으로 왕관의 부피를 쟀더니 동일 질량의 순금보다 부피가 더 컸다. 즉 왕관에 순금 이외의 다른 물질이 들어갔다는 뜻이었다. 아르키메데스가 발견한 이 원리를 과학에서는 '아르키메데스의 원리', 혹은 '부력의 원리'라고 부른다.

이제 질문을 하나 던져보겠다. 아르키메데스가 부력의 원리를 깨닫고 나서 시간이 일 년쯤 흘렀다고 생각해보자. 그때 아르키메데스에게 "당신이 일 년 전에 발견한 것이 무엇이었나요?"라고 물어본다면 그는 뭐라고 대답할까? "어… 음… 글쎄요…? 뭐였을까요…?"라며 이를 기억하지 못할까?

당연히 아닐 것이다. 장담컨대 생을 마감하는 순간 간신히 의식을 부여잡고 있는 아르키메데스에게 "당신이 그때 발견한 것이 뭐였습니까?"라고 묻는다 해도 마지막 거친 숨을 몰아쉬며 "부력…"이라 답할 것임에 틀림없다. 믿지 못하겠는가? 그렇다면 조금만 더 읽어보자. 아르키메데스에게 공감하는 것이 어렵다면 조금 더 쉬운 예를 생각해보자.

당신은 누군가로부터 언제 마지막으로 "당신의 이름은 무엇인가요?"라는 질문을 들었는가? 논의의 편의를 위해 일 년 전이라고 생각해보자. 혹시 일 년 만에 다시 그 질문을 받았을 때 당신은 당신의 이름을 기억하지 못해 망설이는가? 당연히 아닐 것이다. 그 질문을 일 년 만에 듣든 십 년 만에 듣든 당신은 조금의 망설임도 없이 곧바로 답변을 입 밖으로 내뱉고 있을 것이다.

그렇다면 '학교에서 배우는 수학 개념'은 위에 언급한 당신의 '이름'과 대체 뭐가 다른 것이기에 쉽게 기억에서 지워지는 것일까? 간단하게 말하자면 이것은 앎과 삶의 문제이다.

분명히 '이름'은 하나의 '정보'임에 틀림없다. 그리고 이 정보를 처리하는 방법은 '암기'라는 것 또한 의심할 여지없이 당연하다. 하지만 '이름'은 단순한 '앎'을 넘어 우리의 '삶'으로 들어온 반면 '수학 개념'은 여전히 '앎'에만 머물러 있다. 즉 이름과 수학 개념을 가르는 가장 핵심적인 차이는 '앎과 삶의 괴리'에 있는 셈이다.

이것은 단순히 '수학'에만 국한되는 이야기가 아니다. 학생들은 흔히 '암기과목'이라는 말을 하곤 한다. 어떤 과목을 잘하기 위해서는 달달 기계처럼 암기해야 한다는 것이다. 그렇지만 어떠한 학문도 본질이 '기계처럼 암기하기'에 있지는 않다. 기계처럼 암기하는 '앎'에만 국한된 학습을 넘어, 그것이 자신의 '삶'과 하나가 되는 것이야말로 학문의 본질이 될 것이다.

그렇다면 앎과 삶은 '어떻게' 하나로 합칠 수 있는가? 이 또한 제2장의 '공부의 재미 – 앎과 삶'에서 다루도록 하겠다.

공부의 왕도王道, 노력하지 않는 천재

주위를 둘러보면 꼭 나보다 공부를 잘하는 친구가 있다. 심지어 제일 얄미운 친구는 나랑 똑같이 놀았는데 시험만 보면 나보다 더 좋은 성적을 받는 친구다. 혹시 당신은 그런 친구를 보고 이렇게 말하지는 않았는가? "쟤는 머리가 타고났어. 난 죽었다 깨어나도 못 따라가." 그렇다면 집중하라.

지금부터 그 생각이 왜 틀린 것인지 같이 살펴보자. 일단 '지능'에 관해서 생각해보자. 지능이란 무엇인가? 흔히 지능이라 하면 IQ가 가장 먼저 떠오를 것이다. 뭐, 대충 맞는 말이다.

하지만 지능은 이렇게 쉽사리 정의되지는 않는다. 지능은 역사적으로 교육학자들을 계속 괴롭혀왔다. 지능이란 무엇인가? 이에 대한 정의로는 1939년 웩슬러Wechsler라는 교육학자의 정의가 가장 오래된 것이고, 이것이 다듬어지고 발전하여 현재는 스텐버그Stenberg의 정의가 가장 널리 알려져 있다. 이제 하나

하나 살펴보자.

먼저, 1939년 웩슬러는 지능을 이렇게 정의했다. '개인이 목적에 맞게 행동하고, 합리적으로 사고하여 자신을 둘러싼 환경을 효과적으로 처리해 나가는 전반적이고 종합적인 능력'. 그리고 이 정의는 역대 유명한 교육학자들인 피아제Piaget, 스피어만Spearman, 서스톤Thurstone, 길포드Guilford 등의 손을 거쳐 계속 수정 보완되는데, 현재는 가드너Gardner의 다중지능이론과 스텐버그의 삼원지능이론이 가장 보편적으로 알려져 있다.

가드너에 따르면 지능이란 '자신이 속한 집단에서 가치롭게 여겨지는 문제해결 능력이나 결과산출 능력'을 의미하며, 스텐버그에 따르면 '삶에 적합한 환경을 의도적으로 선택하거나 조성하고, 그 환경에 적응하는 능력'을 의미한다.

처음 웩슬러가 지능을 정의한 후에 다시 손을 댄 사람은 스피어만이었다. 그는 지능을 읽기, 쓰기, 말하기와 같은 일반요인general factor과, 음악적 재능, 수학적 재능과 같은 특수요인special factor의 두 가지 요인으로 나눠볼 수 있다는 2요인이론을 제시하였다. 이후 스피어만의 2요인이론은 서스톤에 의해 다시 7가지 요인으로 세분화되는데 언어이해력, 언어유창성, 수리력, 추리력, 공간지각력, 지각속도, 기억력이 그것이다. 그리고 길포드의 지능구조모형은 지능을 내용차원 5개, 조작차원 6개, 산출차원 6개의 조합으로, 총 180개의 능력으로 세분화하여 제시하였다.

중요한 것은 이때까지의 지능은 '불변의 특성'이라 여겨져 왔다는 것이다. 하지만 카텔Cattel이라는 교육학자가 처음으로 '유동지능'과 '결정지능'이라는 개념을 제시한다. 유동지능이란 귀납적 추리력, 논리적 추리력, 통합능력 등을 포함하는 개념으로 유전적 영향으로 결정되는 지능을 의미하며, 결정지능이란 의사소통능력, 판단력, 사회규범적 지식, 개념 형성 등을 포함하는 개념으로 환경적 영향으로 결정되는 지능을 의미한다. 그는 유전의 영향으로 결정되는 유동지능은 일반적으로 시간의 흐름에 따라 그 지능이 감소하지만, 환경의 영향으로 결정되는 결정지능은 시간의 흐름에 따라 그 지능이 증가한다고 제시하였다. 즉 환경과 시간에 따라 지능이 변화할 수 있다고 제시한 것이다.

1996년 스텐버그는 현재 가장 보편적으로 알려져 있는 지능의 정의인 삼원지능이론을 제시한다. 그는 지능이 세 가지 요소로 나누어져 있으며, 이들의 상호작용으로 나타나는 통합적 능력이 지능이라고 주장하였다. 세 요소로는 지식의 습득과 분석적 차원의 '처리 요소'와, 새로운 환경을 효과적으로 다루는 통찰력에 관한 창의적, 경험적 차원의 '경험 요소', 실제적, 맥락적 차원의 '상황 요소'가 있다.[2]

그렇다면 "지능은 타고나는 개인의 고유한 능력이며, 불변하는가?"라는 질문이야말로 논의의 핵심이라 할 수 있다. 1999년 교육학자 드웩Dweck은 피실험자들에게 다음 두 문장 중 어느 것에 더 동의하는지 묻는 실험을 하였다. "당신의 지능은 당신이 거의 바꿀 수 없는 당신의 특성이다.", "당신은 언제든지 당신의 똑똑한 정도를 크게 변화시킬 수 있다." 이것이 '암묵적 지능이론'의 시작이었다.

드웩의 암묵적 지능이론이란 지능에 대한 학습자들의 입장을 두 가지로 나눌 수 있다는 이론인데 하나는 '성장지능이론', 다른 하나는 '고정지능이론'이다. 성장지능이론이란 개인의 특성인 지능은 노력을 통해 변화할 수 있는 유동적인 요소라는 주장이고, 고정지능이론이란 개인의 특성인 지능은 고정적인 요소여서 노력한다고 바뀌지 않는 요소라는 주장이다.

이들 두 이론과 같은 사고방식을 가진 학습자는 학습의 측면에서 충격적일 만큼 너무 다른 모습을 보인다. 성장지능이론의 학습자는 '노력을 한다는 것'이 곧 '학습을 한다는 것'이며, 이를 통해 자신의 능력을 기를 수 있다고 믿는다. 그래서 특정 과제를 수행하는 데에 실패하였을 경우, 실패의 원인을 자신의 능력 부족으로 귀인하기보다 자신의 노력 부족으로 귀인하여 다음에는 더 많은 노력을 하겠다는 다짐을 한다. 만약 최선의 노력을 했음에도 실패한 경우에는 낙담하기보다는 자신의 '전략'이 잘못되었다는 것에 귀인하여 올바른 전략을 갖추기 위하여 노력한다.

그에 비해 고정지능이론의 학습자는 '많은 노력을 한다는 것'은 곧 자신의 '낮은 능력을 반증하는 것'이라 여겨 '자기방어기제'를 활성화하여 아예 노력을 하지 않는 것을 선택한다. 또한 특정 과제를 수행하는 데에 실패하였을 경우에는 실패의 원인을 자신의 낮은 능력으로 귀인하여 노력을 중단하고, 실패할 것 같은 과제를 회피하는 경향을 보인다.

1988년 드웩과 레깃Leggett이 대학생들을 대상으로 지능에 대해 어떤 신념을 가지고 있는지 조사하여 그들을 성장지능이론 군과, 고정지능이론 군으로 나누어 실시한 연구를 보자. 그들은 대학생들에게 다음과 같은 두 가지 과제 중 하나를 선택하도록 하였다.

① 실수가 없을 만큼 쉬운 과제

② 혼란과 실수가 발생할 수도 있지만 유용한 무언가를 배울 수 있는 과제

놀랍게도 성장지능이론 군에 속한 대학생들은 거의 다 ②번 과제를 선택한 반면, 고정지능이론 군에 속한 대학생들은 거의 다 ①번 과제를 선택했음을 봐도 알 수 있다.

성장지능이론의 학생들은 자신이 노력한다는 것과 학습한다는 것을 동일하게 여기기 때문에 노력하는 것을 부끄러워하지 않는 반면, 고정지능이론의 학생들은 자신이 노력한다는 것

은 곧 자신의 능력 부족을 반증하는 것이라 여기기 때문에 절대 틀리지 않을 만큼 쉬운 문제를 풀어 자신의 능력 부족을 어떻게든 감추려 하는 것이다.

실제로 성장지능이론 학생들은 과제의 숙달, 향상, 이해 증진에 중점을 두는 '숙달 목표'를 설정하는 반면, 고정지능이론 학생들은 자신의 유능감이 다른 사람과 비교하여 어떤가에 중점을 두는 '수행 목표'에 중점을 두는 모습을 보인다.

몇 년 전, 우리나라에서 '과학 천재'와 '수학 천재'가 유행하던 때가 있었다. 당시 언론에서 세기의 수학, 과학 천재라며 대서특필하였던 학생들을 다시 찾아가 지금 어떻게 살고 있는지 조사해본 결과 대부분의 학생들은 학업 성취도가 평균 이하임을 알 수 있었다. 바로 '고정지능이론'의 사회 분위기와 자신에 대한 기대로 인해 '자기방어기제'가 발동한 결과다. 노력은 곧 능력 부족을 반증한다는 사고의 결과로 나온 '노력하지 않는 천재'인 것이다.[3]

여러분은 '공부의 왕도王道'라는 말을 들어본 적 있을 것이다. 공부에 '왕' 만이 걸어갈 수 있는 길이 있다는 의미로, 쉽게 말해 머리가 좋게 태어난 사람만이 공부를 잘 할 수 있다는 의미를 내포하는 말이다. 하지만 결론부터 이야기하자면, 이는 틀렸다. 단언컨대 공부에는 절대로 왕도란 없다. 공부에는 바른 길, 즉 정도正道만이 있을 뿐이다.

그렇다면 왜 왕도가 없는지, 왜 정도만이 있는 것인지 궁금할 것이다. 이 책을 읽는 독자들이 대부분 대학수학능력을 준비하는 수험생, 예비 수험생, 혹은 그런 수험생을 교육하는 교육자일 것이니, 대학수학능력시험을 한 번 살펴보자.

대학수학능력시험이라는 것은 대체 무엇인가? 그 말뜻을 풀어 해석해보면 '대학에서 학문을 수행하는 데에 필요한 능력을 갖추고 있는지 알아보는 시험'이다. 그렇다면 학문을 수행하는 데에 필요한 능력에는 어떠한 것들이 있는가? 자세한 것들은 뒤에서 다시 다루겠지만 논리력, 사고력, 의사소통능력, 창의력 등을 꼽을 수 있겠다.

그러면 이런 능력을 대학수학능력시험이 요구하는 수준까지 끌어올리는 데에 얼마나 많은 시간이 걸리는가? 당연히 사람마다 다를 것이다. 일단 타고난 능력치가 모두 다르니, 대학수학능력시험이 요구하는 수준까지 끌어올리는 데에 걸리는 시간은 모두 다를 수밖에 없다.

그럼 질문을 조금 다르게 해보겠다. "만약 대학수학능력시험이 '정당한' 시험이라면, 그 누가 되었든, 대학수학능력을 그 시험이 요구하는 수준까지 끌어올리는 데에 최대 얼마만큼의 시간이 걸려야 하는가?"

이에 대한 답은 명쾌하다. 바로 1년이다. 아니, 정확하게는 12년이다. 타고난 능력치가 얼마나 낮든, 그 시험이 '정당한'

시험이라면 초등학교 6년, 중학교 3년, 고등학교 3년, 총 12년의 학습이 이루어진 뒤에는 그 시험이 요구하는 수준까지 능력을 기를 수 있어야 하는 것이다.

하지만 그렇다고 모두가 다 만점을 받는 것은 아니다. 아니, 오히려 만점을 받는 학생은 일 년에 열 손가락 안에 든다. 이건 왜 이런 것인가? 이에 대한 답이 '공부의 정도正道'이다. 공부의 정도를 걸어간 자들만이 좋은 성적을 받고, 정도를 걷지 않은 자들은 좋은 성적을 받지 못하게끔 설계되어 있는 시험이 바로 대학수학능력시험이다.

물론 '대학수학능력시험이 정당한 시험이 아닐 수도 있지 않는가?'라는 의문이 들 수도 있다. 결론부터 말하자면 정당하지 않은 시험일 수도 있다. 타고난 능력이 너무 낮아 아무리 정도正道를 걸어도 그 시험이 요구하는 만큼 능력을 기르지 못하게끔 설계된, 정당하지 않은 시험일 수도 있다.

그렇지만 확실한 것은 절대 '의도적으로' 정당하지 않게 설계하지는 않는다는 것이다. 한국교육과정평가원에서 수백 명도, 수천 명도 아닌 수십만 명의 수험생들 대학수학능력을 평가하는 시험을 만드는 데에 투입되는 교수님들만 해도 수백 명이고, 그 기간만 해도 수개월이며, 소요되는 예산만 해도 수십억 원이다. 즉 평가원에서는 최선을 다해 가장 '정당한' 시험을 만들고자 노력한다는 것이다.

따라서 학습자의 입장에서 가져야 하는 가장 바람직한 자세는, 우선 평가원을 믿고 대학수학능력시험이 가장 '정당한' 시험임을 믿어 의심치 않으며, 이를 위해 필요한 능력은 타고난 '불변의 성질'이 아니라 자신의 노력으로 바꿀 수 있는 성질이라는 성장지능이론을 믿어야 하며, 노력하는 것을 부끄러워하는 '노력하지 않는 천재'가 되지 않는 것이다. 그리고 이것은 비단 수능을 대비하는 수험생뿐 아니라 어떤 시험이 되었든, 어떤 학습을 하든 항상 가져야 하는 마음가짐일 것이다.

공부를 잘해야 하는가?

"성적 잘 받아오면 엄마가 게임기 사 줄게", "지훈이는 성적이 이번에도 안 올랐구나. 다음에는 꼭 더 잘해 보자!", "상민이는 이번에 성적이 많이 올랐네! 참 잘했구나!" 지금까지 이런 말들을 많이 들어보지 않았는가?

2년 전 필자가 고등학교 3학년이었을 때, 같은 반 학우들은 정말 열심히 공부하였다. 식음을 전폐하다시피 공부에 매진하는 친구들도 여럿 있었고, 심지어 내신 시험기간만 되면 일주일 동안 총 10시간도 자지 않고 공부하는 친구도 있었다. 이 학습 방법이 방법론적으로 바람직한 학습 방법인지에 대한 논의는 차치하더라도 분명 다들 정말 열심히 노력하고 있었다.

그 친구들에게 필자가 물었다. "친구야, 너는 왜 열심히 노력하고 있니?" 그러자 돌아오는 답변은 열이면 열 다 똑같았다. "그야 공부를 잘하고 싶으니까!" 필자는 다시 물어보았다. "그럼 너는 왜 공부를 잘하고 싶은데?" 그랬더니 아주 재미있는 반응을 볼 수 있었다. 대부분 황당한 얼굴을 하고 "음… 그러게?"라고 말하거나, 혹은 귀찮다는 표정으로 "그런 생각할 시간에 책 한 글자라도 더 봐야지"라고 말했다.

그런데 더 재미있는 것은 수능이 코앞까지 다가온 고등학교 3학년 학생들이야 그렇다 쳐도 중학생, 아니 심지어 초등학생까지도 공부를 "잘해야 한다"라고 생각하고 있더라는 것이다. 필자가 만나본 학생들 중 그 누구도 공부를 잘해야 하는 것에 대해 의문을 제기하는 학생은 없었다. 더욱이 이런 질문을 선생님께 하자, 대부분 콧방귀를 뀌시며 "당연히 공부를 잘해야지" 하시거나, 혹은 "그래, 그럼 하지 말든가"라는 반응을 보이셨다.

하나같이 공부를 왜 잘해야 하는지에 대한 답변을 내리지도 않은 채 공부를 잘하기 위한 레이스를 펼치고 있던 것이니, 이얼마나 개탄스러운가? 지금이라도 스스로에게 질문을 던져보자. "나는 대체 왜 공부를 '잘' 해야 하는가?"

이 질문을 조금 더 정확하게 하자면 "나는 공부를 왜 하는가?"가 되겠다. 즉 "나는 공부를 왜 하는가?"에 대한 답변이 '공부를 잘하기 위해서'인 이유가 무엇이냐는 것이다. 이것에 답변을 내리기 위해 '자기결정이론'과 '인본주의이론', 그리고 '인지주의이론'을 하나하나 살펴보자. 그리고 궁극적으로는 공부를 하는 이유가 '잘하기 위해서'인 것이 바람직한지 아닌지 알아보자.

우선 자기결정이론에서는 인간이 가지고 있는 기본 욕구인 '자율성', '유능성', '관계성' 충족을 통해 심리적 욕구를 만족시키고 나면, 궁극적으로 내재적 동기가 유발된다고 한다. 여기에서 자율성이란 자신이 자신의 행동의 근원이고 스스로가 그것을 결정할 수 있는 자유를 의미하며, 유능성이란 행동을 통해 경험하는 자신감과 효율성을 의미한다. 관계성이란 타인과 연결되어 있다는 느낌, 즉 타인의 사랑과 존경을 받을 만한 가치가 있다는 느낌을 의미한다. 인간이 가지고 있는 이런 세 가지의 기본적 욕구를 충족하면 이를 통해 궁극적으로는 '내재적 동기'로, 즉 '즐거워서' 공부를 할 수 있게 된다는 것이다.

인본주의이론에서는 어떻게 설명할까? 인본주의이론에서는 인간이라면 누구든지 자신의 잠재력을 완전히 발휘하고자 하는 욕구가 있다고 전제하며, 여기에서의 '욕구'란 매슬로우 Maslow가 제시한 욕구 5단계에 해당하는 욕구를 의미한다.

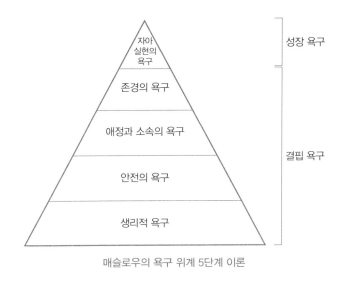

매슬로우의 욕구 위계 5단계 이론

　그는 욕구 위계 이론에서 '결핍 욕구'와 '성장 욕구'를 제시하는데, 결핍 욕구는 일차원적 욕구이기 때문에 이것이 달성되고 나면 학습자는 더 이상 그 욕구를 충족시키려 노력하지 않는다. 하지만 성장 욕구는 자아실현의 욕구로, 이 욕구가 바로 인간이 삶 전체를 통해 궁극적으로 추구하는 본질적인 욕구이다. 따라서 이 욕구는 충족되어도 중단되지 않으며, 인간이 생을 마감하는 순간까지 추구된다. 인본주의이론에 따르면 인간은 자신의 자아를 실현하고자 하는 궁극적인 욕구가 있으며, 이를 달성하기 위하여 학습을 하는 것이다.

　그럼 인지주의이론에서는 어떻게 설명할까? 인지주의이론에서는 '과제에 대한 기대'와 그 '과제의 가치'의 곱이 행동의 동기가 된다고 설명하는 '기대가치이론'을 제시한다. 여기에서의 기대란 '과제의 성공'에 대한 기대를 의미하며, 과제 난이도와 자신에 대한 이해로 결정된다. 또한 가치란, 학습 자체가 너무 즐거운 것을 의미하는 '내재적 흥미', 과제를 잘하는 것이 얼마나 중요한지를 의미하는 '획득가치', 그 행동이 직업이나 미래의 목표 달성에 얼마나 도움을 주는지를 의미하는 '효용가치', 그리고 과제를 해서 오는 부정적 측면인 '비용'으로 나뉜다. 이 중 첫 번째 가치인 내재적 흥미가 가장 높은 수준의 가치이다. 따라서 인지주의이론에서도 과제에 대한 기대와 가치의 곱으로 정의되는 동기의 수준은 학습 자체가 즐겁기 때문에 하는 '내재적 흥미'가 있을 때 가장 높다고 제시한다.[4]

이제 앞의 질문으로 돌아가 보자. "공부를 하는 이유가 '잘하기 위해서'인 것이 바람직한가?" 이에 대해 앞의 모든 이론들이 제시하고 있는 것과 마찬가지로, 필자는 바람직하지 않다고 생각한다. 공부를 하는 이유가 '잘하기 위해서'여서는 안 된다. 공부를 하는 이유는 공부를 잘하기 위해서가 아니라 그저 '공부가 너무 즐거워서', '공부를 하는 매 순간이 너무나 행복해서'여야 한다. 공부를 잘하는 것은 부차적으로 따라오는 것일 뿐이다. 다시 말해 공부가 너무 즐겁고, 공부를 하는 매 순간이 너무 행복해서 공부를 하다 보니 공부를 저절로 잘하게 되는 것이 가장 바람직한 학습의 모습이라는 것이다.

그렇지만 학습을 즐기지 못하는 현 사회의 모습을 단순히 학생들의 탓으로만 돌릴 수는 없다. 자세한 내용은 제3장의 '공부를 하는 이유로 왜 외재적 이유가 많은가'에서 살펴보겠지만, 분명한 것은 학생만을 탓할 수는 없다는 것이다.

교육자는 절대자인가?

"어디 감히 학생이 선생한테!", "이건 교권 침해야!"라는 말을 혹시 들어본 적 있지 않은가? 사실 필자가 초등학교 때부터 귀에 못이 박이도록 많이 들어본 말이다.

필자는 어릴 적부터 선생님의 말을 잘 받아들이지 않는, 소위 말하는 '선생님께 대드는' 아이였다. 무언가 잘못된 것 같으면 그 자리에서 바로 손을 들어 질문하고, 선생님께서 무언가 옳지 못한 행동을 하신 경우에는 당당하게 곧바로 "선생님의 이러한 행동은 잘못되었습니다"라고 말하던 학생이었다. 실제로 있었던 이야기를 몇 개 들려주겠다.

중학교 3학년 때 필자는 학교에서 선도부장을 맡고 있었다. 우리 학교에는 중학교 2학년 때 전학 온, 소위 말하는 '일진'이 있었다. 그 친구는 점심시간만 되면 농구장 뒤에 있는 구석진 곳에서 담배를 피웠고, 수업이 끝나면 주변 다른 학교 '일진'들과 같이 오토바이를 타고 하교를 하곤 했다. 2학년 때부터 주위 친구들에게 좋지 않은 영향을 미치고 있던 그 친구가 계속 신경 쓰였던 필자는, 그 친구를 옳은 길로 이끌기 위해 중학교 3학년 때 선도부장을 맡았다.

선도부장이 된 필자는 농구장 뒤에서 어김없이 담배를 피우는 그 친구를 잡아다 학생부장 선생님께 데리고 갔다. 칭찬까지는 바라지 않았지만 그래도 그 학생에게 올바른 지도를 해주시길 바랐던 필자는 아주 충격적인 일을 겪는다. 학생부장 선생님께서는 필자에게 칭찬을 하시기는커녕 오히려 화를 내시던 것이었다.

"왜 선생님들도 건드리지 않는 학생을 네가 건드리느냐? 네가 뭔데 일을 벌이냐?"

이 말을 듣고 충격에 빠진 필자는, 그래도 선생님께 할 말은 해야겠다는 생각에 "선생님의 본분은 학생을 올바른 방향으로 이끌어 나가는 것인데, 왜 선생님의 본분을 다하지 않으시나요? 모두가 다 포기해도, 심지어 학생 자신이 스스로를 포기한다 할지라도, 마지막의 마지막까지 포기하지 않아야 하는 것이 바로 선생님 아닌가요?"라고 여쭤봤다.

그러자 돌아오는 것은 화난 고함뿐이었다. "어디 감히 학생이 선생의 본분을 운운하고 있어! 이건 명백한 교권 침해야!" 도대체 언제 교권을 침해한 것인지 도저히 이해할 수 없었던 필자는 너무 억울하고 분해 그 자리에서 그만 울고 말았다.

또 이런 경우도 있었다. 고등학교 1학년 기말고사 기간이었다. 둘째 날에 본 사회 과목 시험 중 오류가 있어 보이는 문제가 있었다. 당시 우리 학교에는 시험 이후에 답지가 올라오고, 댓글로 이의제기를 할 수 있는 홈페이지가 있었다. 이에 필자는 사회 시험을 보고 돌아와 답지를 확인한 후 댓글로 이의를 제기하였다.

다음 날 아침 일찍 학교에 도착해 교실에서 그 날 볼 시험공부를 하고 있던 중, 갑자기 앞문이 벌컥 열리더니, "김규민, 어디 있어?"라는 소리가 들렸다. 고개를 들어보니, 그곳에는 성난 얼굴을 한 사회 선생님이 계셨다.

선생님께서는 필자에게 자신을 따라오라고 하셨고, 교무실로 들어가자 다짜고짜 고함을 치기 시작하셨다. 어떻게 감히 선생이 낸 시험 문제에 학생이 이의제기를 할 수 있냐는 것이었다.

위의 두 사례를 읽은 독자들의 반응은 아마 두 가지로 갈릴 것이라 생각한다. "아니, 어떻게 선생님이 그럴 수 있지? 너무 심하시다!"라거나, 혹은 "그래도 선생님께 그러면 안 되지"라고 말이다.

이제 앞의 이야기를 이렇게 바꿔서 한 번 생각해보자. 우리 집에 어느 순간부터 바퀴벌레가 나오기 시작했다. 그래서 나는 바퀴벌레를 잡아서, 집에 바퀴벌레가 있으니 깨끗이 청소해달라는 부탁을 드리러 우리 집 가사도우미에게 가지고 갔다. 그

랬더니 가사도우미가 이렇게 화를 내기 시작한다. "아니, 어디 집주인이 가사도우미에게! 왜 가사도우미인 나도 청소하지 않는 것을 당신이 건드립니까!"라고 말이다.

한편, 하루는 가사도우미가 청소를 하고 퇴근했다는데 집에 와 보니 방바닥에 아직 먼지가 많이 보였다. 그래서 그 날 저녁에 가사도우미와 함께 사용하는 채팅 방에 방바닥이 아직 더러운 것 같으니 확인 부탁한다는 내용을 작성해 올렸다. 그러자 다음 날에 가사도우미가 우리 집 문을 벌컥 열며 "집주인 어디 있어!"라고 외치며 들어와 "아니, 어떻게 감히 집주인이 가사도우미가 청소하고 간 것에 대해 이의제기를 할 수 있어!"라며 호통을 쳤다.

위의 두 이야기를 읽으니 어떤 생각이 드는가? 상식적으로 이해할 수 없지 않은가? 바로 그것이 필자가 느꼈던 기분이다. 눈치 챘겠지만, 이 이야기는 앞에서 필자가 겪은 이야기에서 단순히 '선생님'을 '가사도우미'로, 그리고 '학습'을 '가사 현장'으로 바꾼 것에 불과하다. 그런데 왜 이토록 다른 느낌으로 다가오는가? 아니, 애초에 이렇게 바꿔서 생각해도 되는 것인가? 뭔가 선생님을 가사도우미에 비유하면 안 될 것 같은 느낌이 드는가?

그렇다면 당신은 이 사고를 절실하게 깨트려야 한다. 학습의 주체는 누구인가? 즉 누가 학습의 주인인가? 대답하기 어려운가? 그렇다면 앞에서 말했던 아르키메데스를 생각해보자. 그의 학습에 있어서 누가 주인이었는가? 의심할 여지없이 아르키메데스 자신이다.

학습한다는 것은 다름 아닌 '자신의 사고체계'가 변화하는 과정이다. 자신의 사고체계를 변화시키는 주체는 바로 자기 자신이다. 물론 세뇌를 통해 사고체계를 마비시켜 내가 원하는 대로 타인의 사고체계를 조작할 수는 있겠지만, 지금 그런 이야기를 하자는 것이 아니다. 오늘 아침에 일어나 이부자리를 갤 것인지 말 것인지, 운동을 할 것인지 말 것인지, 밥을 먹으며 어떤 생각을 하고 멸치볶음을 몇 번 집어먹을 것인지 등등 말 그대로 하나부터 열까지 '전부 다' 스스로가 결정한다. 우리가 속이 텅 빈 꼭두각시거나 혹은 강력한 악귀가 몸에 들어와 빙의하지 않은 이상 모든 행동과 사고체계의 주인은 바로 나, 자기 자신이다.

집 청소라고 다를 것이 없다. 내 집 청소의 주체는 누구인가? 즉 누가 내 집의 주인인가? 의심할 여지없이 자기 자신이다. '내' 집이기 때문이다. 일주일에 한 번 청소할 것인지, 하루에 세 번 청소할 것인지, 장롱 뒤에까지 손을 집어넣어 청소를 할 것인지, 거미줄은 걷어낼 것인지, 벌레들과 공생할 것인지, 티셔츠는 갤 것인지 옷걸이에 걸어놓을 것인지 그 모든 행동과 선택의 주체는 바로 나다.

물론 내 집이지만 너무 바빠서 혹은 너무 힘에 부쳐서, 한 달에 2주씩 출장을 가야 해서, 야근이 너무 잦아서 등의 다양한 이유로 스스로의 힘만으로 집 청소를 다 하지 못할 수 있다. 그리고 그 때 도움의 손을 뻗는 곳이 바로 가사도우미이다.

학습이라고 해서 다르지 않다. 학습의 주체는 바로 나, 자기 자신임은 틀림없다. 하지만 스스로의 힘만으로 부칠 때도 있다. 혼자 힘으로는 해결하기 힘든 난제에 닥칠 수도 있고, 어떻게 학습 계획을 짜야 하는지, 어떤 방법으로 학습을 해야 하는지, 이 문장을 보고 대체 어떤 생각을 하는 것이 합리적인지 등을 스스로의 힘으로 알아내지 못할 수도 있다.

그때 도움의 손을 뻗는 곳이 바로 '학교'이고, '교사'인 것이다. 따라서 교사의 다른 말은 '학습 도우미'이다. 내가 나의 학습을 혼자 힘으로 해낼 수 있었다면 참 좋겠지만, 그러지 못해서 도움의 손길을 뻗는 대상이니 학습 '도우미'임에 틀림없다. 생각해보자. 혹시 '가사도우미'는 절대적 윗사람인가? 당연히 아니다. 물론 이것이 '가사도우미'라는 직업 자체를 무시한다거나, 해당 직업 종사자를 존중하지 않아도 된다는 의미는 절대 아니다. 하지만 '나의 집'에 있어서만큼은 주인은 '나'고, 집 청소의 주체도 '나'이며, 가사도우미는 그저 도움을 주는 존재일 뿐이다.

그렇다면 '학습 도우미'는 절대적 윗사람인가? 동일한 논리로 아니다. 다시 한 번 강조하지만, 이것이 '학습 도우미'라는 직업을 무시한다거나, 그 직업에 종사하는 사람을 존중하지 않아도 된다는 의미는 절대 아니다. 그렇지만 '나의 학습'에 있어서만큼은 주인은 '나'이고, 이런 학습자인 '나'에게 도움을 주는 존재가 '학습 도우미', 즉 '교사'라는 것이다.

분명 학습 도우미 중에는 훌륭한 가치관과 교수법을 가진 교사도 있지만, 잘못된 가치관과 올바르지 못한 교수법을 가진 교사도 존재한다. 따라서 학생들은 교사의 말을 비판적으로 듣고, 잘못된 것이 있다면 바로잡으며 요구할 것은 요구할 수 있어야 한다. 바로 그것이 정당하게, 당연히 지녀야 할 '학습 주인'으로서의 모습이다. 교사는 절대자가 아니다. '학습 도우미'일 뿐이다.

사교육은 공교육의 적인가?

이번에는 조금 민감한 주제를 다뤄볼까 한다. 수많은 언론에서 사교육은 '청산해야 하는 것'이라 얘기하곤 한다. 지금 당장 휴대폰을 꺼내서 네이버 검색란에 '사교육'이라고 검색하기만 해도, 사교육은 없어져야 한다는 언론은 기본이거니와, 사교육을 줄이기 위한 정치인들의 각종 공약들을 쉽게 찾아볼 수 있다. 그러면서 늘 따라붙는 말이 있다. '공교육의 정상화'이다.

이 논의에 대해 언론이 요구하는 색안경을 벗어던지고 한 번

같이 생각해보자. 우선 공교육은 대체 무엇이고, 사교육은 또 무엇인가? 그 정확한 의미가 무엇인가?

가장 접근성이 좋을 네이버 지식백과에 따르면 공교육이란 '훌륭한 국민을 육성한다는 공공적인 목적을 위하여 국가 또는 지방자치단체가 설립 및 운영하는 학교 교육, 또는 이에 준하는 학교 교육'을 의미한다.[5]

그럼 사교육이란 무엇인가? 이 또한 네이버 지식백과에 따르면 '공교육에 반대되는 개념으로, 국가가 관리하는 유아교육법 및 초등, 중등교육법, 그리고 고등교육법의 적용을 받는 교육기관 밖에서 이루어지는 교육'을 의미한다. 그리고 여기서 정의하는 '교육기관'이란 '유치원, 초등학교, 중학교, 고등학교, 대학교'를 의미한다.

이제 이런 의문이 생긴다. '대안학교'는 공교육인가, 사교육인가? '홈스쿨링'은 공교육인가, 사교육인가? 동네 아저씨에게 빨간불에는 길을 건너지 말라고 교육받는다면 그것은 공교육, 사교육 중 무엇인가?

사교육을 검색하니 당연하게 따라 나오는 연관검색어가 있다. '사교육 문제'이다. 어떤 '문제'가 있기에 사교육에는 '문제'라는 단어가 따라붙는 것일까? 기사들을 훑어본 결과, 그 문제점은 모두 한 가지로 귀결된다. 바로 '사교육비'이다. 다시 말해 사교육비는 학부모에게 큰 부담이 되고, 사교육비를 낼 수 없는 가정의 경우에는 학습에서 뒤처지게 된다는 것이다. 얼핏 보면 맞는 말인 것 같다. 그런데 과연 그럴까?

우선 '정의의 비정확성'부터 짚고 넘어가야 한다. 자고로 정의란 그 내용과 필요충분조건으로 맞아떨어져야 한다. 다시 말해 내용 중 특정 부분을 포괄하지 못한다거나, 혹은 너무 과도하게 포괄하고 있으면 정확하지 않은 정의라는 것이다. 유치원, 초등학교, 중학교, 고등학교, 대학교에서 받는 교육을 제외한 교육은 전부 사교육이라는 정의에 따라 생각해보자. 그렇게 된다면 어릴 적 아기가 태어나서 유치원에 들어가기 전까지 부모에게서 받는 모든 교육, 이를테면 걸음마, 옹알이, 한글, 옷 입는 방법, 젓가락 집는 방법, 설거지하는 방법, 자전거 타는 방법 등이 전부 사교육에 포함되게 된다. 똑똑한 동네 형에게 수학 문제를 물어보는 것 역시도 사교육의 범주에 들어가게 된다. 그러나 이는 우리의 상식과 맞지 않는다. 이것이 바로 정의의 비정확성 문제이다.

그런데 이렇게 정의가 정확하지 않아도 사교육에 대해 전쟁을 선포하는 공교육의 입장은 크게 문제되지 않는다. 공교육에서 문제 삼는 것은 다름 아닌 '사교육비'이기 때문이다. '사교육비'에 대해 논의를 진행하기에 우리는 사교육이라는 단어를 보면 '학원', '과외', '인터넷 강의'를 떠올리게 된다. 즉 정확하지 않은 정의임에도 불구하고 논의 과정에서 큰 불편함을 느끼지 못했던 것이다. 그렇지만 이런 정의의 비정확성 문제로 인해 우리는 이 논의에서 크게 간과하는 부분이 두 가지 생긴다. '공교육비 부담의 주체'와 '교육의 본질'이다.

사교육이 '사교육비'로 인해 '악질의 교육'이라 인정해보자. 그렇다면 과연 '공교육비'의 부담 주체는 누구인가? 국가인가? 그렇게 생각할 수도 있겠으나, 이는 큰 착각이다. 어느 학교에서도 수학여행 비용을 지원해주지 않는다. 체육대회 때 입는 반 공동의류 구매 비용을 지원해주지도 않으며, 교복이나 학용품 구매 비용 또한 지원해주지 않는다. 심지어 고등학교 등록금도 학생이 부담한다주- 최근 들어서는 교복과 등록금이 무료인 학교가 생기고 있다고 한다.

사교육이 '사교육비'로 인해 이 사회에서 없어져야 할 악의 축이라면, 공교육 또한 같은 맥락에서 이 사회에서 없어져야 할 악의 축이 아닌가? 혹시 수학여행은 '교육'이 아니라고 생각하는가? 그렇게 생각한다면 이 또한 큰 오산이다. 수학여행이란 닦을 수修 자에 배울 학學 자를 사용하는 단어로, 말 그대로 '학생들이 문화유적지 등에 실제로 가서 직접 보고 배우도록 하기 위해 교사의 인솔로 실시하는 여행'을 의미한다. 이에 수학여행은 명백한 '학습현장'이다. 교복을 입는 것 역시 단체 생활의 기본적인 규칙을 따르고, 또 규칙을 따르는 것이 사회 질서 유지에 얼마나 중요한지 교육하기 위한 것으로 교육에 포함된다. '훌륭한 국민을 육성한다는 공공적인 목적'으로 진행되는 '공교육'을 '각 개인'이 부담한다니, 이것이야말로 얼토당토 않지 않은가? '국민공통교육과정'에 해당하는 내용을 학습하기 위하여 제주도 항공비, 숙식비, 교복 맞춤 비용, 체육대회 반 공동의류 구매 비용, 심지어는 등록금까지 개개인의 국민이 부담해야 한다니, 이 얼마나 모순적인 상황인가?

그렇다면 혹시 사교육이 이 사회에서 사라져야 할 악질의 교육이라는 근거가 '사교육비' 외에 또 있는가? 이를테면 학습의 본질에서 벗어난 교육이라든가, 학습의 본질을 흐리게 하는 교육이라는 등의 이유가 있는가? 물론 혹자는 그런 이유가 있다 생각할 수도 있다.

그러나 사교육에 학습의 본질을 흐리는 교육이 있다면 그 원인은 그것이 '사교육이기 때문'인가, 아니면 그 해당 교사가 잘못된 가치관을 가지고 있기 때문인가? 사교육의 정의 어디에도 '학습의 본질 외적인 교육'이라거나 '학습의 본질을 흐리는 교육'이라는 것은 없다. 만약 학습의 본질에서 벗어난 사교육이 있다면 그것은 '해당 교사'가 잘못된 교수법을 가지고 있기 때문인 것이지, 그 교사가 '사교육 교사이기 때문'은 아닌 것이다.

공교육 교사 또한 잘못된 교수법을 가지고 올바르지 못한 가치관을 학생들에게 교육하는 경우가 있다. 바꾸어 말하면, 올바른 가치관과 교수법을 갖고 있는 공교육 교사가 있다면 그 것은 그 교사가 '공교육 교사이기 때문'이 아니라 '그 교사가 좋은 교사이기 때문'일 것이다. 결국 사교육이 이 사회에서 사라져야 할 악질의 교육이라는 주장은 너무 많은 불편한 진실들에 대해 눈 가리고 아웅 하고 있다는 것이다.

앞에서 언급하였듯이 학습의 주체는 학습자 자신이다. 스스로가 스스로의 집을 청소하듯, 자신의 학습을 주체적으로 이끌어나가다가 벽에 부딪혀 누군가의 도움이 필요할 때 도움을 청하는 존재가 바로 '학습 도우미'인 것이다. 그 학습 도우미의 범주에 '도서관의 책'이 있는 것이고, '학교 선생님'이 있는 것이며, '학원 선생님', '부모님', '과외 선생님', '똑똑한 동네 형', '인터넷 강의 선생님'이 있는 것이다.

이들 모두는 학습 도우미로서의 각자의 역할을 추구하는 대상들이다. 이들 중 잘못된 길로 학습자를 인도하는 학습 도우미가 있다면 이는 개개인의 문제이며, 학습 도우미라는 본질에서 나온 것은 아니다. 이들은 모두 학습자의 '보다 행복한 학습'을 위해 존재하는 주체들일 뿐이며, 그들 중 어느 누구도 그 존재의 근원과 본질 자체가 이 사회에서 없어져야 하는 '사회 암적인' 것은 없다. 사교육은 공교육의 적이 아니다. 둘 다 그저 학습자의 '보다 행복한 학습'을 위한 학습 도우미일 뿐이다. 학습의 주체는 학습자임을 결코 잊어서는 안 된다.

제2장

공부를 왜 하는가?

인간의 탄생 비화

이번에는 조금 무거운 이야기를 해보려 한다. 인간과 다른 동물 간에는 어떤 차이가 있을까? 과연 어떤 차이가 인간을 '인간답게' 만드는가? 언어의 사용 유무일까? 하지만 우리 인간이 아직 제대로 모를 뿐 동물들도 서로 의사소통을 하는 모습을 볼 수 있다. 잘 알려진 동물들 간의 의사소통으로는 꿀벌이 8자 모양으로 날면 꿀이 잔뜩 들어있는 꽃을 찾았다는 의미이며, 늑대가 하울링을 하면 위협이 다가오고 있다는 의미이고, 강아지가 꼬리를 좌우로 흔들면 친근감을 나타낸다는 것이며 꼬리를 돌돌 말면 위협이 다가오고 있음을 나타낸다는 것 등이 있다. 감정의 유무? 이 또한 아닐 것이다. 시장에 팔려가는 얼룩소의 눈에서 눈물이 뚝뚝 떨어지는 것을 영화에서 본 적 있을 것이다.

그럼 인간과 동물의 차이는 무엇인가? 그것은 바로 '가상의 실재', 즉 '상호주관적 질서'이다. 그럼 상호주관적 질서란 또 무엇인가? 이를 살펴보기 위해서 잠시 인류의 역사를 알아보자.

현 시대의 여러 생물체와 군집들을 살펴보면 우리 인간이 조금은 다르다는 점을 쉽게 느낄 수 있다. 다른 동물들의 경우 같은 '과'에 속하는 여러 '종'의 생물들이 함께 공존하고 있다. 예를 들어 '고양이과'에 속하는 고양이, 호랑이, 표범, 치타 등 여러 종의 생물들이 동시대에 공존하고 있다는 것이다.

하지만 인간의 경우를 생각해보자. 인간은 '호모'라는 '과' 속의 '사피엔스'라는 '종'의 생명체이다. 하지만 현 동시대에 살고 있는 다른 '종'의 '호모'를 본 적이 있는가? 없을 것이다. 이것이 의미하는 바는 '호모' 중 유일한 종이 우리 '사피엔스'밖에 없다는 것이다. 이것의 이유는 두 가지로 추려볼 수 있는데, 우리 사피엔스가 타 인류들을 말살하였다는 '교체이론'과, 다른 인류들과 뒤섞였다는 '교배이론'이다.

이 두 가지 이론 중 역사적으로 교체이론이 우세하였으나, 2010년의 연구결과에 따르면 타 인류 종과 교배한 결과의 DNA 흔적이 발견되었음이 밝혀졌다. 즉 교배이론을 뒷받침할 만한 증거가 나온 것이다. 하지만 그 DNA 흔적이 남아있는 수준은 매우 미약하였으며, 이는 곧 종 간 교배가 아주 미약한 수준에서 이루어졌음을 의미한다.

하지만 종 간 교배가 안정적이지 않았기에 완전한 교배는 불가능하였고, 매우 극소수의 개체만이 종 간 간격을 뛰어넘어 교배할 수 있었으며, 나머지 개체들은 모조리 사피엔스가 말살하였다는 교체이론을 따르는 것이 합리적 추측일 것이다.

생각만 해도 섬뜩하지만 그래도 이성적으로 이야기를 읽어나가보자. 그렇다면 사피엔스가 다른 '호모' 과에 속하는 종들을 말살한 이유는 무엇이며, 또 '어떻게' 말살할 수 있었을까?

우선 그 이유부터 생각해보자. 물론 현 시대를 살고 있는 인류 중 그 누구도 과거 여러 종의 호모가 동시대에 존재하던 때를 살아본 적이 없기 때문에, 과거의 호모 사피엔스가 정확하게 어떤 마음가짐으로 호모 과에 속한 다른 종들을 말살하였는지 파악하는 것은 불가능하다. 그렇지만 최대한 공감해보자.

호모 사피엔스는 왜 다른 종의 호모를 말살하였을까? 아마도 '다른 종들의 인류는 무시하기에는 너무나 친숙하고, 관용하기에는 너무나 달랐기 때문'일 것이다. 현 인류만 봐도 그렇다. 혹시 잡지나 유튜브 동영상에서 바다에서 괴생명체가 잡혔다면서 사람 얼굴 모습을 한 핑크색 생명체를 본 적 있지 않은가? 아니면 혹시 뉴스에서 사람 얼굴과 너무 비슷한 얼굴을 가진 강아지가 버려진 사건을 접해본 적이 있지 않은가?

그런 생명체들을 보면 어떤 생각이 드는가? 뭔가 징그럽고 혐오스러운가? 우리 호모 사피엔스는 무시하기에는 너무나 친숙하고, 그렇다고 관용하기에는 너무나 다른 생명체에 대해 기본적으로 '혐오감' 혹은 '적대심'을 가지고 있다. 이것이 바람직한 생각인지, 바람직하지 않은 생각인지에 대한 논의를 하고자 하는 것은 아니다. 다만 아직 현재 인류처럼 도덕성이나 동물 윤리가 갖추어지지 않은 과거 선사 시대의 호모 사피엔스는 자신보다 키가 1m나 크지만 비슷한 생김새를 하고 있거나 온 몸이 검은 털로 뒤덮여 있는 호모 과의 다른 종들을 보았을 때 충분히 혐오감이나 적대심이 생겼을 수도 있다는 것이다.

지금까지 호모 사피엔스가 호모 과의 다른 종들을 말살한 이유에 대해 살펴보았다. 이제는 '어떻게' 말살을 할 수 있었을 지에 대해 고민해보자. 분명 호모 과의 다른 종들 중에는 사피엔스 종보다 키가 훨씬 크고, 근육량이 많은 종도 있었을 것이다. 많은 인류학 자료들이 이를 뒷받침해주고 있지만, 일단 자세한 이야기는 차치하더라도 어떻게 사피엔스는 자신보다 힘이 세고, 키도 더 큰 다른 종을 말살할 수 있었을까? 이에 대한 해답이 바로 '인지 혁명으로 인한 가상의 실재', 즉, '상호주관적 질서의 구축'이다.

'인지 혁명'이란 약 7만 년 전부터 3만 년 전 사이에 호모 사피엔스에게 다가온 사고의 혁명으로, 새로운 사고방식과 의사소통 방식을 의미한다. 인지 혁명의 핵심은 '언어'인데, 단순히 '언어의 사용'이 아니라 '타 종의 언어와 본질적으로 다른 사피엔스 언어만의 특징'이 핵심이다.

사피엔스만이 가지고 있는 진정한 언어의 특이성은 '전혀 존재하지 않는 것에 대한 정보를 전달하는 능력', 즉 '가상의 실재'에 대해 논할 수 있는 능력이다. 이를 이해하려면 먼저 '객관적인 정보'와 '주관적인 정보', 그리고 그 사이에 있는 '상호주관적 정보'에 대해 이해해야 한다.

객관적인 정보란 실재하고 있는 것들에 관한 정보를 의미한다. 이를테면 강가에 사자가 있다는 것이 객관적인 정보가 될 수 있다. 주관적인 정보란 말 그대로 사람에 따라 달라질 수 있는 정보를 의미한다. 이를테면 마을 족장의 딸이 예쁜지, 옆집 순돌이가 멋진지와 같은 정보가 되겠다.

그렇다면 '상호주관적 정보'란 무엇인가? 상호주관적인 정보란 우리가 흔히 '객관적'이라 생각하지만 사실은 실재하지 않는 것을 의미한다. '축구 경기 규칙'이 상호주관적 정보의 좋은 예인데, 흔히 축구 경기 규칙은 객관적인 정보라 생각하지만 이는 착각이다. 축구 경기 규칙은 '강가에 사자가 있다'와 같은 실재하는 대상에 대한 정보가 아니라는 것이다. 사람들의 합의로 인해 탄생한 가상의 실재에 관한 정보일 뿐이다.

다른 예시로 '푸조 신화'가 있다. '푸조'는 회사 이름인데, '이 회사는 도대체 무엇인가?'에 대한 이야기가 바로 '푸조 신화'의 내용이다. 푸조 회사는 1810년 프랑스에서 아르망 푸조Armand

Peugeot가 설립한 자동차 회사다. 이 회사는 정확하게 그 정체가 무엇일까? '회사의 설립자'인가? 아니다. 회사의 설립자는 이미 세상을 떠난 지 한참 되었다. 그렇다면 그 회사를 구성하는 회사원들인가? 이 또한 아니다. 회사원들도 계속 바뀌지만, 이전의 회사원이 아니라고 해서 회사가 변화한 것은 아니다.

그렇다면 도대체 '푸조 회사'의 정체는 무엇인가? 바로 이것이 '가상의 실재'라는 것이다. 이 회사는 절대로 이 세계에 객관적으로 '실재'하는 정보가 아니다. 다만 사람들이 상호 간 약속한 질서 상에 존재하는 회사일 뿐이다. 축구 경기 규칙처럼 이 세상에 실재하는 정보가 아니라, 호모 사피엔스가 상호 간 만든 가상의 질서이다.

또 다른 대표적인 상호주관적 질서로는 '나'에 관한 정의가 있다. 다음 이야기를 들어보라. 감옥에 갇힌 한 죄수는 매일 자신의 머리카락, 손톱, 침, 눈곱 등을 계속 창 밖으로 던졌다. 의아하게 여긴 다른 죄수가 그에게 "자네는 왜 계속 그것들을 창 밖으로 던지는가?"라고 물었다. 그는 이렇게 답하였다. "나는 지금 탈옥을 하고 있다네. 머리카락, 손톱, 침, 눈곱은 전부 '나'의 일부이니, 이것들을 계속해서 창 밖으로 던지다보면 언젠가 '내'가 감옥 밖에 있게 되지 않겠나?" 이것이 바로 가상의 실재인 '나'의 정의이다.

도대체 '나'는 무엇으로 정의되는가? 내 몸의 세포 하나하나는 전부 '나'의 일부인 것은 맞지만, 그렇다고 해서 이것들을 감옥 밖으로 계속 던지다보면 '내'가 감옥 밖에 나가게 되는 것은 아니지 않은가? 만약 내가 팔을 로봇 팔로 바꿔 끼운다면 그것은 '나'인가? 팔뿐만 아니라 다리와 심장, 심지어 뇌까지 로봇으로 바꿔 끼운다면 그것은 '나'인가, 아닌가?

이것이 이렇게 어려운 논의인 이유는 바로 '나'의 정의가 객관적으로 실재하는 것이 아니라 상호주관적 질서 하에서 논의된 가상의 실재이기 때문이다. 호모 사피엔스는 인지혁명을 통해 이와 같이 상호주관적 질서를 논할 수 있는 언어 능력을 갖게 되었고, 그 결과 호모 과의 다른 종들보다 월등히 많은 수의 단합을 이끌어낼 수 있었다. 호모 사피엔스를 제외하고는 지구상에서 수십, 수백 개체를 넘어 수천, 수만, 전 지구적 통합을 위해 애쓰는 생명체는 존재하지 않는다. 우리나라의 꿀벌이 지구 반대편에 있는 아르헨티나의 꿀벌을 생각하며 행동하는 것을 본 적 있는가? 없을 것이다. 가상의 실재를 논해 전 지구적 통합을 이끌어내는 개체는 호모 사피엔스가 유일하다.

호모 사피엔스 외의 다른 생명체들의 경우에 삶의 방식이 변화하거나 종 내의 변화가 생기기 위해서는 매우 장기간, 즉 몇세대에 걸친 'DNA 혁명'이 일어나야 한다. 하지만 가상의 실재에 대해 논해 상호주관적 질서를 이끌어낼 수 있는 호모 사피엔스는 매우 단기간의 '문화 혁명'을 통해서 삶의 방식에 변화를 만들 수 있다.

그렇지만 인간은, 태어나자마자 걸을 수 있는 기린과 달리 태어나면서부터 걷고 뛸 수 없으며, 태어나 곧바로 춤을 추거나 숟가락과 젓가락, 포크를 사용해 밥을 먹을 수도 없다. 즉 이전 세대의 사피엔스가 만들어놓은 상호주관적 질서를 DNA에 새긴 채 태어나지 않는다는 것이다. 이것은 호모 사피엔스가 본래 주어진 DNA로부터의 독립을 선언한 결과이다. 이는 다시 생각하면 인지 혁명이 일어난 이후 호모 사피엔스는 '미성숙 출산'을 하게 되었다는 것을 의미한다.

여기에서 미성숙 출산을 한다는 말은 곧 '성숙해지는 과정'이 필수적이라는 것이며, 이 '성숙해지는 과정'은 곧 '학습'을 의미한다. 이처럼 호모 사피엔스는 본디 '학습의 욕구'를 가진 채 태어난다. 실제로 16세기 과학혁명과 21세기 산업혁명으로부터 거리가 먼, 외딴 정글에 사는 한 부족에 대해 교육인류학자가 조사한 자료를 한 번 보자.

이 부족집단에는 학교도, 선생도, 스승도 없었다. 그런데 교육인류학자는 신기한 모습을 목격한다. 건장한 성인 남성들이 장작에 쓸 나무를 패고 있는데, 그 옆에서 네 살 정도 되어 보이는 꼬마아이들도 작은 도끼를 가지고 장작을 패고 있었던 것이다. 이를 신기하게 여긴 학자는 아이에게 물었다. "너한테 장작 패는 방법을 가르쳐준 사람이 누구니?" 그러자 아이는 동

그렇게 토끼눈을 하고 이렇게 되묻는다. "질문을 이해 못하겠어요. '가르친다'가 뭐예요?" 그 부족집단에는 '가르친다'라는 단어 자체가 존재하지 않았던 것이다. 그럼 그 아이들은 대체 어떻게 배운 것일까?[1]

이에 대한 답이 바로 '훈습薰習'이다. 고깃집에 들어가 신나게 고기를 먹고 나오면 아무리 신경을 써도 옷과 머리, 온 몸에 고기 냄새가 배기 마련이다. 한국에서 태어나 사람들과 뒤섞여 살아가다 보면 아무리 배우지 않으려 애를 써도 한국어를 유창하게 하기 마련인 것과 같다. 자연스럽게 젓가락을 사용할 수 있게 되고, 높임 표현과 어른 공경을 배우게 된다. 이런 것들이 바로 '훈습'이고, 정글의 아이들이 누군가 '가르치지' 않아도 학습할 수 있었던 이유인 것이다.

흥미로운 질문을 하나 던져보겠다. 늑대를 교육시키면 인간이 될 수 있을까? 당연히 아닐 것이다. 갓 태어난 늑대를 데려다 인간의 언어를 아무리 열심히 가르쳐도 그 늑대는 생을 마감하는 순간까지 인간의 언어를 단 한마디도 뱉지 못할 것이다.

그렇다면 또 다른 질문 하나. 인간을 교육시키지 않으면 늑대가 될 수 있는가? 놀랍게도 '그렇다.' 1920년, 늑대 무리와 함께 발견된 7세, 2세의 두 소녀들은 손을 사용하는 대신 입으로 직접 음식을 물어뜯는 방식으로 식사를 하였고, 달릴 때에는 이족 보행이 아닌 팔까지 같이 동원한 사족 보행을 하였으며, 인간 곁으로 데려온 지 3년이 지나서야 겨우 '마ma'라는 한 단어를 말할 수 있게 되었다 한다.

이런 아이들을 가리켜 '야생아'라고 하는데, 이는 교육학적으로 아주 큰 의미를 지니고 있다. 인간의 학습이 폭발적으로 이루어지는 '결정적 시기'를 놓치면 이후의 학습이 이루어지기 어렵기에 적절한 때에 인간을 인간답게 교육시키지 않으면 늑대가 될 수 있다는 점과, 그것보다 훨씬 더 중요한 사실인 '인간은 본디 학습의 욕구가 있다'는 것이다. 이것이 바로 늑대를 교육시킨다고 인간이 되지는 않지만, 인간이 늑대와 함께 생활하며 훈습을 거치면 늑대가 될 수 있는 이유이다.[2]

정리하자면, 이 긴 이야기의 핵심은 이렇다. '미성숙 출산을 하는 인간은 본디 학습의 욕구를 가진 채 태어난다.' 즉 가르치는 존재가 없어도 장작을 팰 줄 알던 정글의 아이들과, 늑대와 함께 자라면서 늑대를 닮아간 야생아처럼 인지 혁명을 거친 호모 사피엔스는 훈습을 통해 주변의 모든 것을 배우고 익히는 과정을 거친다.

잠깐 다른 주제로 나아가보면, 인간은 본디 미성숙 출산을 하기 때문에 성숙해지고자 하는 욕구, 즉 학습하고자 하는 욕구를 갖고 태어난다. 따라서 인간은 다른 누군가에게 의지하지 않는 상태, 즉 '완전 독립'의 상태를 지향하고 이를 우상화하는 경향이 있다. 인간에게 '독립한다는 것'과 '성숙한다는 것'은 동의어로 다가오기 때문이다.

　일견 맞는 말처럼 들린다. 분명 인간은 태어나는 순간에 부모와 같이 자신을 보호해줄 수 있는 다른 누군가가 없으면 혼자 독립적으로 살아갈 수 없다. 계속 타인의 도움을 받아 자라던 아이는 성인이 되면서 부모에게서 독립할 준비를 한다. 심적으로도, 경제적으로도 서서히 부모로부터 독립하는 것이다. 그러면서 스스로 '이제 성숙해졌으니 독립하자'라고 생각한다.

　하지만 그들은 조금 더 먼 미래를 잘 보지 못하는 경향이 있다. 성인이 되었다고 해서 언제까지나 독립적으로 살 수 있는 것은 아니기 때문이다. 시간 속에 살아가는 인간은 노년기로 접어들며 노화로 인한 각종 퇴행성 질환을 마주하게 되고, 서서히 독립적으로 살아가는 힘을 잃는다. 스스로의 힘으로 걷지도, 움직이지도, 물을 마시지도, 음식을 넘기지도 못하며, 더 나아가 스스로 생각하고 판단을 내리지도 못하는 상황까지 직면하게 된다. 이때 인간은 '독립적이었던 내가 혼자서 살 수 없게 되다니… 성숙하지 못한 나 자신이 부끄럽다'라고 생각한다. 이 때문에 노년기의 수많은 어르신들이 우울증을 겪게 된다.

　이 사고방식이 완전히 건강한 사고방식은 분명 아니다. '무엇이 인간의 성숙함을 증명하는 척도가 될 수 있는가'의 문제는 사실 오래 전부터 철학적, 의학적, 인문학적 논란거리가 되어왔다. 한때는 단순히 마을에서 가장 나이가 든 사람을 가장 성숙한 현자라 칭하기도 하였지만, 한때는 마을에서 가장 사냥을 잘하는 사람을, 어떨 때는 종교 지도자를, 또 어떨 때는 무당을 가장 성숙한 현자라 칭했다. 이처럼 인간은 계속해서 '성숙함'으로 나아가고 싶어 하는 욕구를 지니고 있으며, 현재 인류가 스스로의 성숙함 측정을 위해 사용하고 있는 척도는 '보호자로부터의 독립의 정도'이다.

하지만 이는 앞에서 말했다시피 건강하지 못한 사고이고, 신이 아닌 이상 언젠가 무너지고 말 척도이다. 그래서 많은 철학자들과 의학자, 인문학자들은 끊임없이 '삶'과 '죽음'에 대해 고민하며, 과연 무엇이 인간 스스로가 '살아있음'을 증명할 수 있는지, 즉 도대체 '삶'이란 무엇인지 탐구하고 있다. 그렇지만 이 책에서 다룰 내용은 삶과 죽음에 초점을 맞추기보다는 '학습'에 초점을 맞추고 있으니, 이 이야기는 이쯤에서 마무리 짓도록 하자.

정리해보면, 호모 사피엔스는 인지 혁명을 거치며 '가상의 실재', 즉 '상호주관적 질서'에 대해 논의할 수 있게 되었으며, 이 덕분에 'DNA 혁명' 기반 생명체에서 '문화 혁명' 기반 생명체로 나아갈 수 있었다. 그렇지만 인간이 문화 혁명 기반 생명체로 변하였기 때문에, 이전 세대의 사피엔스들이 정립해 놓은 문화의 상호주관적 질서가 DNA에 새겨진 채 태어나지 않는, 미성숙 출산을 한다. 따라서 미성숙 출산을 하는 호모 사피엔스는 태어나는 그 순간부터 '학습에 대한 욕구'를 가진 채 태어나고, 이것이 바로 이 챕터에서 전달하고자 하는 '인간의 탄생 비화'이다.

공부의 재미 — 앎과 삶

이번에는 조금 재미있는 이야기를 해보려 한다. 사실 이 책에서 가장 핵심적인 내용이기도 하다. 앞에서 호모 사피엔스는 본디 학습에 대한 욕구를 가진 채 태어난다고 하였다. 아직 이 내용이 온전히 마음속에 들어오지 않은 독자도 있을 수 있으니, 인간이 학습에 대한 욕구를 가지고 있음을 보여주는 아주 전형적인 모습을 예로 들어보겠다.

태어난 지 몇 개월 되지 않은 아기를 생각해보자. 이제 막 기어 다니기 시작한 아기는 온 집안을 사방팔방 돌아다니며 눈에 보이는 모든 것들을 입에 넣어본다. 아직 손에 촉각 신경이 온전히 발달하지 않았기 때문에 아기들이 입에 물건을 집어넣는 것은 마치 우리가 손으로 물건을 만지는 것과 같다고 보면 된다. 그런데 핵심은, 아무도 시키지 않았는데도 아기들은 눈에 보이는 모든 물건들을 입에 계속 넣어보더라는 것이다. 심지어 입에 넣고 있는 물건을 빼앗아 가면 다시 돌려달라며 울기까지 한다. 이것이 바로 인간이 학습에 대한 욕구가 있음을 보여주는 아주 전형적인 예이다.

그런데 뭔가 이상하다. 분명히 기억도 나지 않는 어린 시절에는 학습에 대한 욕구가 있었는데, 왜 성장한 지금은 그 욕구가 사라졌는가? 이에 대한 답변으로 '제1장 – 공부는 왜 재미가 없는가'에서 '앎과 삶이 따로 놀기 때문'이라고 살펴보았다. 공부는 자고로 내재적 이유로, 즉 공부 그 자체가 너무 즐겁고 행복해서 하는 것이다. 이에 앎과 삶이 따로 놀고 있다면 공부의 즐거움을 깨닫기가 쉽지 않다.

그럼 앎과 삶을 어떻게 하나로 합칠 수 있는가? 이에 대해 이야기하려면 먼저, 앎과 삶에 대해 조금 더 설명이 필요하겠다. 본디 '앎'과 '삶'은 다르지 않았다. 중세 시대로 돌아가 보면 원래 '앎'과 '삶'은 '슒'이라는 하나의 단어로 존재했다. 앎과 삶은 본디 다른 개념이 아니었다는 것이다. 많은 학생들이 공부를 어려워하고 힘들어하는 것은 공부를 함으로써 '앎'을 쌓기만할 뿐 '삶'이 변화하지 않기 때문이다.

그렇다면 앎과 삶이 하나가 된다는 것은 무슨 뜻인가? 도저히 그 두 요소가 하나가 되는 것을 상상하지 못한 독자들을 위해 조금 더 쉽게 설명하면… 잠깐! 지금 집에 도둑이 들어온 것 같다. 분명 나는 집에 혼자 있는데, 왜 갑자기 화장실에서 물소리가 나지…? 조금 전 밖에 잠깐 나갔다 온 사이에 들어온 건가? 쉿! 조용히 방문을 잠그고 얼른 경찰에 신고를 해야겠다.

놀랐는가? 집에 도둑이 들어왔다는 것은 거짓말이니 긴장을 풀기 바란다. 그리고 축하한다. 왜 축하하느냐고? 방금 당신은 앎과 삶이 하나가 되는 경험을 했기 때문이다. 언제 그런 경험을 했느냐고 되묻는 것이 여기까지 들리는 것 같다. 이제 그것을 설명할 테니 집중해보자.

방금 위의 글을 읽었을 때 당신은 '집에 혼자 있는데 화장실에서 물소리가 난다'는 정보를 우선 '인지'하였다. 바로 이 단계에서 당신의 '앎'이 생성된 것이다. 그리고 이 앎은 곧바로 당신의 '삶'으로 연결되었다. 어떤 이에게는 '긴장감'으로, 어떤 이에게는 '공포심'으로, 또 어떤 이에게는 '호기심'으로 말이다. 이렇게 '앎'을 앎에서만 그치는 것이 아니라 '삶'과 연결하여 받아들이는 것을 '문장에 영혼을 부여한다'라고 표현하기도 하며, 바로 이것이 앎과 삶이 하나가 되는 과정이고, 다름 아닌 '학습의 본질'이다.

그러나 이에 대한 논의는 여기서 끝나지 않는다. '앎'과 '삶'이 '어떻게' 하나로 합쳐질 수 있는가? 이에 대해 답을 할 수 있어야 진정으로 자신이 학교, 학원, 과외에서 배우는 수많은 '앎'을 '삶'과 합칠 수 있을 것이다. 이에 대해 답하기 위해 우리가 앞에서 보았던 예를 다시 끌고 와보자.

"선생님, 이거 배워서 어디다 써요?"라는 질문을 하는 학생을 기억할 것이다. 그리고 이 학생을 '문제아'라 낙인찍던 선생님도 기억할 것이다. 그러나 이 학생의 질문은 자신의 '앎'이 자신의 '삶'과 어떤 관계가 있는가를 묻는 질문으로, 바람직한 능동적인 학습자라면 당연하게 추구해야 하는 것이다. 따라서 이런 질문을 하는 학생을 불편하게 생각하고, 심하면 '문제아'라고 낙인까지 찍는 선생님들은 학습자의 이러한 욕구를 간과하고 있는 것이다.

그렇지만 학습자 또한 간과하고 있는 것이 있다. 아니, 학습자뿐 아니라 우리 사회의 많은 교사들도 잘못 알고 있는 사실이다. 바로, 앎과 삶이 하나가 되는 과정이 단순히 '쓸모'에 있다고 생각하는 것이다. 이는 명백히 잘못된 생각이다. 단순히 '쓸모'로만 앎을 삶에 연결 지으려 한다면 첫째, 아직 쓸모를 느끼지 못한다면 학습하지 않아도 된다는 결론에 다다르며 둘째, 애초에 대부분의 사람들이 '쓸모'를 찾지 못하는 학문 또한 존재하기 때문이다. 이를테면 오징어의 심리를 연구한다든가, 백억 광년 떨어진 별에서 먼지가 어떻게 뭉쳤는지를 연구하는 것 등이 그것이다.

하지만 그렇다고 해서 이런 학문이 학문으로서의 가치가 떨어지는 것은 아니다. 왜냐하면 앎은 삶으로 '쓸모' 이외에도 '보다 깊은 사고능력', '보다 새로운 시각'과 같은 방식으로 녹아들기 때문이다. 마치 갓난아기가 물건을 입에 넣어보며 자신의 세계를 점차 넓혀가는 것처럼 말이다. '사고체계의 확장'이야말로 학습자 스스로의 세계가 변화하는 과정이며, 앎이 삶으로 녹아드는 순간이다.

자, 그래서 궁극적으로 학습이란 무엇인가? '학습'이란 '앎'과 '삶'이 하나되어 궁극적으로 자신의 '삶'이 변화하는 과정이다.

제3장

공부에 대한 불편한 진실, 그리고 해결방법

공부를 하는 이유로 왜 외재적 동기가 많은가?

지금까지 '제1장 – 공부에 대한 오해와 이해'에서 공부에 대해 많은 사람들이 가지고 있는 잘못된 인식들을 바로잡았고, '제2장 – 공부를 왜 하는가'에서 우리 인간이 학습을 하는 근본적인 이유와 학습의 본질에 대해 알아보았다. 한 번 더 짚어보면, 학습의 본질이란 '앎'과 '삶'이 하나가 되어 자신의 '삶'이 변화하는 과정이며, 학습을 하는 근본적인 이유는 '학습하는 것이 너무나 즐겁고 행복해서'이다.

하지만 현대사회의 학습자들에게 '당신은 왜 공부하는가?'라는 질문을 던지면 돌아오는 대답으로는 돈, 학벌, 직업 등의 외재적 동기가 많은 것이 현실이다.

이러한 현실이 나타나게 된 문제 발생 이유는 무엇이며, 그 해결 방법은 무엇인가? 그 이유는 크게 사회구조적 문제, 가정

의 문제, 학습 현장의 문제의 세 가지로 나누어볼 수 있다.[1]

사회구조적 문제

학습자들이 학습하는 동기가 돈, 학벌, 좋은 직업 등과 같은 외재적인 부분에 치우쳐 있는 이유를 우선 사회구조적 차원에서 살펴볼 수 있다. 그리고 사회구조적 차원의 이유는 다음의 다섯 가지로 세분해볼 수 있다.

그 중 첫 번째로 '학벌주의'에 대해 알아보도록 하자. 현대사회는 학벌주의에 빠져 있다. 물론 요즘은 많은 사람들이 학벌주의의 폐해를 인정하여 기업에서도 블라인드 채용 제도를 도입하는 등 다양한 방식으로 학벌주의를 없애고자 하는 노력이 사회 곳곳에서 일어나고는 있으나, 여전히 '출신 대학'만을 가지고 사람을 판단하는 분위기가 남아있는 것이 현실이다. 취직을 할 때뿐만 아니라 소개팅, 미팅 등 타인을 대면하였을 때 그 사람 자체를 드러낼 수 있는 성격, 능력, 잠재력이 아니라 출신 대학, 다니고 있는 직장, 경제적 풍요로움 등을 가지고 판단하는 경우가 많다. '책의 겉표지만 보고 판단하지 말라'라는 옛 속담이 무색하게도 현대사회는 사람들의 내면에서 반짝이고 있는 다양한 요소들보다 외적으로 드러나는 대학, 직업, 연봉과 같은 요소들만 중시하는 경향이 강하다.

돈이 많으면 높은 수준의 사교육을 받을 수 있고, 높은 수준의 사교육은 좋은 학벌로 이어지며, 그것이 곧바로 높은 직업과 풍요로운 자본으로 이어지는 현 사회에서, 많은 학생들은 각 '서열'에서 1등을 차지하기 위해 맹목적으로 경주하고 있다. 우리 사회가 학생들에게 보여주는 이러한 학벌주의는 학생들에게 공부의 목적은 대학에 있음을 세뇌시켜 공부 그 자체의 기쁨을 느끼는 것을 어렵게 만들고 있다.

'직업의 지위'에서도 문제를 찾을 수 있다. 중학생, 고등학생뿐 아니라 대학생들도 공부의 동기를 '좋은 직업'과 '돈'에서 찾는 경우가 많다. 학점과 취업이 직결되어 있는 대학에서 공부하는 이유가 이러한 외재적 동기와 연관되어 있는 것은 어찌 보면 떼려야 뗄 수 없는 관계일지도 모른다. 하지만 분명한 것은 '학문'을 탐구하는 '고등교육기관'으로서 '대학'이 가지고 있는 성격을 반영하는 현상은 절대 아니다.

학벌주의와 함께 '대학의 서열'을 정해 '대학의 지위에 맞는 직업'이 있다는 생각이 사회에 만연하게 퍼져 있는 것도 문제다. 높은 학력을 가진 사람들은 대기업, 고위공무원 등을 해야만 한다는 생각이 만연하기 때문에, 높은 학력을 가졌음에도 많은 사람들이 소위 말하는 '좋은 직업' 외의 다른 직업을 가지면 '실패'라고 낙인을 찍어버린다.

"아들아, 저기 보렴. 공부 못하면 더울 때 더운 곳에서 일하고, 추울 때 추운 곳에서 일하는 거야. 그러니까 공부를 잘해야

겠어, 안 해야겠어?"라는 말을 한 번쯤 들어본 적 있을 것이다. 이렇게 학벌을 중시하고, '좋은 직업'과 '안 좋은 직업'으로 직업의 지위를 나눠 생각하는 사고방식을 많이 접하다 보니, 이런 사고방식 자체가 공부의 목적이 되어버린 경우가 많다. 그러니 자신이 정말 좋아하는 가슴 뛰는 일이 아니라 그저 사회적으로 인정받고, 다른 사람들보다 '높은 지위의 직업'을 가지고 싶어 하는 욕구로 공부를 하는 학생들이 많은 것이며, 그렇기에 대학에 올 때에도 자신이 정말 공부하고 싶은 학과가 아니라 성적에 맞춰서 높은 대학의 높은 학과 혹은 취업이 잘 되는 학과에 들어오는 학생들이 많은 것이다.

사실 조금 더 깊이 파고들어가 보면, 이 문제의 근본적 발생 이유는 사회구조상 문제에 있다는 것을 알 수 있다. 높은 학력을 가지면, 즉 소위 말하는 SKY 대학을 나오면 사회적 지위가 높아지고 '귀한 직업'으로 이어지는 사회구조적 문제를 말하는 것이다. 단순히 결과만 놓고 보자는 뜻은 아니다. 실력이 좋은 사람들이 SKY 대학을 가고, 또 실력이 좋은 사람들이 '실력이 좋기 때문에' 높은 사회적 지위의 직책을 가지는 것은 당연한 일일지 모른다.

그러나 문제는 실력이 좋지 않아도 단순히 '좋은 학벌'을 가지고 있기 때문에 '좋은 직업'을 가지게 되는 경우가 있다는 데에 있다. 물론 기업이나 고용주가 '어떤 이유로' 사람을 채용하였는지는 밝히지 않기 때문에 객관적 증거가 존재하지는 않지만, 이러한 '높은 학력이 곧 좋은 직업으로 이어진다는 기대'를 가지고 공부하는 학생들이 많다는 '현실'은 객관적인 사실이다. 설사 현 사회구조가 정말 실력에 관계없이 '좋은 학벌 때문에' 좋은 직업을 가질 수 있는 구조는 아니라 할지라도, 이러한 인식을 학생들에게 심어준 데에는 사회구조상 문제가 있다고 볼 수 있다.

사실 이것들보다 더 근본적인 문제는 '직업의 귀천을 판단하는 가치관'에 있다. 직업에는 귀천이 존재하지 않는다. 물론 벌어들이는 수익의 차이는 존재한다. 요구되는 직업윤리의 정도는 물론 필요한 용기나 신체적 조건에서의 차이도 존재한다. 그렇다고 해서 이것이 곧 '귀한 직업'과 '천한 직업'이 존재한다는 의미로 이어지지는 않는다.

그 어떤 직업이라 할지라도 만약 우리 사회에서 사라진다면 불편함을 너머 결국에는 단 하루도 버틸 수 없을 것이다. 환경미화원이 단 하루라도 없어졌다 생각해보자. 하루에도 수십 톤이 넘게 나오는 쓰레기를 대체 어떻게 감당할 것인가? 하루라도 농부가 사라진다면? 단 하루라도 공장 노동자가 사라진다면? 따라서 모든 직업은 귀하다.

하지만 뭔가 이상하게 느끼는 독자들이 분명히 있을 것이다. '아니, 머리로는 이해가 되는데, 이상하게 환경미화원보다는 의사가 그래도 더 좋은 직업 같은데?'라고 말이다. 그렇다면 대체 '왜' 이런 사회적 시선이 생겨난 것이며, 학생들은 왜 이러한 시선에 익숙해져 있는가? 이에 대한 대답은 한국의 사회 발전의 원동력을 보면 알 수 있다.

한국 사회 발전의 원동력은 농업이 아니었다. 어업도 아니었으며, 철강업도 아니었다. 물론 쓰레기 분리수거 산업은 더욱 아니었다. 한국 사회 발전의 원동력은 과거 한강의 기적 당시에는 중화학공업이었고, 현재는 반도체와 IT 산업이다. 그럼 농업이나 어업과 같은 직업들과, 반도체 산업, IT 산업과 같은 직업의 차이는 무엇인가? 그것은 적나라하게 말해 '근육'을 사용하는가, '뇌'를 사용하는가이다. 만약 한국이 농업이나 어업으로 눈부신 사회발전을 이룩했다면 농사를 잘 짓는 농사꾼이 가장 높은 사회적 위상을 가질 수 있었으며, 기가 막히게 물고기를 잘 잡는 어부가 사회적 지도자가 됐을 수도 있었을 것이다. 원시시대에 무리에서 가장 사냥을 잘하고 덩치가 큰 근육질의 남성이 족장이 되어 모두의 추대를 받았듯이.

하지만 호모 사피엔스는 약 1500년경에 과학혁명을 거쳤고, 그 결과 사람 몸으로 시간과 노력을 들여야만 할 수 있는 일들은 단순히 손가락 하나만 까딱해도 쉽게 할 수 있는 일이 되었다. 이로 인해 몸을 사용해 하는 일의 중요성은 낮아진 반면 뇌를 사용해 하는 일의 중요성이 높아졌다. 이러한 역사적 흐름

속에서 기뚱차게 뇌를 잘 굴려 아주 효율적인 아이디어를 제시한 사람은 그 무리의 영웅으로 추대 받게 되었고, 이런 사회 분위기가 정착하여 현재 한국과 같은 사회적 시선이 자리 잡게 된 것이다.

이것만이 사회구조상 문제의 전부는 아니다. '제1장 – 공부에 대한 오해와 이해' 중 '사교육은 공교육의 적인가'에서 잠깐 다뤘지만 사회구조상 '공교육의 사부담, 사교육의 사부담' 문제도 심각하다. 현재 우리 사회는 공교육의 사부담, 사교육의 사부담 체제로 교육이 이루어지고 있다.

우선 '공교육의 사부담'부터 살펴보자. 이것이 무슨 뜻인가? 수학 여행비를 개인이 내고, 교복 구매나 학교 등록금 등 일부 공교육을 개인이 부담하고 있다는 것이다. 수학여행이 학습인가에 대해 의문을 가질 독자들을 위하여 한 번 더 언급하자면 '수학여행'의 의미는 '학생들이 문화유적지 등에 실제로 가서 직접 보고 배우도록 하기 위해 교사의 인솔로 실시하는 여행'을 의미한다. 명명백백한 학습현장이다. 교복 또한 분명한 학습이다. 단체생활의 기본적인 규칙을 따르고, 이를 따르는 것이 사회 질서 유지에 중요하다는 것을 몸으로 체험하며 학습하는 것이니 당연히 학습이 되겠다.

공교육의 사전적 의미에서 명시되어 있는 공교육의 목적인 '훌륭한 국민을 육성한다는 공공적인 목적'으로 행하는 '공교육'

을 각 개인이 부담한다니, 얼토당토않지 않은가? 수학여행 비용, 교복 구매 비용, 체육대회 반티 맞춤 비용 등 명백한 '국민 공통교육과정'에 해당하는 내용의 학습을 위하여 개개인이 비용을 부담한다는 것이 얼마나 모순적인가?

사교육도 다르지 않다. 앞서 제1장에서 말하였듯이 사교육은 공교육의 적이 아니다. 사교육과 공교육의 본질은 다르지 않다. 사교육의 목적 또한 훌륭한 국민 육성에 있는 것이 당연하며, 사교육을 통해 세계적으로 이름을 떨치는 학자, 음악가, 스포츠 선수가 나타난다면 세계 곳곳에서 우리나라가 얼마나 대단한 국가인지에 대해 입이 마르도록 칭찬하면서 한국을 본받자며 열띤 토의를 할 것이다. 국가 위상의 향상으로 돌아올 것이라는 말이다.

그런데 콘트라베이스를 정말 배우고 싶은, 곰팡이 슨 단칸방 거주 학생을 생각해보자. 과연 그 학생은 콘트라베이스를 마음 편히 배울 수 있을까? 절대 아닐 것이다. 값비싼 콘트라베이스를 대체 무슨 수로 사서 교습비가 몇 십, 몇 백 만원씩 하는 콘트라베이스 학원에 어떻게 다닐 것인가? 태어나면서부터 도전할 수 있는 꿈과 도전조차 할 수 없는 꿈이 있는 현 사회구조, 즉 '사교육의 사부담' 구조 속에서 어떻게 학생들이 자신이 진정으로 원하는 것을 배우고, 학습의 즐거움을 깨달을 수 있을 것이란 말인가?

정말 배우고 싶은 공부, 하고 싶은 학습이 무엇인지 일깨워 주지는 못할망정 그런 꿈이 있는 학생들에게 일말의 희망마저 돈이 없다며 짓밟는 사회는 문제가 심각하다. 돈이 없어 수학여행을 가지 못하고, 반티를 맞추지 못하며, 교복을 사 입지 못하는 모습은 애초에 '국민공통교육과정'으로 편성한 학습에 가난한 이들은 참여하지 못하도록 하는, 극단적으로 말하자면 가난한 이들은 '국민'으로 인정받지 못하는 비합리적인 행태이다.

핀란드의 교육을 간단하게나마 살펴보면 '공교육의 공부담화'뿐 아니라 '사교육의 공부담화'까지도 이루어지고 있어, 학생들이 부유한 집안에서 태어나든 가난한 집안에서 태어나든 상관없이 누구나 진정으로 자신이 원하는 학습을 추구할 기회가 얼마든지 주어진다.

이처럼 누구나 만끽할 수 있는 학습을 위해서는 '공교육의 공부담화'가 실시되어야 한다. 또한 이에 그치지 않고, 학생들이 공교육에서 부족한 것들을 채우기 위한 학습이나 자신의 진정한 흥미와 꿈으로 나아가는 학습을 부담 없이 만끽할 수 있어야 한다. 그러기 위해서는 '사교육의 공부담화' 또한 당연하게 실시되어야 한다. 공교육의 공부담화, 사교육의 공부담화를 통해 학생들이 돈이라는 압박에서 벗어나 학습의 욕구만을 순수하게 좇을 수 있어야 할 것이다.

가정의 문제

앞에서 우리는 학습자들이 학습하는 동기가 외재적인 동기에 치우쳐 있는 사회구조상 원인에 대해 알아보았다. 하지만 이것들이 유일한 원인은 아니다. 이번에는 그러한 현상의 원인을 가정의 문제에서 살펴보도록 하자.

가정적 차원의 이유는 '이전 세대의 교육' 문제와 '부모의 꿈 실현 도구로써의 자식'의 두 가지 측면으로 나누어 볼 수 있는데, 우선 '이전 세대의 교육'에 대해 알아보자.

한 TV 교육 프로그램에 어떤 학생의 어머니가 나와 아들이 한의대에 진학하면 좋겠다고 하며, "제 오랜 꿈이에요"라고 이야기하는 걸 본 적 있다. 학생이 원해서가 아닌, 학생의 부모가 원하는 직업을 갖도록 학생을 공부시키고 학원에 보내는 모습이다. 그렇다고 해서 이 어머니가 유별나게 독특해서 이런 사고를 가지고 있는 것인가? 그건 아니다.

이전 세대에서는 공부만이 유일하게 성공할 수 있는 길이었다. 조금 더 연원을 찾아 올라가면, 조선시대에 과거시험은 벼슬길에 오를 수 있는 유일한 길이었고, 가문이나 혈연이 아닌 능력만으로 성공할 수 있는 길이었다. 과거시험장에 들어갈 때면 수천 명의 사람들이 한꺼번에 달려 들어가 사람들에 깔려 죽는 경우가 발생하기도 하는 등 경쟁률이 엄청나게 높았다고 한다. 과거시험을 통과하기만 하면 사회적 신분이 올라가고,

안정적인 삶을 살 수 있었기 때문이다. 오랜 세월 동안 공부만이 유일한 살 길이라는 인식이 팽배했고, 안정적 직업과 적절한 수입, 평화로운 삶을 추구하기 때문에 공부를 하는 경우가 정말 많았다. 즉 학습의 동기가 학습 자체에서 오는 즐거움과 행복함에 있기보다는 그로부터 얻을 수 있는 안정적 삶에 있던 경우가 많았다.

오늘날 우리 사회 역시도 조선시대와 같이 공부를 해 성공하는 것이 중요하다는 인식이 팽배해 있다. 자식을 좋은 대학에 보내고 안정적인 직업을 갖게 하고 싶은 부모의 바람이 아래 세대의 학생들을 통해 실현되길 바라기 때문에 어렸을 때부터 부모는 자식에게 맹목적인 교육을 강제하는 경우가 많으며, 그 교육을 받고 자란 아이들은 자신이 정말로 하고 싶은 것인지를 질문할 생각조차 하지 못한 채 그저 시키니까 하는 공부를 하게 된다.

하지만 아이들 중에서는 스스로 문제의식을 가지고 "나는 공부를 왜 하는가?"라는 질문을 던지는 아이들이 분명 있다. 그렇지만 여기서 문제는 부모의 반응이다. 꽤나 많은 부모들은 자식이 "공부를 왜 하는가?"라는 질문을 던지는 것을 싫어한다. 그저 공부를 잘하면 칭찬하고 못하면 혼내기에 바쁘지, 정작 학습자에게 공부를 하는 이유에 대해 생각해볼 수 있는 기회는 제공하지 않는 경우가 많다. 왜 그러는 것일까? 이는 '부모 세대가 받은 교육'에서 그 답을 찾을 수 있다.

앞에서 말한 것처럼, 조선시대부터 우리 사회에는 공부만이 유일한 성공의 길이라는 인식이 팽배하였다. 특히 현재 부모 세대에서는 급변하는 사회구조와 '한강의 기적'이라는 말이 생겨날 정도로 급속도로 발전하는 경제체제 하에서 교육을 받았기 때문에 늘 "질문하지 마라", "왜 공부하는지 고민할 시간에 한 문제라도 더 풀어라"와 같은 말을 들으며 자라왔다. 잠깐 멈칫하는 사이에 사회는 급변해 있고, 같은 출발선 상에서 시작한 사람들은 이미 저 앞에 나아가 있으니 누가 잠시 멈춰서 "나는 대체 왜 공부를 하는가?"라는 질문을 감히 던질 수 있었겠는가? 이와 같이 이전 세대가 받은 잘못된 교육이 자식 세대로 대물림되는 현상은 큰 문제다.

가정적 문제는 여기서 끝나지 않는다. 더 심각한 것으로는 '부모의 꿈 실현 도구로써의 자식' 문제가 있다. 이는 말 그대로 부모가 자식을 그저 단순히 자신의 꿈 실현 도구로 생각하는 문제를 의미한다. 앞에서 자식을 한의대에 진학시키고 싶어 하며 "제 오랜 꿈이에요"라고 말하던 어머니의 모습이 바로 이것이다.

부모는 여러 방법을 이용하여 자식이 스스로의 삶의 주인으로서 주체적으로 자신의 꿈을 찾아가는 것을 막을 수 있는데, 그 방법은 사회인지학습이론과 조작적 조건화, 그리고 피아제

Piaget의 인지발달이론으로 설명 가능하다.

먼저, 사회인지학습이론에 따르면 아이는 가까운 어른이나 권위 있는 사람의 행동, 사고방식을 따르는 모델링 학습을 겪는다고 한다. 유능한 성인이나 또래를 모델링하고 그들의 행동으로부터 세상을 이해하려 하는 아이들의 본성은 학습에 있어 그저 순종적인 아이로 만들게 된다. 부모는 늘 '공부를 잘하고 성적을 잘 받아와야 한다는 사고방식'을 아이에게 보여준다. 그리고 이런 사고방식을 가진 부모 밑에서 자라는 아이는 부모의 사고방식을 그대로 모방하는 인지적 모델링 과정을 거치게 되고, 이 때문에 아이들의 사고방식 또한 부모와 마찬가지로 단순히 좋은 직업을 갖기 위해서, 또는 부모가 원하는 꿈을 실현하기 위해서 공부를 하게 된다. 부모의 꿈 실현 도구로써의 기능을 충실히 수행할 수 있는 순종적인 아이가 되어가는 것이다.

앞서 '제1장 – 공부는 왜 재미가 없는가'에서 잠시 다뤘었지만, 모델링의 다섯 단계모델 설정 - 주의 집중 - 파지 - 재생산 - 동기 중 마지막 단계인 '동기'에서 아이의 이러한 사고방식은 부모의 칭찬으로 인해 더욱 강화된다. 이렇게 공부를 하는 이유가 단순히 '부모의 꿈을 실현하기 위해서'라는 사고방식은 모델링 학습과 부모의 반응으로 인해 학생에게 내면화된다.

이 문제는 조작적 조건화로도 설명 가능하다. '제1장 – 공부는 왜 재미가 없는가'에서 잠시 다뤘던 '고전적 조건화'와 이름이 비슷한 것을 벌써 눈치 챘을 것이다. 고전적 조건화와 조작적 조건화는 둘 다 교육심리학 이론 중 행동주의이론에서 제시된 이론으로, 학습자의 행동이 어떤 이유로 인하여 발생하고 변화하는지를 설명하기 위한 이론이다.

이 중 고전적 조건화는 앞서 보았듯이 '파블로프의 개'처럼 종소리와 같이 아무 의미도 없던 중성 자극과, 음식과 같이 무조건 반응을 불러오는 무조건 자극이 함께 주어지면 중성 자극이 조건 자극으로 변화되어, 이후에는 음식 없이 종소리만 들려주는 조건 자극만 가해도 침을 흘리는 조건 반응을 보인다는 이론이다.

하지만 이 이론은 학습자의 행동이 변화하는 요인이 자극과 반응에만 기인한다고 주장하였기에 행동의 '결과'로부터 오는 영향을 반영하지 못한다는 한계점이 있다. 따라서 교육심리학자 스키너Skinner는 고전적 조건화와 조금 다른 방식으로 행동의 변화를 설명하는 이론인 '조작적 조건화'를 제시하였다. 이것은 행동의 '결과'가 다시 행동에 영향을 미친다는 내용의 이론으로, 영향을 미치는 방식을 '정적 강화', '부적 강화', '수여성 벌', '제거형 벌'이라는 네 가지로 나누어 설명한다.

각각에 대한 설명에 앞서 우선 '강화'와 '벌'이라는 개념부터 알아보자. '강화'란 행동의 결과가 다시 그 행동의 발생을 촉진

하는 방식을 의미하며, 다른 말로는 '양성 피드백'을 뜻한다. '벌'이란 강화와 반대로, 행동의 결과가 그 행동의 발생을 억제하는 방식을 의미하며, 이 또한 다른 말로는 '음성 피드백'을 뜻한다. 그리고 '강화'는 '정적 강화'와 '부적 강화'로, '벌'은 '수여성 벌'과 '제거형 벌'로 나누어 설명할 수 있다.

이제 이것들을 차례대로 살펴보자. '정적 강화'란 '강화인'을 부여해서 행동의 빈도를 증가시키는 기제를 의미한다. 이를 이해하려면 강화인이 무엇인지에 대한 이해가 선행돼야겠다. 강화인이란 행동의 결과로 인해 그 행동이 강화되었을 때 그것에 관여한 요인을 의미한다. 이를테면 질문을 하면 칭찬 스티커를 줄 경우 칭찬 스티커가 강화인이 되는 것이고, 이 칭찬 스티커로 인해 '질문을 한다'라는 행동의 빈도가 증가할 것이므로, 이는 정적 강화가 일어난 것이라 볼 수 있다.

다음으로, '부적 강화'란 정적 강화와 반대로, 강화인을 없애서 행동의 빈도를 증가시키는 기제를 의미한다. 이를테면 배가 아파서 진통제를 먹는 경우를 생각해보자. 진통제 복용으로 인해 '복통'이라는 강화인이 제거되었기 때문에 이후 다시 배가 아플 때 '진통제를 먹는다'라는 행동을 할 가능성이 증가할 것이며, 이는 부적 강화가 일어난 것이라 볼 수 있다.

이제 행동의 결과 그 행동의 빈도가 감소하는 '벌' 중 '수여성 벌'에 대해 알아보자. 수여성 벌이란 '강화인'과 마찬가지 개념으로 정의되는 '벌인'을 제시하여 그 행동의 빈도를 감소시키는 경우를 의미한다. 이를테면 친구를 때리면 벌 청소를 시키는 경우 벌 청소가 벌인이 되는 것이고, 이 벌 청소로 인해 '친구를 때린다'라는 행동의 빈도가 감소할 것이므로, 이는 수여성 벌이 일어난 것이라 볼 수 있다.

마지막으로, '제거형 벌'이란 벌인의 제거로 행동의 빈도를 감소시키는 경우를 뜻한다. 이를테면 떠들면 쉬는 시간을 없앨 경우 쉬는 시간이 벌인이 되는 것이고, 이것의 제거로 인해 '떠든다'라는 행동의 빈도가 감소할 것이므로, 이는 제거형 벌이 일어난 것이라 볼 수 있다.

이제 다시 '부모의 꿈 실현 도구로써의 자식' 문제로 돌아와 보자. 앞에서 사회인지학습이론 중 모델링 학습으로 인해 아이가 맹목적으로 부모의 꿈을 좇을 수 있게 된다고 설명했었다. 그런데 이것을 조작적 조건화 중 정적 강화로도 설명할 수 있는데, 영아기에 속하는 아이의 입장에서 한 번 생각해보자.

아주 어릴 때, 즉 스스로 사고할 수 있는 능력이 현저히 떨어질 때 아이들은 우연히 부모의 말을 잘 듣는 행동을 한다. 이를테면 아기를 보고 부모가 "우리 딸, 착하지. 울지 말거라"라고 할 때 우연히 우는 행동을 멈추는 경우가 있을 것이다. 그럴 때 아이는 부모로부터 극진한 칭찬을 받게 된다. "아이고, 우리 딸. 누굴 닮아서 이렇게 예쁠까" 하면서 말이다. 이로 인해 '우연히' 발생했던 '부모의 말 순종'이라는 행동은 점차 그 빈도가 높아지게 된다. 행동의 결과로 칭찬이 돌아오기에 발생한 '정적 강화'의 결과이다.

한편, 부모의 말에 순종하지 않을 때 부모에게서 돌아오는 '꾸지람', '실망', '사랑의 매'는 아이에게 '부모의 말에 순종하지 않으면 벌을 받는다'라는 경험을 하게 만들며, 이로 인해 조작적 조건화 중 '수여성 벌'이 일어나, 아이는 '부모의 말에 순종하지 않는다'라는 행동의 빈도를 줄이게 된다. 그 결과 아이는 부모에게 순종할 때 돌아오는 칭찬과 순종하지 않을 때 돌아오는 꾸지람 아래에서 '순종적인 아이'로 거듭나게 되는 것이다.

지금까지 우리는 아이가 단순히 부모의 꿈을 좇는 순종적 학습자로 전락하게 되는 두 가지 기제 — 사회인지학습이론 중 모델링과, 조작적 조건화 중 정적 강화와 수여성 벌 — 에 대해 알아보았다. 그런데 순종적 학습자로 전락하는 현상을 교육심리학자 피아제의 인지발달이론에 근거하여서도 설명할 수 있다.

'인지발달이론'이란 인간이 태어나서 계속 커가며 인지발달, 즉 논리적 사고와 내면화 능력이 어떻게 발달하는지에 대해 설명한 이론으로, 피아제는 인지발달 단계를 감각운동기, 전조작기, 구체적 조작기, 형식적 조작기라는 네 단계로 나누어 설명하고 있다. 이들 각각에 대해 좀 더 자세히 살펴보자.

감각운동기란 태어나서부터 약 2세까지 기간 동안의 인지발달 상태를 의미하며, 이 시기에는 아동이 세상을 이해하기 위해 감각과 운동 능력을 이용한다. 이때는 물체의 정신적 표상, 즉 물체를 보지 않고 물체를 상상하는 능력이 부족한, 인지발달의 가장 첫 단계이다.

이후 겪게 되는 전조작기는 약 2세부터 7세까지 기간 동안의 인지발달 상태를 의미하며, 이 시기에는 지각이 사고를 지배한다. 이때 아동의 자기중심성이 강화되며, 스스로의 의지대로 행동하려는 모습을 보인다. 또한 아직 논리적으로 생각하는 능력이 발달하지 않아 논리보다는 지각에 의존하여 가장 두드러지는 특정 부분에만 집중하는 경향을 보인다. 예를 들면, 1만 원짜리 지폐 세 장과 5만 원짜리 지폐 한 장 중에서 선택하라고 하였을 때 1만 원짜리 지폐가 '무려 세 장이나' 있기 때문에 이를 선택하는 경향을 보이는 것이다.

아이가 전조작기를 거치면 이제 구체적 조작기 단계로 들어가게 된다. 이는 약 7세부터 11세까지 기간 동안 겪는 인지발달 상태를 의미하며, 이 시기에는 논리적인 사고능력이 발달하나 구체적인 사물에 대해서만 가능하다. 즉 실제로 눈에 보이는 사물들에 대해서는 논리적으로 사고하고 합리적으로 판단하는 능력이 있으나, 아직 눈에 보이지 않는 추상적인 개념 ― 이를테면 '진정한 정의란 무엇인가?', '실존주의에 따르면 인간은 실재가 앞서는가, 본질이 앞서는가?'와 같은 개념 ― 에 대해서 논리적으로 사고하는 능력은 아직 발달하지 않은 상태인 것이다.

이제 구체적 조작기 단계까지 거쳐 마지막으로 형식적 조작기 단계로 들어가게 된다. 이는 약 11세 이후부터 기간 동안 겪는 인지발달 상태를 의미하며, 이 시기에는 추상적인 개념들에 대한 논리적인 사고능력과 합리적인 판단능력이 발달한다. 이 단계는 사람들마다 발달하는 정도가 상이하며, 이때 자신의 가치관과 철학이 정립되기도 한다.

이를 바탕으로 다시 본래의 논의로 돌아가 아이가 단순한 순종적 학습자로 전락하는 현상을 피아제의 인지발달이론에 근거하여서 생각해보자. 피아제에 따르면 아이는 약 2세부터 7세 사이에 전조작기 단계를 거치며, 이때 자기중심성이 강화되어 스스로의 의지대로 행동하려는 모습을 보인다. 흔히 '미운 5세'라는 말도 있지 않은가? 자신의 마음대로 컨트롤할 수 없으니 부모 입장에서 아이가 얼마나 밉게 보이겠는가?

아무튼 이렇게 스스로의 의지를 개발하고 주체성을 확보하는 시기에 부모의 잘못된 교육 — 이를테면 폭력, 폭언 등 — 이 가해진다면 아이들은 고전적 조건화 과정 등으로 인해 전조작기 단계를 원활히 겪지 못하게 된다. 이 때문에 아이는 스스로의 의지대로 행동하는 능력인 '자기중심성'을 제대로 학습하지 못하게 되고, 결국 스스로의 주체적 판단 없이 부모의 의지대로 움직이는 순종적인 아이가 되는 것이다. 이 단계에 부모의 행동으로 인한 고전적 조건화 때문에 '부모의 말은 불가역적인 명령'이라는 인식까지 자리 잡게 된다면 설상가상雪上加霜이 되겠다.

우리가 지금까지 보았듯이 아이는 사회구조적 문제뿐 아니라 가정에서의 문제로 인해서도 학습을 하는 내재적 동기를 깨우치지 못하게 된다. 조선 시대부터 계속 전해져 내려온 '안정적 삶'을 위한 도구에 불과한 학습에 대한 철학과, 부모 세대에서 받은 잘못된 교육, 그리고 부모가 자신의 꿈 실현 도구로써 자식을 바라보고 '조작적 조건화', '사회인지학습이론 중 모델링 학습' 등의 다양한 기제로 인하여 학생이 순종적인 아이가 되어가는 학습의 문제점을 같이 살펴보았다.

하지만 문제는 여기서 끝이 아니다. 지금까지는 사회구조적 문제와 가정적 문제로 인하여 아이가 학습을 하는 동기가 돈, 좋은 학벌, 좋은 직업 등의 외재적 동기로 전락하는 경우를 살펴보았다면, 이제는 학습 현장 자체에서의 문제로 인해 학습자가 내재적 동기를 잃는 경우에 대해 살펴보자.

여기서의 학습 현장이란 단순히 학교 교실, 혹은 학원만을 의미하는 것은 절대 아니다. 프롤로그와 '제2장 – 인간의 탄생 비화'에서 잠시 언급한 적이 있지만, 인간에게 가장 큰 영향을 미치는 학습은 단순히 학교에서의 학습이나 학원 수업만이 아니라 바로 '훈습薰習'이다.

따라서 이제부터 이야기하려 하는 '학습 현장'에서의 문제점이란 단순히 학교, 학원, 과외 현장이 아닌 인간의 모든 학습이 이루어지는 현장, 즉 우리 사회 전반에 만연한 문제점에 대한 이야기인 것이다.

학습 현장의 문제

학생들이 공부를 외재적 동기로 인해 하게 되는 이유인 '학습 현장의 문제'에 대해 살펴보자. 우선 첫 번째 문제점은 '학습 현장에서의 분위기' 문제이다. 이 분위기에는 크게 두 가지 문제점이 있는데, 하나는 '성적'만을 강조하는 분위기, 보다 더 정확하게는 '경쟁'을 강조하는 분위기, 그리고 다른 하나는 '낙인'이다. 각각에 대해 알아보자.

"한국은 참 학구열이 높은 나라야", "한국의 학생들은 어쩌면 저렇게 열심히 공부할까? 우리나라도 배워보자!" 흔히 어디에선가 한 번쯤 들어봤을 말들이다.

몇 년 전, 미국의 버락 오바마 대통령이 연설에서 한국의 교육열 이야기를 하며 크게 이슈화됐던 적이 있었다. 실제로 오바마 대통령은 미국의 교육이 한국처럼 바뀌어, 미국 학생들도 한국 학생들처럼 열심히 공부를 해야 한다고 말하기도 했다. 실제로도 틀린 말은 아닌 것 같다. 아침 8시 등교해 오후 5시까지 학교 수업을 듣고, 바로 저녁을 먹은 뒤 학원에 가서 서너 시간짜리 수업을 수강한 후, 곧바로 독서실로 가서 새벽 2시까지 공부를 하다 지친 얼굴로 터벅터벅 집으로 돌아가는 학생은 흔한 대한민국 고등학교 3학년의 모습이다. 주중에는 이렇게 시간을 보내다, 주말만 되면 아침 8시부터 밤 10시까지, 중간에 점심과 저녁을 먹는 시간 빼고는 모조리 학원에서 수업을 들으며 보내다 밤 10시가 되면 곧장 스터디 카페로 뛰어가 새벽까지 공부를 하곤 한다.

이처럼 하루에 공부에만 15시간 넘게 사용하는 것이 지극히 평범한 나라인 한국은 분명 엄청나게 학구열이 높은 나라다. 그런데 실상은 어떠한가? 그렇게나 열심히 학습을 하는 고등학교 3학년 학생들 표정에서 웃음을 본 적 있는가? 공부하는 것이 너무나 행복하다며, 혹은 무언가를 깨닫는다는 것이 너무 중요하고 행복한 일이라며, 그리고 옛 선인들에게 공감하는 것이 너무나 황홀한 경험이라 이야기하는 고등학교 3학년 학생을 본 적 있는가? 아마도 많지 않을 것이다. 정말 극소수의 독자를 제외하고는 공부의 즐거움을 깨닫지 못한 채 하루에 15시간, 혹은 그 이상씩 공부에 시간을 쏟고 있을 것이다. 그렇다면 다음 물음에 스스로 답해보라.

"나는 정말 학구열이 높은가?"

이 질문에 제대로 답하기 위해서는 '학구열'이 무엇인지에 대해 먼저 알아야 할 것이다. '학구열學究熱'이란 '학문 연구에 대한 정열'을 의미한다. 그럼 질문을 이렇게 바꾸어 말해도 괜찮을 것이다.

"나는 정말 학문 연구에 대한 정열이 뛰어난가?"

공부를 한다는 것에 대해 이 정도로 의미부여를 해보지 않았기 때문에 조금 의아해하는 독자들도 있을 것 같다. 혹은 이런 질문 자체를 던지는 것이 조금은 불편할 수도 있겠다. 불편하고 낯설겠지만, 그래도 스스로에게 정직하게 답해보라. 대부분의 독자들은 "그 정도는 아닌데"라 답했을 것이라 생각한다.

그럼 대체 한국의 수많은 학생들—한 해 수능 응시 인원만 해도 60만 명, 고등학생 전체로 확장하면 이 수의 몇 배나 될 것이며, 학교에 다니는 초등학교 1학년부터 고등학교 3학년까지 전부 포함하면 엄청난 숫자가 될 것이다—은 어떤 동기로 인해 하루에 15시간씩이나 공부를 하는 것인가? 이에 대한 답이 바로 '경쟁'이다.

한국의 교육은 줄 세우기에 특화되어 있다. 수능시험만 봐도 바로 알 수 있다. 정해진 정답이 있고, 문제마다 부여되는 점수가 있으며, 그 점수에 따라 학생들을 1등부터 60만등까지 줄 세운다. 비단 수능뿐만이 아니다. 내신 시험지는 수능보다도 더하다. 동점자를 최대한 방지하기 위하여 문제마다 배점을 소수점 한 자리로 매기고, 심할 경우에는 소수점 두 자리에서까지 차이를 둔다. 어떻게든 학생들을 줄 세우기 위해서이다. 수행 평가 또한 마찬가지다. 한국의 학습현장에서는 '모든' 시험에 대해 점수화하고, 이 점수를 토대로 학생들을 줄 세운다. 물론 이에 더해서 전교 1등부터 꼴등까지 순서대로 명단을 만들어 시험이 끝날 때마다 복도에 붙여놓거나, 선생님들끼리 공유하는 경우도 비일비재하다.

학교에서, 부모님이, 아니 더 나아가 나라에서 '등수'를 중시하고, '서열'을 중시하며, '경쟁'이 중요하다고 여기니 학생들 입장에서는 본인이 공부를 왜 하는가에 대해 진정으로 고민하고 되새김질할 여유가 있겠는가? 당연히 아닐 것이다. 당장 경쟁에서 이기기도 급급한데, 그런 고민을 하고 있을 시간이 어디 있는가?

이쯤 읽으면 자연스럽게 이런 의문이 들어야 마땅하다. "그런데 타인들이 점수화하여 등수를 매긴다고 해서, 즉 경쟁의 장을 만들어놓았다고 해서 학생들이 굳이 거기에서 압박감을 받을 필요가 있나?", "등수는 등수대로 따로 생각하고, 공부는 공부대로 따로 생각하면 안 되나?" 다시 말해 경쟁의 장을 만들어놓았다고 해서 반드시 '경쟁'이 공부의 목적이 되어야만 하는 것인가 하는 의문이다. 아주 좋은 질문이다.

이 질문에 답하기 위해서는 교육심리학 이론을 다시 펼쳐보아야 한다. 학습자가 행동을 하게 된 동기를 분석하는 이론인 '동기이론' 중 '행동주의이론'에서 이론적 근거로 드는 '자기결정이론'에 따르면 인간은 기본적인 욕구 충족을 통해 심리적 욕구를 만족시키고자 하는 경향이 있다고 한다. 그렇다면 여기서 주장하는 '기본적인 욕구'는 무엇인가? 그것은 바로 '자율성, 유능성, 관계성'을 의미한다.

'자율성' 욕구란 자신의 행동의 근원이 자기 자신이며, 스스로의 행동을 결정할 수 있는 주체가 되고자 하는 욕구다. 앞서 '가정의 문제'에서 언급했던 피아제의 인지발달이론에 따르면 2세에서 7세 사이에 위치한 전조작기 단계에서 겪는 '자기중심성'이 바로 이런 욕구이다. 스스로의 삶의 주인이 바로 자기 자신이고, 스스로의 행동을 스스로가 통제하고 싶어 하는 욕구다.

다음으로, '유능성' 욕구란 자신의 행동을 통해 자기 자신이 유능하다는 것을 인정받고 싶어 하는 욕구를 의미한다. 이 또한 ─ 자세히 언급하지는 않겠지만 ─ 에릭슨Erickson의 성격발달이론에 따르면 어린 시절부터 시작해 삶 전반에서 꾸준히 추구하는 욕구다.

마지막으로, '관계성' 욕구란 자신이 타인과 관계를 맺고 있다는 느낌을 통해 자신이 사랑과 존경을 받을 가치가 있다는 것을 느끼고 싶어 하는 욕구를 의미한다. 매슬로우Maslow의 욕구 위계 이론에 따르면 이것은 인간이라면 누구나 기본적으로 추구하는 욕구 중 세 번째 욕구인 '사회적 욕구'에 속하는 것으로, 소속감과 애정의 욕구에 해당한다.

이렇게 인간은 자율성과 유능성, 관계성이라는 세 가지 기본적인 욕구 충족을 통해 심리적 욕구를 만족시키고자 하는 경향이 있다. 바로 이것이 학생들에게 경쟁의 장을 만들어놓았을 때 학생들이 잘해야 된다는 무언의 압박을 받는 이유다. 인간이라면 누구든 자신의 유능성을 인정받고 싶어 하는 욕구를 가지고 있기 때문이다. 그래서 하루에도 15시간이 넘도록 공부를 하며 하루하루 '버티고' 있는 것이다.

하지만 이는 여러 오해가 서로 뒤엉켜 그 본질을 쉽사리 보지 못하기 때문이다. 우선 첫 번째로, '학습은 경쟁이다'라는 생각은 한국 역사에서 뿌리 깊이 박혀 있다. 조선시대 때부터, 어쩌면 그 이전부터 한국인들에게 학습은 경쟁이었다. 보다 정확하게는 '학습을 잘하고 있는가'에 대한 평가기준이 '경쟁'을 통한 '점수화'와 '서열화'였다.

그러나 이것은 하나만 알고 둘은 모르는 사고방식이다. 물론 학생들을 '객관적'으로 '평가'하기 위해서는 점수화하는 것이 옳다고 생각할 수도 있겠다. 그러나 그것은 '학습을 잘하고 있는지'를 보는 요소가 아니라 '시험을 얼마나 잘 치는지'를 보는 요소이다. 물론 학습이 잘 이루어진 학생이라면 시험도 잘 볼 것이라는 생각이 완전히 틀렸다는 것은 아니다. 하지만 이것이 완전히 옳은 인과관계인 것 역시 아니다.

학습이 잘 이루어진 것과 시험을 잘 보는 것은 어쩌면 완전히 다른 문제일 수도 있다. 우선, 객관적으로 성적을 매기려다 보니 시험 문제는 상당 부분 객관식으로 구성되게 된다. 객관식이라 함은 아무리 공부를 안 했다 할지라도 오지선다형이라면 20%의 맞출 확률은 가지고 있는 문제 형식이다. 즉 자신의 학습 정도에 있어서 20%의 오차는 있을 수 있는 문제 형식이라는 것이다. 또한 시험 전날 몇 시에 잠이 들었는지, 평소 몇 시에 일어나는지, 일어났는데 배는 아프지 않은지, 갑자기 편두통이 생기지는 않았는지 등 수많은 요인들이 점수에 영향을 미친다. 게다가 시험을 치던 중 갑자기 가족 중 한 명이 사고가 났다는 소식을 듣거나, 집에 가스레인지를 안 잠그고 나온 것이 생각나거나, 혹은 단순히 다리를 달달 떠는 학생 바로 뒤에 앉았기 때문에 시험을 망칠 수도 있다. 즉 수없이 많은 '운'이 개입하는 것이 바로 '시험 성적'인데, 이를 통해 '학습이 잘 이루어졌는가'를 대체 어떻게 '객관적'으로 판단한다는 말인가?

그렇지만 이것만 바로잡는다고 해서 '학습은 경쟁이다'라는 생각에 대한 적절한 반박이 이루어진 것은 아니다. 아직까지는 '점수화를 통해 평가하고 줄 세우는 것은 객관적이지 않은 방식이다'라는 것을 주장한 것에 불과하다. 그렇다면 '학습은 경쟁이다'라는 생각은 왜 잘못된 것인가? 이는 갓난아기를 보면 알 수 있다.

여기저기 돌아다니며 눈에 보이는 모든 것을 입에 집어넣고 있는 갓난아기를 생각해보자. 과연 이 아기가 다른 아기와의 경쟁심에 불타 '나는 쟤보다 더 빨리 입에 집어넣고야 말겠어!'라고 생각하며 학습하고 있을까? 당연히 아닐 것이다. 그 아이는 오로지 자기 자신의 사고체계의 확장에만 관심이 있다. 다른 아기의 사고체계가 얼마나 확장되었는지, 다른 아기가 이 인형을 입에 넣어봤는지, 계란을 두드려봤는지, 천둥소리를 듣고 놀라봤는지 여부에는 관심이 없다. 오로지 자기 자신, 스스로의 경험에만 관심이 있으며, 그것을 통해 스스로의 사고체계가 넓어지고, 자신이 보는 세계의 폭이 확대되는 것에만 관심을 가지고 있을 뿐이다. 바로 이것이 '학습'의 본 모습인 것이다. 학습은 경쟁이 아니다.

그렇지만 여기까지 읽으면 이런 생각을 가질 수도 있다. "역시 대한민국 교육의 문제는 이거였구나! '평가'는 없어져야 해!"라고 말이다. 그렇지만 앞에서 말한 바가 곧 '평가'라는 행위 자체가 잘못된 것이며, 없어져야 할 악의 축이라는 의미는 절대 아니다. 그렇기에 '평가'라는 행위는 없어져야 한다는 새로운 오해를 가지게 되는 것 또한 바람직하지 않다. '평가'는 스스로의 학습에 대해 다시금 점검하고, 스스로를 되돌아보며 반성하고 발전할 수 있는 기회를 제공해준다. 즉 지금까지의 자신의 학습 중 바람직하지 않았던 부분은 무엇이며, 어떻게 개선해야 하는지에 대한 정보를 알 수 있기에 '평가'라는 행위 자체는 잘못된 것이 절대 아니라는 것이다.

그럼 정확하게 무엇이 잘못된 것인가? 바로 '평가를 통해 점수화를 하는 것'이 잘못된 것이다. 그럼 '점수화하지 않는 평가'가 가능한가? 그렇다. 가능하다. 이에 대한 해답이 바로 '역동적 평가'이다.[2]

기존의 평가가 단순히 학생들이 작성한 답안과 '모범 답안'을 비교하여 점수를 매기는 '수동적 평가'였다면, '역동적 평가'란 교사가 보다 능동적인 역할을 하는 방식의 평가를 의미한다. 그럼 이런 역동적 평가는 대체 어떻게 하는 것인가?

역동적 평가를 할 때 학습 도우미는 학습자의 문제해결 결과에 집중하기보다는 문제해결 과정에 집중하며, 이에 대한 피드백을 계속해서 주기 위해 적극적으로 노력한다. 즉 결과적 측면보다는 과정적 측면을 강조하여 사소한 사고의 흐름이나 문제해결 전략, 마음가짐 등 하나하나의 개선점을 제시해주는 것이다.

이를테면 농구선수를 지도할 때 단순히 슛을 100개 던져 그중 몇 개를 넣는가를 기준으로 선수들을 점수화하여 서열화하는 것이 아니라, 공을 잡는 방법부터 시작하여 다리를 굽히는 각도, 어깨와 팔꿈치의 위치, 힘을 어떻게 얼마나 빠른 속도로, 어떤 방향으로 끌어올려 어느 타이밍에 팔을 뻗는 것이 더 나은지 등 하나하나에 관한 피드백을 해주는 방식이다. 핵심은 문제해결 '결과'가 아닌 문제해결 '과정'에 초점을 두는 것이다.

역동적 평가에서는 이렇게 결과에 초점을 두지 않기 때문에 학습자가 결과로 인해 스트레스 받거나, 주변인들보다 잘해서 더 높은 등수를 받기 위해 애쓰지 않아도 되게 된다. 또한 이렇게 과정 중심의 피드백을 주니 평가 자체의 목적도 '서열화'를 위한 평가가 아니라 '보다 나은 형태로의 개선'을 위한 평가가 될 수 있는 것이다. 이런 역동적 평가를 통해서 학습자는 '학습은 경쟁이 아니구나'라는 것을 자연스레 깨달을 수 있고, 타인과 자신을 계속 비교하며 스트레스 받는 학습에서 벗어날 수 있게 된다.

지금까지 우리 사회 전반에 걸쳐 있는 오해의 하나, 즉 '학습은 경쟁이다'에 대해 살펴보았다. 그렇지만 위에서 말했듯이 현 사회 분위기는 단일 오해로 인해 비롯된 것이 아니다. 수많은 오해들이 서로 얽히고 꼬여 만들어진 것이다. 즉 '역동적 평가'를 하지 않고, 단순히 '점수화를 통한 서열화'를 위한 평가만을 하는 교사나 부모, 대학만을 탓할 수 있는 것은 아니라는 것이다. 다시 말해 '학습은 경쟁이다'라는 오해를 대부분의 사회구성원, 특히 교사들이 가지고 있다고 해서 학습에 대해 오해하고 있는 대상이 교사만 있다는 것은 아니라는 것이다.

그렇다면 또 다른 오해에는 무엇이 있을까? 이제는 학생들이 가지고 있는 오해가 있다. 그것은 크게 두 가지인데, "경쟁은 무조건 이겨야 한다"는 것과 "경쟁에서 이기기 위해서는 '버텨야' 한다"가 그것이다.

우선 '경쟁은 무조건 이겨야 한다'는 오해를 한 번 살펴보자. 한 걸음 양보해서 "학습은 경쟁이 아니지만 교사를 포함한 우리 사회 전반에는 학습은 경쟁이라는 오해가 만연한 만큼 교사가 '점수화를 위한 평가'를 하는 것은 어쩔 수 없다"라고 생각한다면 자연스레 이런 의문이 떠오를 것이다. "아무리 교사와 사회가 경쟁적 구도를 만들고 점수화를 위한 평가를 실시하더라도 학습자인 우리가 이를 맹목적으로 따르지 않고 진정으로 즐기기 위한 학습을 하면 되지 않을까?"라고 말이다. 마치 학교에서 계주 달리기 시합을 시작했지만 선수들이 서로 경쟁하지 않고 평화롭게 다 같이 손에 손 잡고 산책한다면 경쟁이라는 외부의 압력이 무의미해지는 것이지 않냐는 것이다.

아주 합리적인 의문이다. 그리고 이것이 바로 학습자들의 오해가 드러나는 질문이다. 학습자들은 '경쟁은 무조건 이겨야 한다'라는 오해를 가지고 있다. 그렇다면 한 번 생각해보자. 왜 경쟁에서 이겨야만 하는가? 경쟁을 이기면 뭐가 좋고, 경쟁에서 지면 뭐가 얼마나 좋지 않기에 경쟁에서 이겨야 하는가? 아마도 이런 생각 자체를 가져본 적이 없어 꽤나 많은 독자들은 당황하고 있을 것이다. 그리고 몇몇 독자들은 이렇게 말할 것이다. "경쟁에서 지면 기분이 안 좋잖아요." 혹은 "경쟁에서 지면 내가 원하는 걸 못하잖아요"라고 말이다. 각 입장을 조금 더 살펴보자.

경쟁에서 지면 기분이 나쁜 이유는 무엇인가? 바로 이에 대한 답변이 앞에서 언급한 인간의 기본 욕구인 '유능성 욕구'이다. 이런 의문이 들 것이다. "인간의 기본 욕구인 '유능성 욕구' 때문에 경쟁에서 이기고 싶어 하는 건 당연한 거 아냐? 이게 어디가 오해라는 거지?"라고 말이다. 그렇다. 인간의 기본적인 욕구를 충족하고자 하는 것은 인간의 본성이다. 그러나 '유능성의 욕구를 충족시키기 위해 경쟁에서 이겨야 한다'는 주장은 '경쟁에서의 승리는 자신의 유능성을 드러낸다'는 문장이 참일 경우에만 맞는 말이다.

경쟁이 자신의 유능성을 드러내는 척도이고, 남에게 자신의 유능성을 인정받을 수 있는 유일한 길이라는 생각이 바로 오해라는 것이다. 결론부터 말하자면, 경쟁에서 이긴 것은 자신의 유능성을 드러내지 못한다. 그럼 경쟁에서 이긴다는 것은 무엇을 의미하는가? 경쟁에서 이겼다는 것은 '시험 성적'이 좋았다는 것, 그 이상도 이하도 아니다.

앞에서 언급하였듯이 시험 성적과 자신의 유능성은 비례 관계가 아니다. 수없이 많은 요소들의 상호작용 결과가 성적이다. 그리고 그 요소들에는 '실력'과 같은 유능성 척도 외에도

'감독관이 뿌리고 온 향수', '집안 분위기', '어제 독한 모기에 물렸는가의 여부', '뒷자리 학생이 지우개가루를 잘못 날려 내 머리에 묻었는가의 여부' 등 수없이 많은 '운'에 해당하는 요소들이 개입한다. 따라서 시험 성적이 좋지 않다고 해서 자신이 유능하지 않다는 것을 의미하는 것도 아니고, 시험 성적이 좋다고 해서 그것이 곧 자신이 유능하다는 것을 의미하는 것도 아니다.

물론 지금 이 글을 읽은 독자의 머릿속에 이런 의문이 들 수 있다. "내가 하는 말이 바로 이거라니까! 이번 시험에서 70점을 받아온 건 내가 못해서가 아니라, 내 앞의 애가 계속 콧물을 훌쩍여서 그런 거야! 그런데 내가 아무리 이렇게 주장하면 뭐해. 여전히 우리 엄마, 대학 입학 사정관, 학교 선생님은 성적을 유능성의 기준으로 생각하시는데…"라고 말이다.

맞는 말이다. 이미 우리 사회 전반에는 '평가로 매겨진 성적'이 '유능성'을 측정하는 척도로 기능한다는 인식이 고착화된 지 오래되었다. 그렇지만 앞에서 말했듯이 이런 문제점이 어느 한쪽의 오해로 인해서만 비롯된 것은 아니다. 즉 "학습자가 '경쟁은 나의 유능성을 반영하는 척도야'라는 생각을 가지고 있기 때문"이 유일한 문제 발생 이유가 아니라는 것이다. 오히려 이것은 수많은 주체가 가지고 있는 수없이 많은 오해들 중 하나일 뿐이다. 따라서 이 글을 읽고 '경쟁은 나의 유능성을 반영

한다'라는 생각을 가지고 있는 독자가 스스로의 생각에 오해가 있었다는 것을 깨닫고 그것을 바로잡는다면, 그것만으로 이 모든 문제를 해결하지는 못하겠지만 분명 문제 해결에 도움이 되는 자세라는 것이다.

그럼 이제 "경쟁에서 지면 내가 원하는 것을 못하잖아요"라고 생각하는 학생들의 생각을 살펴보자. 정말 경쟁에서 지면 자신이 원하는 것을 하지 못하게 되는 것일까? 아닐 것이다. 물론 '자신이 원하는 것'이 '특정 직업'이라면 못하게 될 수도 있다. 이를테면 자신이 원하는 것이 '의사'였는데 경쟁에서 패배하였다면 '의사'라는 직업을 갖지 못하게 되겠다. 그렇지만 자신이 원하는 것이 '사람들의 생명을 살리는 것'이라면 경쟁에서 패배하더라도 충분히 할 수 있다. 사회봉사에 생을 바쳐도 되며, 지속적인 후원을 통해 백신 주사를 수백 명에게 맞힐 수도 있고, 주변에서 자살을 생각하는 사람들에게 따뜻한 손길을 내밀 수도 있다.

지금쯤 눈치 챈 독자도 있을 것이다. 이 이야기의 요지는 '자신이 하고 싶은 것'이 단순히 '직업 이름' 따위보다는 '정말 하고 싶은 행위'에 있어야 한다는 것이다. "장래희망이 뭐니?"라는 질문이나, "너는 꿈이 뭐니?"라는 질문에 대해 흔히 특정 직업으로 답을 하곤 한다. 그렇지만 '직업 이름'은 절대 '꿈'이 아니다. 단순한 '직업 이름'은 자신이 진정으로 하고 싶은 것이 아닐 것이다.

만약 꿈이 '의사'인 사람이 있다면 그 사람은 '의사'가 되기만 한다면 자아가 실현되는 것일까? 절대로 아닐 것이다. 중요한 것은 '의사가 되어 무엇을 하고 싶은가?'일 것이다. 이를테면 '많은 사람들을 살리는 약을 개발하고 싶다'라든가, '여기저기 봉사를 다니며 많은 사람들을 살리고 싶다', 혹은 '사회의 부조리함을 바꾸는 일을 하고 싶다'라는 행위가 핵심일 것이다. 단순히 의사가 된다고 해서, 즉 의사가 된 다음 어떠한 일도 하지 않거나, 혹은 아무 일이나 한다고 해서 그 사람의 '자아실현'이 성공적으로 마무리된 것은 아닐 것이라는 뜻이다. 이는 비단 의사만이 아니다. 그 어떤 꿈이 되었다 할지라도 진정한 '꿈'은 단순히 '직업 이름'이 절대 아니다. 그 직업을 통해 궁극적으로 어떤 일을 하고 싶은지가 중요하다는 것이다.

지금까지 우리는 사회 전반이 가지고 있는 오해인 '학습은 경쟁이다'라는 생각과, 수많은 학습자들이 가지고 있는 오해인 '경쟁은 무조건 이겨야 한다'라는 오해를 바로잡았다. 그렇지만 앞에서 한 것처럼 한 번 더 양보해서 "그래, 알겠다. 학습이 경쟁이라는 것도 오해고, 경쟁은 무조건 이겨야 한다는 생각도 오해구나. 하지만 수많은 학습자들이 이 오해에 빠져 있고, 경쟁사회 속에서 합리적인 이유 없이, 그저 이기고 싶어 하는 것이 인간의 본성이라고 한 번 양보해보자"라고 생각하자는 것이다. 그래도 이런 의문이 또 생긴다. "그럼 경쟁에서 이기기 위한 모습으로는 현 사회 모습이 바람직한 것인가?" 즉 "경쟁을 이기기 위해서는 '버텨야' 하는 것인가?"라고 말이다.

바로 이것이 학습자들 중 극소수를 제외하고 가지고 있는 심각한 오해다. "경쟁에서 이기기 위해서는 '버텨야' 한다"라는 이 오해로 인해 학습자들은 행복하지 않음에도 악으로 버틴다. 그러다보니 이런 오해도 생긴다. "아, 경쟁을 한다는 말은 곧 '누가 더 오래 버티는가?'에 대한 경쟁이구나", "시험 성적이 좋은 옆집 철수는 나보다 오래 버텼기 때문에 성적이 좋은 거구나"라고 말이다.

이 또한 심각한 오해다. '평가'와 '유능성', 즉 실력은 절대로 인과관계에 있지는 않지만, 일단 편의를 위하여 실력이 좋으면 무조건 성적이 좋다고 가정한 뒤 논의를 이어가보자. 사실 이에 대한 논의는 간단하다. 이미 앞에서 한 차례 언급했던 '공부의 왕도'와 '공부의 정도'에 대한 논의를 기억할 것이다. 공부의 정도란 공부에서의 바른 길을 의미한다고 하였다. 실력을 좋게 만들고 싶은 자라면 누구나 걸어갈 수 있는 바른 길이다. 그리고 이 바른 길을 아주 쉬운 명언으로 남긴 분이 바로 옛 성현 공자孔子이다.

"知之者不如好之者, 好之者不如樂之者지지자불여호지자, 호지자불여락지자"³ 해석하면, "아는 자知之者는 좋아하는 자好之者만 못하고,

좋아하는 자는 즐기는 자樂之者만 못하다"가 된다. 이를 현대식으로 풀어놓은 명언이 바로 "천재는 노력하는 자를 이길 수 없고, 노력하는 자는 즐기는 자를 이길 수 없다"라는 유명한 구절이다.

자신의 분야에서 정점을 찍었다고 평가받는 사람들의 모습만 봐도 쉽게 알 수 있다. 역사상 최고의 과학자 아인슈타인도, 역사상 최고의 농구 선수 마이클 조던도, 키가 작았지만 역대급 농구 선수라 평가 받는 앨런 아이버슨도 모두 같은 말을 한다. 단순히 그 분야를 잘하기 위해 버티지 말고, 그것을 '즐겨야' 한다고 말이다. 앨런 아이버슨은 이런 말도 했다. "농구는 신장으로 하는 것이 아니라 심장으로 하는 것이다." 모두 진심으로 그 분야를 즐길 줄 알았고, 단순히 악바리 근성으로 버티는 것이 아니라 그것을 하는 동안 진심으로 행복함을 느꼈다고 한다. 이렇게 수많은 선인들, 위인들은 '공부의 정도'가 무엇인지 제시해주고 있다. "경쟁에서 이기기 위해서는 버텨야 한다"는 생각은 명백한 오해이다.

이렇게 해서 한국의 많은 학생들이 세계적으로 거론될 만큼 정말 긴 시간 동안 공부를 하며 '버티고 있는' 이유에 대해 분석해보았다. 앞에서 말했듯이 많은 다른 나라들에서 "한국은 학구열이 높다"고 이야기한다. 하지만 지금까지 하나하나 분석해봤듯이 이는 틀린 표현이다. 한국은 절대 학구열이 높은 국가가 아니다. 수정하자면 "한국은 학벌 쟁취열이 높다"라고 표현하는 것이 옳을 것이다.

다시 본 논의로 돌아오면, 우리는 학습자들이 외재적 동기로 인해 학습하는 이유 중 학습 현장의 문제에 대해 살펴보고 있었다. 그 중 첫 번째로, 학습 현장에서의 '분위기' 문제에 대해 알아보았고, 학습 현장에서의 분위기 문제에는 '경쟁'을 강조하는 분위기와 '낙인'을 찍는 분위기가 있다고 하였다. 그리고 '경쟁을 강조하는 분위기'에 대해 지금까지 살펴보았다. 그럼 이제 '낙인'을 찍는 분위기에 대해 알아보자.

우리 사회는 대중과 조금이라도 다른 사람에게 '이상한 아이'라는 프레임을 망설임 없이 씌우곤 한다. 이를테면 학습을 진정으로 즐기는 아이가 있다고 생각해보자. 이 아이의 주변 친구가 이렇게 말한다. "아, 공부하기 싫다. 숙제는 또 언제 하냐?" 그러자 이 아이는 의아한 표정으로 묻는다. "공부하는 거 진짜 즐겁지 않아? 숙제를 하면서 더 깊은 본질에 다가갈 수 있다는 게 난 되게 설레던데"라고 말이다.

그러자 학원에 가기 싫다던 그 친구는 이상한 표정으로 쳐다보며 "그럼 우리 지나가는 사람 열 명만 붙들고 물어볼까? 공부가 재밌는지 재미없는지?" 이렇게 되묻는다. 결과는 뻔하다. 대부분의 사람들은 공부가 재미없고 힘든 것이라 생각하기 때문에 친구의 승리다. 다음날, 친구는 학교에 가서 이 아이가 얼마나 이상한 아이인지에 대해 소문을 내기 시작한다. 도대체 어떻게 공부를 좋아할 수 있냐며, 걔 괴물 아니냐며 말이다.

처음에는 장난으로만 받아들였던 아이는 계속되는 소문과 손가락질에 자신이 남들과 다른 사고방식을 가지고 있다는 것을 점점 심각하게 받아들이고, 자신이 '비정상'이라 생각하여 심각한 자괴감에 빠지게 된다. 이에 스스로 생각한다. '그냥 공부가 재미없으면 다시 친구들이랑 즐겁게 지낼 수 있을까?'라고 말이다. 그래서 이 아이는 공부를 즐기는 것을 스스로 포기하게 된다.

또 다른 상황을 생각해보자. 대부분의 아이들은 선생님이 "수학 책 37쪽을 펴서 각자 개념을 읽어보세요. 다 읽었죠? 그럼 밑에 문제 풀어보세요"라고 말씀하시면, "네, 알겠습니다, 선생님!" 하고 답하며 선생님이 시키시는 대로 군말 없이 행한다. 그런데 그 와중에 한 아이가 손을 번쩍 들어 이렇게 질문한다. "선생님, 그런데 피타고라스 정리 이거 배워서 어디다 써요?"라고 말이다.

선생님의 표정이 조금 일그러졌다. 그래도 어떻게든 웃음을 잃지 않으며, 이렇게 답한다. "나중에 가서 쓸 데가 있을 거예요. 지금은 잘 이해가 되지 않아도 한 번 해보는 게 어떨까요?"라고 말이다. 하지만 아직 잘 납득이 되지 않는 그 학생은 다시 손들어 이렇게 여쭤본다. "선생님, 그런데 나중에 가서도 쓸

데가 없으면 어떡해요? 이거 배워서 어디다 쓰는지 지금 알려 주시면 안 될까요?"

심기가 불편해진 선생님은 조금 정색을 하고 이렇게 답한다. "가끔은 잘 이해가 되지 않아도 어른이 그렇다고 하면 받아들여야 한단다. 지금은 잘 이해가 안 되어도 나중에 커서 보면 선생님이 무슨 말을 하는 건지 이해가 될 거야. 자, 그러니까 한 번 해볼까?" 아이는 조금 의기소침해졌지만, 아직도 여전히 납득은 잘 안 된다. 그래서 용기 내어 다시 한 번 이렇게 여쭤본다. "선생님, 저는 그러면 나중에 제가 쓸 데가 있으면 그때 배울래요. 지금은 왜 배워야 되는 건지도 모르는 상태로 이걸 하기는 싫어요. 그래도 될까요?"라고 말이다.

이제 선생님은 더 이상 참을 수 없다는 듯이 거친 숨소리를 내며, 화가 서린 목소리로 낮게 말한다. "그렇게 배우기 싫으면 내 수업시간에 들어오지 마. 앞으로 쟤랑 말 섞는 애는 똑같이 공부하기 싫은 걸로 간주하고 내쫓을 테니까, 그렇게 알아둬. 알겠어?" 더 여쭤봤다가는 반에서 왕따를 당하는 것은 물론, 잘못하면 교장실로 불려갈 수도 있겠다는 생각에 이 아이는 여기서 질문하는 것을 포기하고 만다.

앞의 두 이야기가 어떤가? 너무 극단적인 예시를 들고 온 것 같은 느낌이 드는가? 놀랍게도, 이 두 경험 모두 필자가 직접 겪었던 것이다. 필자는 어린 시절, 공부를 처음 시작했을 때

'공부는 재미없다'라는 생각을 가져본 적이 없었다. 초등학교 1학년 때, 같은 동네에 사는 친구와 등굣길에서 만나 이런 저런 이야기를 나누다가 우연히 공부 이야기가 나왔다. 그 친구가 괴로운 표정으로, 학교 끝난 다음에 학원에 가야 하는데 너무 가기 싫다고, 땡땡이치고 싶다고 말하는 것이었다.

공부가 재미없다는 생각을 단 한 번도 해보지 않았던 필자는 그 순간 너무 충격을 받아서, 그 친구에게 공부가 얼마나 즐거운 것인가에 대해 일장 연설을 했던 기억이 있다. 그러자 그 친구의 표정이 점점 일그러지더니, 마침내는 외계인을 보는 듯한 표정으로 바라보는 것이었다.

학교에서도 마찬가지였다. 앞의 이야기와는 약간 다른데, 필자는 '쓸모'에 대해서는 묻지 않았고, 이런 질문을 했었다. "선생님, 피타고라스는 피타고라스의 정리를 처음 생각했을 때, 어떤 생각으로 만들었을까요?"라고 말이다. 이 이후의 전개는 위와 마찬가지였다. 계속되는 질문에 선생님께서는 '대든다'라고 받아들이셨고, 이에 필자를 복도로 내쫓으셨다. 하지만 그때 필자는 위의 이야기에서와 달리 궁금증을 너무나 해소하고 싶어서 밖으로 나가지 않고 계속해서 질문을 했던 기억이 있다.

하지만 중요한 것은, 필자의 경험과 동일한 경험을 한 학생이 한두 명이 아닐 것이라는 점이다. 그리고 그들 가운데는 학습에 대해 마음의 문을 닫아버린 학습자가 분명히 있을 것이라는 점이다. 제2장의 '인간의 탄생 비화'에서 잠시 다뤘듯이 인간은 '무시하기에는 너무나 친숙하고, 관용하기에는 너무나 다른' 개체에 대해 기본적으로 혐오감을 가지게 되기 마련이다.

하지만 인간에게 그런 본성이 있다고 해서 그것이 아무 문제가 없다는 의미는 절대 아니다. 위의 예화에서처럼, 무시하기에는 너무나 친숙한 '동네 친구'가, 관용하기에는 너무나 다른 '공부가 너무 즐겁다'라는 주장을 펼치니, 이 친구에 대해 왠지 모를 공포심이나 혐오감이 생겼을 수는 있다. 물론 인간의 본성은 노력과 훈련으로 극복 가능하다지만, 이에 대한 이야기는 차치하더라도 혐오감이 생겼다고 생각해보자.

그렇지만 혐오감이 생겼다고 해서 이를 밖으로 표출하고 사회적으로 낙인을 찍는 것이 정당화되는 것은 결코 아니다. 교육심리학자 비고츠키Vygotsky에 따르면 인간은 언어를 매개로 한 사회문화적 상호작용을 통해 인지발달이 이뤄진다고 한다. 즉 타인과의 대화를 통해 개념이 정립되고, 사고가 발달하며, 논리적이고 합리적인 사고가 가능해진다는 것이다. 그런데 이런 사회문화적 상호작용을 통해 '일반 대중과 다른 사람에 대해서는 혐오감을 마음껏 표출하고 낙인찍어도 된다'라는 개념이 정립된다면 이는 분명 바람직하지 않은 사회문화적 상호작용일 것이다.

사회문화적 관점에서, 학습을 하는 것은 'BBT'라는 목적을 가지고 있는데 이는 'Being Better Together'의 줄인 말이다. 즉 우리 모두가 다 같이 더 나아지기 위해 학습이 이루어지는 것이 사회문화적 관점에서 바람직한 학습의 방향이다. 그러나 '일반 대중과 다른 사람에 대해 혐오감을 마음껏 표출하고 낙인찍어도 된다'라는 사고를 학습하는 것은 더 나은 사회로의 발전을 저해하는 요소이며, 바람직하지 않은 학습이다.

쉬운 예시만 봐도 알 수 있다. 백인을 한 번 생각해보자. 어느 날 멀리까지 항해하여 아메리카 신대륙에 상륙한 후, 흑인이라는 인종을 난생 처음으로 접한 백인은 그들을 차별하기 시작하였다. 이유는 단순했다. '다르기 때문에.' 그 이상도 이하도 아니었다. 단순히 다르기 때문이었다.

이것뿐인가? 보통과는 조금 다른 모습과 행동을 하는 '장애인'을 안 좋은 시선으로, 심할 경우에는 사회 암적인 존재로까지 취급하며 혐오하기도 한다. 모든 이유는 단 하나로 귀결된다. '일반적인 사람들과 다르기 때문에.' 이런 이야기도 있지 않은가. 눈 두 개 달린 사람이 눈 한 개 달린 사람들이 사는 나라에 가면 괴물 취급 받는다고.

일반 대중과 다르다는 이유로 낙인찍고, 차별하고, 혐오하는 것이 인간의 본성이라 할지라도 절대로 바람직한 행동은 아니다. 인간은 의식적으로 본성을 이겨낼 수 있다. 선후만 따지자면 본성이 앞서는 것은 사실이다. 앞에서 우리는 갓 태어난 아기가 이성적으로 판단하는 능력을 갖추고 있지 않다고 피아제의 인지발달 단계를 통해 언급한 적이 있다. 그러나 이 아이는 성장해가면서 상호주관적 질서를 학습하여 무엇이 도덕적으로 옳은 것이고 무엇이 옳지 않은 것인지 판단할 수 있게 되며, 이를 통해 이성으로 본성을 통제하는 법을 배우고 익히게 된다. 그런데도 자신과 다르다는 이유로, 학습의 즐거움에 푹 빠져 있는 학생을 칭찬하고 용기를 북돋아주지는 못할망정 괴물 취급하고 배척하는 것은 절대로 바람직하지 않은 분위기다. 심지어 그 분위기를 '학습 도우미'인 '교사'가 주도하는 것은 더더욱 어불성설이다. 학습 현장에서 낙인을 찍는 분위기로 인해 내재적 동기를 잃는 학습자는 더 이상 없어야 한다.

지금까지 우리는 학습자가 내재적 동기 대신 외재적 동기로 인해 학습하는 원인 중 세 번째인 '학습 현장의 문제' 중에서 '학습 현장에서의 분위기 문제'에 대해 살펴보았다.

이제 그것에 이어서 '수동적 학습자 문제'에 대해 알아보자. 이 문제는 이름에서처럼 학습자가 능동적이지 않고 수동적이라는 것이다. 이번 원인은 '학습자'에게 있는데, 자고로 학습자란 '능동적 학습 주체'여야 한다.

능동적 학습 주체의 이미지가 쉽게 떠오르지 않는다면, 몇백 년 전의 무예 연마 꿈나무를 떠올려보자. 그 친구는 너무나 무술을 배우고 싶어 무작정 소림사를 찾아가 무릎을 꿇고, "제발 저를 제자로 받아주십시오!"라며 일주일간 식음을 전폐한 채 애타게 기다린다. 그 모습을 보고 감명 받은 스승은 아이를 제자로 받아들이고, 그 아이는 꿈에 그리던 소림사에 들어가 각종 무술을 배우며 진정으로 스스로가 살아있음을 느낀다.

여기서 한 번 생각해보자. 과연 그 아이는 부모가 등 떠밀어서 소림사에 갔을까? 아니다. 너무나 배우고 싶어서 갔을 것이다. 실은 부모가 오히려 바짓가랑이를 붙잡고 말렸을 수도 있다. 제발 그 위험한 무술을 배우지 말라고 말이다. 그럼에도 불구하고 너무나 무술을 배우고 싶어 스스로 소림사로 찾아가 배움의 길을 걷는 것, 이런 것이 바로 능동적 학습 주체로서의 모습이다.

그런데 우리 사회에 이런 자세를 가지고 있는 고등학생이 과연 몇이나 있는가? 스스로가 너무나 학습을 하고 싶고, 매일매일 학교에 가는 것이 설레며, 수업을 듣고 언제나 질문을 할 수 있는 학습 도우미가 눈앞에 있다는 것에 감사하고, 학습을 하는 매 순간에 스스로가 살아있음을 온몸으로 느끼는 학습자가 과연 얼마나 될까?

정말 많은 학생들이 스스로의 공부에 있어 단순히 '방관자' 역할만을 하고 있다. 팔짱 끼고 남의 공부 바라보듯 쳐다보며 언젠가 잘 되겠지 하는 생각을 가지고 말이다. 어릴 때부터 부모의 주도 하에 학습이 이루어진 경우가 특히 그렇다. '헬리콥터 맘'이라는 말을 들어보았는가? 헬리콥터처럼 시종일관 자녀 곁을 맴돌며 자녀의 일에 지나치게 간섭하는 엄마, 보다 넓게는 그런 부모를 가리키는 말이다. 특히 교육에 있어서 하나부터 열까지 다 간섭하려 드는 부모 밑에서 자란 아이는 자신의 학습에 있어서 스스로가 주인이 아니다. "엄마, 나 이번 쉬는 시간에 화장실 갔다 와도 돼?", "나 다음 시간이 자습이라는데 무슨 공부 할까? 영어 단어 5과 외우라고? 응 알았어, 엄마." 놀랍게도 이런 모습은 극소수 학습자들의 모습이 아니다. 현 한국 사회의 꽤나 많은 학생들의 모습이다. 이 얼마나 개탄스러운가?

자동차를 타고 갈 때, 조수석에 앉아 있는 것과 운전대를 잡고 있는 것은 참 많이 다르다. 조수석에 앉아 있는 사람은 그저 말 그대로 조수자의 역할만 할 뿐이다. 신호등이 노란불로 곧 바뀔 것 같은데 브레이크를 밟을 것인지 악셀을 밟아 빠르게 넘어갈 것인지, 차선을 바꿀 것인지 말 것인지, 좌회전을 두 번 할 것인지 유턴을 하고 나서 우회전을 할 것인지, 차창에 묻은 얼룩을 윈도우브러시로 닦아낼 것인지 등 이 모든 결정은 운전대를 잡은 사람이 내린다. 조수석에 앉은 사람은 정말 말 그대로 조수석에 앉아 의견을 제안하는 것뿐이다.

학생들의 문제점이 바로 이것이다. 스스로의 공부에 있어서 조수석에 앉아 있는 것. 아니 심지어는 뒷좌석에 팔짱 끼고 앉아 있는 것. 즉 스스로가 학습의 주인이 아니라는 것이 큰 문제점이다. 자고로 바람직한 학습자란 '능동적 학습자'로, 학습자 스스로가 학습의 주인된 자로서 운전대를 꼭 잡고 언제 깜빡이를 넣고, 언제 핸들을 틀 것이며, 언제 악셀과 브레이크를 밟을 것인지, 언제 잠깐 쉴 것이고 언제 질주할 것인지 이 모든 것을 스스로 결정하여 운전해나가야 한다. 물론 잠깐잠깐 조수석에 타 있는 인물―이를테면 부모, 교사, 친구 등―의 조언을 들을 수는 있겠지만, 그래도 최종 결정은 스스로가 내려야 한다. 그것이 스스로의 학습에 있어 주인된 자가 지녀야 하는 자세인 것이다.

그렇다면 왜 현대사회의 많은 학생들은 이런 능동적인 학습 주체로서의 자세를 갖추지 못하는 것인가? 그 이유로 앞에서 계속 언급한 '사회구조적 원인'이라거나 '가정적 원인', 혹은 '헬리콥터 맘'과 같은 잘못된 가정교육이 있을 수 있겠지만, 지금은 무엇보다 '학습자 스스로의 책임'을 중요하게 생각할 때이다.

'능동적'이라는 것은 다시 말하자면 '학습자 스스로의 노력'이 필요하다는 것을 의미한다. 당연히 운전대를 잡고 운전하기 위해서는 스스로의 노력이 많이 필요하다. 운전하는 것을 즐긴다면 애초에 다 해결될 문제이긴 하지만, 스스로가 운전하는 것을 즐기지 못한다면 운전한다는 행위로 인해 상당히 피곤하고 지치게 될 수도 있다. 그렇다고 해서 그 해결 방법이 손 놓고 부모에게 운전대를 잡게끔 하고 스스로는 조수석에, 아니 뒷좌석에 팔짱 끼고 앉아서 조는 것은 절대 아닐 것이다. 학습자 스스로가 능동적 학습 주체로서의 모습을 잃지 않기 위해 늘 노력하고, 학습의 주인으로서 안전하게 종착지까지 운전을 해야 할 것이다.

지금까지 우리는 학습자가 외재적 동기로 인해 학습하게 되는 원인 중 세 번째인 '학습 현장의 문제' 중에서 '학습 현장에서의 분위기 문제'와, '수동적 학습자 문제'를 살펴보았다.

그럼 이제 마지막으로, '교사와 학생 사이의 수직적 관계'에 대해 알아보자. 사실 이 논의는 제1장의 '교육자는 절대자인가'에서 잠시 한 번 다루기는 하였다. 내용을 다시 간단하게 살펴보고, 문제 상황이 정확히 무엇인지 짚어보자.

많은 학생들은 교사를 마치 '절대자'라 생각한다. 학생들은 교사에게 절대로 반기를 들어서는 안 된다고 생각하며, 교사가 하는 말은 마치 절대 진리인 양 받아들인다. 물론 그렇지 않은 학생들도 있겠지만, 많은 학생들은 이러한 모습을 보이곤 한다. 이런 심리 때문에 많은 한국의 학생들은 수업시간에 질문을 하지 않는다. 선생님의 설명이 잘 이해가 되지 않는다 할지라도 '내가 부족해서 그래'라고 생각하고 넘기는 경우가 많고,

'혹시 내가 질문했다가 선생님께서 기분 나빠하시면 어떡하지?'라며 지레 겁내는 경우도 있다. 선생님의 설명에서 앞뒤가 맞지 않는 논리적 오류가 느껴질지라도 '설마 선생님이 틀리셨을까? 내가 잘못 생각했겠지'라는 생각에 손을 들지조차 않는 학생들이 대부분이다. 스스로에 대한 믿음이 없을 뿐더러, 앞에서 수업하시는 교사의 말을 마치 교회에서 듣는 '하나님의 말씀'과 같이 받아들이는 것이다. '뭔가 잘 이해가 되지 않지만 그것은 나의 부족함 때문이나니…. 질문하는 것은 반기를 드는 것이나니…'라며 말이다.

이것은 명백히 잘못된 생각이다. 그렇다고 해서 웃어른을 존중하지 않는 것이 옳다는 말을 하고 싶은 것은 아니니 오해는 마시라. 그럼 대체 무슨 이야기를 하고 싶은 것인지 궁금할 텐데, 이렇게 말하는 교사를 한 번 생각해보자. "우리 사회에서 무시 받지 않으려면 돈이 많아야 해. 그러니까 너희는 돈을 무조건 많이 벌어. 그러기 위해서 좋은 대학에 가야 하고, 좋은 학벌을 가져서 사람들이 너를 깔보지 못하게 해야 돼", "공부하는 건 힘들고 피곤한 거야. 그런데도 이걸 참고 견디고, 공부라는 녀석이랑 싸워서 이겨야 해", "옆에 앉아 있는 걔가 친구 같니? 걔는 네 친구가 아니라 적이야. 싸워서 이겨야 하는 적 말이야. 정신 차려!"라고 말이다. 이런 말을 들으면 어떤 생각이 드는가? 너무 맞는 말인 것 같은가? 현실을 날카롭게

콕 집어 말하는 아주 유능하고 냉철한 교사의 이미지가 떠오르는가?

만약 당신이 지금 그렇다고 답하고 있다면, 당신은 지금 이런 교사의 말을 그저 절대자의 말인 것처럼 생각하고, 의심하지 않고 받아들이고만 있는 것이다. 교사는 절대자가 아니다. 교사는 단지 학습 도우미일 뿐이다. 학습 도우미는 말 그대로 '나의 학습을 도와주기 위해 존재하는 사람'이지 '나의 학습의 절대자'라거나 '나의 학습의 주인'이 절대 아니다. 앞에서 잠깐 말했던 것처럼 집주인이 가사 도우미를 고용했다고 해서 가사 도우미가 갑자기 집의 주인이 되는 것은 절대 아니다. 가사 도우미가 집주인인 양 행세를 하려 한다면 그것은 가사 도우미가 아니라 사기꾼이다. 가사 도우미는 말 그대로 집주인을 도와 가사 일을 하는 사람일 뿐, 결국 주인은 집주인이다. 따라서 가사 도우미라고 해서 항상 옳은 것은 아니라는 것이다. 자신의 철학에 따라 집을 이렇게 저렇게 정리해보는 것이 어떠냐며 제안할 수는 있겠지만, 모든 사안을 다 고려하여 최종 결정을 내리는 주체는 바로 집주인이다.

교사와 학생의 관계 또한 마찬가지다. 학습의 주인은 누가 뭐라 해도 학습자 자신이다. 학습자가 스스로의 학습에 대해 총괄 및 관리를 하던 중 누군가의 도움이 필요하다 느껴 찾아가는 곳이 학교이고, 학원이며, 과외이다. 그런데 이런 학교에서 만난 학습 도우미인 담임선생님과 교과 선생님, 학원에서 만난 수업 강사, 과외에서 만난 과외 선생님이 마치 스스로가 학습의 주체인 양, 학습의 주인인 양 행세를 하려 한다면 그 사람들은 도우미를 넘어 주인의 자리까지 넘보는 사기꾼이다. 도우미는 단지 의견을 제시하고 길을 설명해주며 자신의 판단을 제안할 뿐, 결국 최종 선택은 학습자 스스로가 내려야 한다. 이것이 학습의 주인된 자로서의 도리일 것이다.

그런데 학습 도우미가 학습의 주인인 양 행세를 하려 할 때 '사기꾼'이라 하거나 "나의 학습 주인은 나야! 넘보지 마!"라고 하지 않는 것은 물론, 오히려 거꾸로 "도우미님, 제발 나의 학습의 주인이 되어주세요. 얄리얄리얄라셩 얄라리얄라"라는 태도를 지니고 있는 것은 너무나 잘못된 자세이지 않은가? 바로 이런 문제를 짚고자 하는 것이다.

물론 학습자들이 처음부터 이런 자세를 가지게 된 것은 아닐 것이다. 앞에서 이야기했듯이 피아제의 인지발달 단계에 따르면 2세에서 7세 사이의 전조작기 단계에서 갖게 되는 '자기중심성'이라는 특성 때문에 누구나 자신의 행동의 주인이 되고자 하는 욕구를 가지게 된다. 이는 앞에서 말한 학습에 대한 동기이론 중 행동주의이론에서 이론적 배경으로 삼고 있는 자기결정이론에서도 '인간이 가지고 있는 기본적인 욕구 중 자율성 욕구'에서 살펴본 바 있다. 모든 인간은 자신의 행동과 판단을 스스로의 의지로 결정하고자 하는 욕구를 가지고 있다. 그런데도 왜 수많은 학습자들은 이런 자세를 스스로 저버린 것일까? 대체 왜 "제발 학습 도우미님, 나의 학습 주인이 되어주시겠어요?"라며 스스로의 학습의 주인된 자로서의 도리를 저버리려 하는 것일까? 왜 가사 도우미에게 집을 갖다 바치며, 이 집의 주인이 되어 달라 하는 것일까?

이 둘 간의 모순적 상황을 설명할 수 있는 유일한 답변이 바로 '교수자와 학생 사이의 수직적 관계'이다. 이런 관계가 생기게 된 것은 우선 학습자의 잘못으로 돌릴 수도 있다. 교수자를 절대 반기를 들면 안 되는 신성불가침의 절대자라 여기고자 하는 태도가 문제라는 것이다. 하지만 조금 더 생각해보면 학습자만의 잘못은 결코 아니다. 교사 스스로가 자신은 학습자보다 윗사람이라 생각하며 학습의 주인 자리를 넘보고자 하는 태도 또한 문제다. 즉 자신의 집을 가사 도우미에게 갖다 바치려는 집주인이나, 집주인의 집을 계속 넘보며 자신이 주인인 양 행세하려는 가사 도우미 모두 다 잘못이라는 것이다. 양측의 이러한 태도는 어떤 심리로 인해 발생하는 것일까?

우선 교수자의 태도부터 살펴보자. 혹시 오해할 수 있으니 다시 한 번 짚고 넘어가면, 교수자란 단순히 학교 교사, 학원 강사, 과외 선생님, 대학 교수 등을 의미하는 것은 아니다. 보다 넓은 의미로 학습 도우미의 역할을 하는 수많은 존재―이를테면 부모, 친구, 동네 형, 옆집 누나, 지하철 옆 좌석에 앉으신 할아버지, 유명 연예인, 문학 작가, 혹은 때로는 나비, 거미, 벌, 개미, 나팔꽃 등―들을 모두 포괄하는 말이다. 이들 중 학습의 주인 자리를 꿰차고자 하는 태도를 지니고 있는 존재들의 태도가 어떤 심리에서 나온 것인지를 살펴보자는 것이다. 교수자의 범위가 너무 넓어서 이런 태도가 잘 이해되지 않는가? 그런 독자들을 위하여 예시를 몇 개 들어보겠다.

예를 들어, 동네 형이 학습의 주인 자리를 꿰차고자 한다면 이런 말을 뱉을 수 있겠다. "형이 봤을 때 공부는 그냥 누가 더 엉덩이 오래 붙이고 있는지의 싸움이야. 형 말 들어. 형이 다 겪어본 거라니까?" 지하철 옆 좌석에 앉은 할아버지가 학습의 주인 자리를 꿰차고자 한다면 이런 말을 뱉을 수 있겠다. "어이, 청년. 안정적인 게 최고야 최고! 부모 속 썩이지 말고, 적당히 돈 벌 수 있고 잘 안 잘리는 곳으로 가서 안정적으로 살아. 괜히 이것저것 하겠다고 나서서 설치지 말고. 자네보다 오래 산 이 할아버지 말 들어." 혹은 유명 연예인이 "여러분, 돈이 최고입니다. 돈을 많이 버세요. 그럼 인생이 편해요. 제가 돈을 벌어봐서 아는데요, 돈이 최고예요"라고 뱉는 말도 있을 수 있겠다.

이제 교수자가 '학습의 주인' 자리를 넘보고자 하는 태도가 어떤 태도인지 감이 오는가? 그렇다. 지금 든 예시도 새 발의 피일 것이다. 아주 사소한 것들 하나하나, 이를테면 "아침밥은 꼭 먹어야지! 아침도 안 먹고 어디 가려고!"라는 부모님의 꾸지람이나, "숙제는 무조건 해와야지!"라는 선생님의 호통 등 우리 삶 전반에서 접할 수 있는 많은 학습의 순간들에서 교수자가 학습의 주인 행세를 하려 드는 경우를 수없이 많이 볼 수 있다.

그렇다고 해서 오해는 하지 않길 바란다. 숙제를 하지 말라는 뜻은 절대 아니며, 아침밥을 먹지 않아야 한다는 의미 또한 절대로 아니다. 다만 앞에서 예시로 보여준 교수자들의 '학습 주인인 양 행세하는 태도' 그 자체에 문제가 있다는 것이다. 즉 숙제를 하는 것이 학습에 도움이 될지 안 될지, 혹은 아침밥을 먹어야 하는지 먹지 않아도 되는지, 꿈을 좇는 것이 옳은지 안정적 삶을 추구하며 용기를 내지 않는 것이 옳은지는 전부 학습자가 스스로 판단할 수 있도록 자리를 비켜주어야 하는데, 이 판단까지 교수자가 하려 든다는 것이다.

교수자들은 모두 하나같이 왜 이러한 태도를 가지고 있는가? 이 심리는 두 가지로 설명할 수 있겠다. 하나는 자신의 경험에 의거한 '내가 옳아. 내가 너보다 많이 경험해봤으니까'라는 심리이며, 다른 하나는 한국에 뿌리 깊게 박혀 있는 '유교사상에 대한 오해'이다. 각각의 심리가 왜 잘못되었는지 천천히 살펴보자.

첫 번째로, '내가 옳아. 내가 너보다 많이 경험해봤으니까'라는 심리부터 살펴보자. 이 사고에는 이런 논리가 내재되어 있다. '나는 네가 경험하는 것을 이미 경험했어. 그리고 경험상 이 선택이 최선의 선택이더라. 그래서 내가 네게 이 선택을 하라고 하는 것은 다 너를 위한 거야. 네가 시행착오를 덜 겪어도 되게끔 말이야.'

하지만 이 사고는 하나같이 잘못된 논리이다. 각 문장별로 끊어서 보자. '나는 네가 경험하는 것을 이미 경험했어'라는 문장에서부터 오류가 포함되어 있다. 여기에는 '동일한 경험을 하는 것'이라는 전제가 깔려 있는데, 이 세상에 '동일한 경험'이란 것은 존재하지 않는다. 당연히 이런 의문이 들 것이다. '만약 나와 옆집 순이가 같이 산책을 한다면 우리 둘은 같은 경험을 한 것 아닌가?'라고 말이다. 하지만 이는 '객관적 경험'이라는 것이 '존재한다'는 가정이 깔려 있는 말이다. 그렇지만 이 세상에는 '객관적 경험'이라는 것은 존재하지 않는다. 아리송한가? 더 자세히 설명해보겠다.

무언가를 경험한다는 것은 정확히 말하자면 어떤 정보가 몸을 통해 뇌로 들어온다는 것을 의미한다. 물론 '정보'에는 '객관적 정보'가 존재한다. 이는 당연한 사실이다. '강가에 사자가 있다'라는 객관적 정보, 혹은 '옆집 순이와 나는 오늘 오후 4시부터 5시까지 우리 집 앞에 있는 놀이터에서 그네를 탔다'라는 객관적 정보는 존재한다.

그렇지만 필자가 말하고 있는 것은 '객관적 정보'의 존재 유무가 아니라 '객관적 경험'의 존재 유무이다. 무언가를 경험한다는 것은 단순히 객관적 정보를 감각기관을 통해 받아들이는 것이 전부가 아니다. 교육심리학 이론 중 인지학습이론에 따르면 우리 뇌는 '감각 기억', '작업 기억', '부호화'라는 세 가지 기억을 가지고 있다고 한다.

첫 번째로, '감각 기억'은 말 그대로 우리 몸으로 들어오는 모든 '감각'들을 기억하는 것을 의미한다. 이를테면 '방금 내 앞으로 모기가 날아갔다'라거나, '선풍기 소리가 들린다'와 같은 것들이 있다. 그렇지만 이 기억은 몸의 오감으로 느낄 수 있는 모든 감각을 기억할 수 있어 용량은 무제한인 반면, 지속 기간이 1초에서 2초 정도밖에 안 된다. 이 지속 시간이 끝나면 해당 감각에 대한 기억은 사라지게 된다.

그렇지만 이 감각이 사라지지 않고 그 다음 감각으로 넘어가는 경우도 있다. 다음 감각이라 함은 '작업 기억'을 의미한다. 감각 기억에서 작업 기억으로 넘어가기 위해서는 감각 기억으로 들어온 감각 자극에 대한 '주의, 지각'이 필요하다. 즉 무의식중에 귀의 청각으로 감지한 '선풍기 소리'에 의식적으로 주의를 기울이고 이를 지각한다면 이것은 작업 기억으로 넘어가게 되는 것이다.

하지만 작업 기억의 지속 시간은 20초 정도로 감각 기억에 비해 긴 대신 용량이 작다. 숫자로 표현하면 5개 내지 9개 정도의 정보밖에 기억하지 못할 정도의 분량이다. 쉬운 예시로 전화번호를 생각해보자. 앞의 세 자리 '010'을 제외하면 여덟 자리가 남는데, 이를 주의를 기울여 지각해보는 것이다. 이후 20초가 지난 뒤에 다시 말해보려 하면 잘 기억나지 않는 것을 알 수 있다. 바로 이것이 작업 기억이다.

그렇지만 모든 기억이 작업 기억에서 끝나는 것은 아니다. 작업 기억에 있는 정보는 장기 기억으로 넘어올 수 있는데, 이때 넘어오는 방식은 '부호화'이다. 이는 쉽게 말해 '의미를 부여하는 행위'이다. 이를테면 "지금 들리는 선풍기 소리가 마치 우리 아버지께서 주무시며 코를 고실 때 나는 소리와 비슷하네"라거나, "'7282-2456'이라는 번호가 마치 '짐들 빨리 이사와요'와 비슷하네"와 같이 말이다. 그래서 유명한 광고를 보면 번호에 의미를 부여하는 경우가 많다. 이를테면 '앞뒤가 똑같은 전화번호'와 같이 말이다. 이렇게 작업 기억의 정보에 의미를 부여하는 부호화 과정이 일어나면 이제 그 정보는 장기 기억으로 넘어가게 된다. 그리고 바로 이것이 우리가 흔히 말하는 '경험'인 것이다.

옆집 순이와 같이 한 시간 동안 산책을 했다는 '정보' 그 자체는 나와 순이에게 동일하지만, 그 '경험'은 절대로 동일하지 않다. 객관적 정보에 '어떤 의미'를 부여하여, 즉 어떤 '부호화 과정'을 거쳐 장기 기억으로 넘어왔는가는 다르기 때문이다. 이를테면 나는 산책을 하며 본 나비의 날개에 있던 점박이 무늬에 의미를 부여했을 수 있지만, 순이는 산책을 하며 하늘에 떠 있는 구름이 마치 솜사탕 같다는 의미를 부여했을 수 있는 것이다. 객관적 정보에 어떤 의미를 부여하느냐에 따라 그 정보가 부호화되어 장기 기억으로 넘어가는 방식은 달라진다. 그렇기에 이 세상 그 누구에게도 '동일한 경험'이란 존재하지 않는다. 각자가 지금까지 살아온 환경과 받아온 훈습이 모두 다르며, 각자가 객관적 정보 중 어떤 정보에 의식적으로 집중하여 어떤 의미를 부여했는지는 지구촌 70억 인구 전부 다르다.

다시 본 논의로 돌아와 보면, 교수자가 학습의 주인 행세를 하려는 심리 중 첫 번째 심리인 '나는 네가 경험하는 것을 이미 경험했어. 그리고 경험상 이 선택이 최선의 선택이더라. 그래서 내가 네게 이 선택을 하라고 하는 것은 다 너를 위한 거야. 네가 시행착오를 덜 겪어도 되게끔 말이야'에서 첫 번째 문장인 '나는 네가 경험하는 것을 이미 경험했어'라는 것이 왜 잘못된 것인지에 대해 살펴보았다.

이제 두 번째 문장으로 가보자. '경험상 이 선택이 최선의 선택이더라'라는 문장은 두 가지 문제점을 지니고 있는데, 일단 첫 번째로 '모든 가능세계를 경험하는 것은 불가능하기 때문'

이며, 두 번째는 '최선의 의미가 모두에게 동일하지는 않기 때문'이다. 가능세계라 함은 '어떤 선택을 했을 때의 상황'이 일어난 세계로, 쉽게 생각해봤을 때 요즘 SF 영화에서 유행하는 설정인 '평행세계'와 비슷하다 여기면 된다. 이를테면 오늘 아침에 일어나자마자 이부자리를 정리한 가능세계, 아침에 일어나자마자 양치부터 하고 온 가능세계, 알람 소리를 듣고 다시 잠에 든 가능세계 등이 있을 수 있겠다. 하지만 현대 과학은 아직 충분히 발달하지 않았기 때문에 SF 영화 속에나 존재하는 '평행세계'들의 모습들을 엿보며 어떤 선택을 했을 때 어떤 결과가 나오는지 하나하나 확인하고, 이를 종합하여 어떤 선택이 최선의 선택인지 결론을 내리는 것은 불가능하다. 물론 이 원인이 과학기술의 미발달에 있는 것인지도 의문이기는 하다. 과학기술이 아무리 발전한다고 해도 모든 가능세계로 갈 수 있는 문이 열릴지는 잘 모르겠으나, 현대 과학으로는 아직 불가능하다. 따라서 모든 가능세계에 대해 전부 경험해보지 못하는 인간이 감히 어떻게 '나의 선택이 최선'이었다는 판단을 내릴 수 있겠는가?

또 '최선'이라는 단어의 개념 자체가 가지는 주관성과 모호성도 무시할 수 없다. '최선'이라는 말의 사전적 의미는 '가장 좋고 훌륭함'인데, 이는 상당히 주관적인 개념이다. 과연 돈을 많이 버는 것이 가장 좋고 훌륭한 것일까? 혹은 부모님의 속을

썩이지 않고 괜한 도전을 하지 않는 것이 가장 좋고 훌륭한 것일까? 도대체 '누구'에게 가장 좋고 훌륭하다는 것인가? 누구겠는가? 답은 정해져 있다. 그렇다. '교수자'다.

　물론 모든 가능세계를 돌아보지는 않았지만 백 번 양보해서, 모든 가능세계를 돌아보고, 선택하는 모든 행동에 대한 결과까지 둘러본 결과 교수자에게 가장 좋고 훌륭한 선택이 '도전하지 않는 것'이라는 결론을 내렸다고 치자. 하지만 그렇다고 해서 그것이 학습자에게도 가장 좋고 훌륭한 선택이라는 것을 의미하는가? 아니다.

　정확히 말하자면, 교수자에게 '가장 좋고 훌륭한 선택'인 것이 학습자에게도 과연 그러한가에 관해서는 '모른다'가 정답이다. 교수자에게 가장 좋고 훌륭하다는 기준과 학습자가 가지고 있는 기준이 일치할지 일치하지 않을지는 모르는 일이다. 물론 현 사회를 살아가고 있는 구성원이라면 '대부분' 동의하는 '좋고 훌륭하다'에 부합하는 가치관이 있을 수는 있겠다. 이를테면 '경제적 풍요로움', '키 185cm에 뚜렷한 이목구비'와 같이 말이다. 하지만 '대부분'이 동의한다고 해서 그것이 '전부'를 의미하는 것은 절대 아니며, 또 '대부분'이 동의한다고 해서 그것이 '옳은 가치관'이라는 의미 또한 아니다. 바람직한 교수자라면 학습자의 기준 또한 존중해 스스로가 생각하는 '좋고 훌륭한' 가치관과 학습자가 생각하는 '좋고 훌륭한' 가치관이 얼마든지 다를 수 있음을 늘 염두에 두어야만 한다. 자신의 가치관을 학습자에게 강요하는 것은 어쩌면 폭력일지도 모른다.

다시 본 논의로 돌아가서, '나는 네가 경험하는 것을 이미 경험했어. 그리고 경험상 이 선택이 최선의 선택이더라. 그래서 내가 네게 이 선택을 하라고 하는 것은 다 너를 위한 거야. 네가 시행착오를 덜 겪어도 되게끔 말이야'에서 두 번째 문장인 '그리고 경험상 이 선택이 최선의 선택이더라'라는 말이 왜 잘못된 것인지 살펴보았다.

이제 세 번째 문장으로 가보자. 세 번째 문장이 잘못된 이유는 간단하다. '그래서 내가 네게 이 선택을 하라고 하는 것은 다 너를 위한 거야.' 앞의 두 번째 문장이 왜 잘못되었는지 제대로 이해하였다면, 세 번째 문장이 잘못된 이유도 금방 보일 것이다. '다 너를 위한 거야'가 잘못되었다. 앞에서 말했듯이 교수자가 말하는 '최선의 선택'은 '교수자에게 있어 최선의 선택'인 것이지 학습자에게 있어서도 최선이라는 의미는 절대 아니다. 물론 우연히 그 두 가치관이 겹칠 수는 있겠지만, 애초에 교수자의 가치관과 학습자의 가치관이 동일할 것이라는 기본 전제를 깔고 가는 문장은 오류가 있다는 것이다. 비교적 간단한 논의였다.

이제 네 번째 문장으로 넘어가보자. '네가 시행착오를 덜 겪어도 되게끔 말이야'라는 문장은 얼핏 보면 맞는 말인 것 같다는 생각이 들 수 있다. 하지만 이 판단은 이런 전제를 깔고 있는 문장이다. '시행착오를 겪는 것은 좋지 않다.' 즉 시행착오에 부정적인 가치를 씌우고 있으므로 시행착오를 덜 겪으면 좋은 것이라는 판단을 내리는 것이다. 물론 많은 이들이 이렇게 생각하기는 한다. 조금이라도 실패 경험을 덜 겪는 것이 더 좋은 것이라고 말이다. 그렇지만 이는 명백히 잘못된 생각이다.

이 논의는 간단하게 "실패는 성공의 어머니"라고 말한 에디슨의 명언만 봐도 알 수 있다. '시행착오를 겪는다는 것'은 다시 말해 '성공하지 못해 실패하는 경험을 많이 겪는다는 것'을 의미한다. 그렇지만 에디슨은 이렇게 말했다. "나는 실패한 것이 아니라 가능하지 않는 경우를 찾아낸 것이다."

'실패'와 '부정적 경험'은 동의어가 아니다. '실패'라는 객관적 정보에 어떤 의미를 부여하여 어떤 경험으로 받아들일지는 스스로의 선택이며, 따라서 '실패'라는 정보 자체에는 어떠한 의미도 부여되어 있지 않다. 다시 말하자면 실패는 '부정적인 무언가'가 아니라는 것이다. 따라서 시행착오를 겪지 않아야 되는 이유는 없다. 시행착오는 무언가 나쁜 것이라서 최대한 피할수록 좋은 것이 아니다. 시행착오는 단지 우리에게 이렇게 하면 안 된다는 것을 알려주고, 여러 경험을 바탕으로 더 나은 선택을 내릴 수 있도록 안내하는 인도자일 뿐, 이를 겁내거나 피하는 행위는 좋지 않다. 따라서 애초에 시행착오를 겪지 않게끔 하는 것, 즉 실패 경험 자체를 하지 않도록 하는 것은 학습자에게서 그것을 경험해볼 기회를 빼앗아가는 것이다. 스스로가 경험하고 스스로의 가치와 기준에 따라 무엇이 더 옳은 선택인지 판단을 내릴 수 있도록 해주는 것이 바람직한 교수자의 모습일 것이다.

지금까지 우리는 교수자가 학습의 주인인 양 행세하는 태도 밑에 깔려 있는 심리 중 첫 번째인 자신의 경험에 근거한 '최선의 판단'이라는 심리에 대해 살펴보았다. '나는 네가 경험하는 것을 이미 경험했어. 그리고 경험상 이 선택이 최선의 선택이더라. 그래서 내가 네게 이 선택을 하라고 하는 것은 다 너를 위한 거야. 네가 시행착오를 덜 겪어도 되게끔 말이야'라는 말을 다시 보면 조금 전과는 느낌이 다를 것이다. 정말 말 그대로 오류투성이인 생각임을 알 수 있을 것이다.

그럼 이제 교수자가 학습의 주인인 양 행세하는 태도의 기저에 있는 심리 중 두 번째인 '유교 사상에 대한 오해'에 대해 살펴보자. 유교 철학에 대해 깊이 있게 다루겠다는 이야기는 아니며, 그렇다고 유교 사상 자체가 잘못되었다고 비난하고자 하는 의도도 아니니 마음 편하게 읽어나가기 바란다.**4**

상명하복上命下服이라는 말을 들어본 적 있을 것이다. 흔히 현 한국 사회의 '악습惡習' 중 하나라 칭하는 것인데, 쉽게 말해 윗사람의 명령에 아랫사람이 무조건 따라야 한다는 것을 의미한다. 이 사고방식이 가장 흔하게 통용되는 곳이 바로 군대다. 군대에서는 윗사람의 명령에 아랫사람은 무조건 복종해야 하며, 상사에게 다시 되묻는 등의 질문 행위나 윗사람의 명령에 복종하지 않는 불복종 행위를 절대로 용납하지 않는다. 상명하복을 생명처럼 소중하게 생각하는 집단이기 때문이다.

이 사고방식이 군대에서는 옳을 지도 모른다. 전쟁 상황과 같은 급박한 상황에서는 사령관이 전술 하나하나에 대해 그 기저에 깔린 원리와 사고의 흐름까지 설명할 시간이 없으며, 특히나 내부 분열이나 반란이 일어나면 최악이기 때문이다.

그렇지만 이 사고방식이 군대 내에만 있지 않다는 것이 문제다. 다양한 사회집단 속에서 이런 사고방식이 이미 굳어 있는 경우를 흔히 볼 수 있다. 쉬운 예로 TV 드라마 〈미생〉만 봐도 알 수 있다. 이 드라마는 신입 사원이 회사 내의 각종 부조리를 목격하고, 이를 바둑에서의 철학으로 풀어나가는 이야기다.

드라마 〈미생〉에서도 쉽게 볼 수 있듯이 현 한국 사회에서는 회사는 물론 공무원 집단, 심지어는 학교 선후배 사이에서도 여전히 '상명하복'이 팽배해 있는 것을 볼 수 있다. 선배의 '명령'에 후배는 감히 질문해서는 안 되고, 복종하지 않으면 그 사회 내에서 소위 말하는 '매장'시키는 행위를 통해 '상명하복'의 전통을 견고히 유지하곤 한다.

그렇다면 불합리한 대우를 받은 '아랫사람'이 시간이 흘러 자연스레 '윗사람'이 되었을 때 이 전통을 없애면 되지 않는가? 하지만 그때가 되면 또 이런 생각이 스멀스멀 생기는 것이다. '나는 그렇게 윗사람 말에 복종했는데, 왜 나는 그런 깍듯한 대우를 안 받아야 하지?', '왜 굳이 우리 때에 그 전통을 없애야 하는데?'라는 생각 말이다. 그러다 보니 이 전통은 우리 사회에 뿌리 깊게 박히게 되었다.

이런 사고방식의 이론적 근거는 어디에 있는가? 즉 '대체 무슨 근거'로 상명하복을 외치는가? 이에 대한 답으로, 놀랍게도 조금 배웠다 하시는 분들은 하나같이 '유교'를 말한다.

그럼 유교는 대체 무엇인가? 유교는 한국에서, 아니 정확히는 우리 한반도에서 역사와 유래가 깊은 종교의 한 형태로, 삼국시대부터 중국에서 전해져 온 개념이다. 아니, 실은 종교의 범주에 유교가 들어가는지 그 자체에 대해서도 논란이 있기는 하다. 유교의 시조는 공자라 알려져 있기 때문에 유교라는 이름 대신 공자교孔子敎라 부르기도 한다.

유교가 종교의 범주에 들어가는지의 여부가 논란이 있는 이유는 유교에서 '신'을 설정하지 않기 때문이다. 다만 스스로의 마음과 행실을 바르게 닦아 수양하는 '수신修身'과 집안을 바르게 다스리는 '제가齊家'를 통해 나라를 바르게 다스리는 '치국治國'과 천하를 바르게 다스리는 '평천하平天下'를 목표로 하는 일종의 윤리학과 정치학이다.

유교 사상은 중국에서 시작되어 한반도로 들어왔지만 이후에는 오히려 중국보다 한국에 더 뿌리 깊게 정착하였으며, 유교 사상에 근거한 사회 구조가 설립되는 와중에 온갖 현 한국 사회의 '악습'들이 만들어졌다고 알고 있는 경우가 많다. 그러다 보니 〈공자가 죽어야 나라가 산다〉와 같은 책이 한때 인기를 끌었던 적도 있었다.

그렇지만 현대 한국 사회에서 다들 알고 있는 '악습'들은 그 뿌리가 유교 사상에 있기보다는 유교 사상이 변질된 것들에 있는 경우가 많다. 그 중 하나가 바로 상명하복에 관한 오해이다.

앞에서 말했듯이 많은 회사와 공무원 집단, 선후배 간 관계 등 우리 사회에는 상명하복이 뿌리 깊게 자리 잡은 집단이 많다. 그런데 이러한 집단들 외에도 상명하복이 굳게 자리 잡고 있는 관계가 있으니 바로 교사와 학생 간의 관계이다. 많은 교사들은 유교에서 비롯된—정확히 말하자면 유교에서 비롯되었다고 착각하는—상명하복의 논리를 스스로와 학생 사이에 적용하려 드는 경향이 있다. 그래서 자신이 학생에게 특정 과제를 하라고 '명령'을 하였는데, 학생이 그에 대해 질문이나 반박을 하거나 혹은 해오지 않는다면 이 학생이 기본적인 '예의'가 없다며 핀잔을 주기 마련이다. 그렇지만 과연 이것이 유교에서 주장하는 바인가?

결론부터 이야기하자면, 유교에는 상명하복이라는 개념 자체가 존재하지 않는다. 그렇지만 이런 의문이 들 수 있다. '장유유서長幼有序라는 개념은 있지 않은가?' 그렇다. 그래서 많은 사람들이 상명하복을 외치며 이의 이론적 근거로 장유유서를 들곤 한다.

그럼 장유유서가 무엇인지 살펴보자. 유교에서는 반드시 지켜야 하는 것으로 삼강오륜三綱五倫을 이야기한다. 삼강이란 유교 도덕에서 기본이 되는 세 가지 강령으로 임금과 신하 간에 지켜야 하는 군위신강君爲臣綱, 부모와 자식 간에 지켜야 하는 부위자강父爲子綱, 남편과 아내 간에 지켜야 하는 부위부강夫爲婦綱이 있다. 또 오륜이란 유교 도덕에서 사람이 마땅히 지켜야 할 다섯 가지 도리로 군신유의君臣有義, 부자유친父子有親, 부부유별夫婦有別, 장유유서, 붕우유신朋友有信이 있다. 오륜 중의 하나인 장유유서란 '윗사람과 아랫사람 사이에는 차례와 질서가 있다'라는 의미를 담고 있는 말이다.

이 말만 들으면 장유유서와 상명하복이 뭐가 다른지 아직 잘 이해가 되지 않을 수 있다. 더 나아가 장유유서라는 개념 자체가 상명하복의 이론적 근거가 충분히 되며, 유교가 사회의 악습을 만들어낸다는 말에 동의하고 있을지도 모른다. 그렇지만 이는 유교 사상에서 정말 말하고 싶어 하는 바를 오해하는 것이다.

물론 유교에서 말하는 장유유서에 따르면 윗사람과 아랫사람 간에 순서가 있어야 하는 것은 맞다. 그렇지만 그 이전에 유교 전반에서 무엇보다 강조하는 것이 있음을 알아야 한다. 바로 '정명正名'이다.

정명이라 함은 말 그대로 '바른 이름'이라는 의미이다. 즉 '이름에 걸맞은 바른 자세'를 가져야 한다는 것이다. 임금이 단지 임금이라는 감투를 썼기 때문에, 즉 임금이라는 '이름'을 가지고 있기 때문에 임금 대접을 받는 것이 아니라, 임금이라는 이름에 걸맞은 바른 자세를 가졌을 때 임금 대접을 받을 수 있다는 것이다. 연장자 또한 마찬가지다. 단순히 나이가 많아, 연장자라는 '이름'을 가지고 있기 때문에 연장자 대접을 받는 것이 아니다. 연장자라는 이름에 걸맞은 바른 자세를 가져야 한다는 것이다.

스승이라고 다르지 않다. 정말 참된 스승다운 바른 자세를 가졌을 때에야 진정 스승의 대접을 받을 수 있다는 것이다. 실제로 맹자와 제나라의 선왕이 나눈 다음 이야기를 보면 그것을 더 잘 알 수 있다.

제나라의 선왕이 맹자에게 물었다.

"과인이 듣기로는 '제후였던 탕은 주군인 걸왕을 몰아내고 천자가 되었고, 역시 제후였던 무왕은 주군 주왕을 쳐내고 천자가 되었다' 하던데, 이것이 사실입니까?"

맹자가 답했다.

"전해오는 기록에 그런 이야기가 있습니다."

왕이 말했다.

"그들 걸주^{걸왕과 주왕}가 폭군이었다고는 하지만 신하된 자로서 왕을 시해한 것이 도리에 맞는 일이겠습니까?"

맹자가 답했다.

"인仁을 해치는 자를 적賊; 도적이라 하고, 의義를 해치는 자를 잔殘; 잔혹, 재앙이라 하며, 잔적지인殘賊之人; 잔혹재앙과 도적과 같은 자, 즉 인과 의를 해치는 자를 단지 '그 놈'이라고들 하니, 저는 '무왕께서 그 주와 걸이라는 놈을 베어죽이셨다'는 말은 들었어도, '임금을 시해하였다'는 말은 들어본 바 없습니다."

— 〈맹자〉, 「양혜왕 (하)」

여기서 맹자는 왕으로서의 도리를 저버린 주왕과 걸왕을 가리켜 '그 놈'이라 지칭하며 그들을 '왕이라 인정하지 않는 모습'을 볼 수 있다. 그래서 많은 유교 경전들을 살펴보면 하나같이 수신제가를 통한 치국과 평천하를 중요시하는 것이다. 즉 자기 수양을 통해 스스로의 이름에 걸맞은 '정명'을 바르게 갖추어 사람들의 자발적 존중을 얻는 것이 진정한 권위이며, 이것이 장유유서의 핵심 논리인 것이다. 단순히 그 껍데기만 연장자라고 해서 장유유서를 외치고, 상명하복을 외치며 이를 따르지 않을 시 '예의가 없다'며 몰아가는 것은 애초에 유교 사상에 근거한 것도 아닐 뿐더러, 단지 자기만족을 위한 행위일 뿐이다.

이왕 유교 이야기를 시작했으니 유교 경전에서는 스승과 제자, 학습과 배움에 관해 어떤 내용을 말하고 있는지 조금 더 깊게 알아보자.

우선, 유교의 초대 성현들인 공자와 맹자의 주장을 보면 현재 많이 왜곡되어 전해지는 유교 사상이 얼마나 그들의 사상과 크게 동떨어졌는지를 알 수 있다. 맹자와 공자는 절대로 아랫사람을 깔보거나 업신여기지 않았다. 오히려 그런 태도와는 정반대의 삶을 살았다.

"백성이 가장 귀중하고, 사직이 그 다음이며, 임금은 가장 가볍다."

– 〈맹자〉, 「진심 (하)」

이 글에서 볼 수 있듯이 맹자는 아랫사람을 무시하기는커녕 백성이 가장 귀중하고, 임금은 가장 가볍다는 사상을 가지고 있었다. 나라의 근본은 백성이라는 민본주의와 일맥상통하는 말이다. 늘 아랫사람을 깔보지 않고 존중하기 위하여 수신제가 하여 치국과 평천하를 하여야 한다는 맹자의 주장은 공자와도 통한다.

자공子貢이 위衛나라의 대부인 공문자孔文子의 시호諡號가 어떻게 해서 '문文'이 되었는지를 묻자 공자孔子는 다음과 같이 말하였다.

"민첩해서 배우기를 좋아하고, 아랫사람에게 묻는 것을 부끄럽게 여기지 않았다. 이로써 시호를 문이라 한 것이다敏而好學 不恥下問 是以謂文也."

— 〈논어〉, 「공야장公冶長」

이 이야기에서 유명한 사자성어 '불치하문不恥下問'이 나온다. 아랫사람에게 묻는 것을 부끄러워하지 않는다는 의미로, 아무리 자신보다 지위나 경력이 낮고 못난 사람일지라도 그가 자신이 모르는 것을 알고 있을 수도 있으니 절대로 그에게 묻는 것을 부끄러워하지 아니해야 함을 알려준다.

이 뿐이 아니다. 공자의 〈논어〉를 보면 "삼인행 필유아사三人行 必有我師"라는 구절도 찾을 수 있는데, 말 그대로 '세 사람이 함께 길을 가면 그 중에 반드시 나의 스승이 될 만한 사람이 있다'는 것이다. 앞의 '불치하문'과 어깨를 나란히 하는 말로, 늘 열린 배움의 자세를 가지고 있으라는 가르침을 담고 있다.

또 '공자천주孔子穿珠'라는 말도 있다. 이는 공자가 구슬에 실을 꿰는 방법을 몰라 아낙네에게 묻자, 아낙네가 구슬의 한 쪽 끝에 꿀을 발라놓고 다른 쪽으로는 허리에 실을 맨 개미를 넣으면 된다고 공자에게 가르침을 준 일화를 일컫는 사자성어다.

당시의 공자는 성현으로서 명성을 떨치고 있었는데, 이런 공자 조차도 아낙네에게 물어 가르침을 받았다는 것이다.

이렇게 유교 사상에서는 우리가 알고 있는 것과는 오히려 반대로 아랫사람을 존중하고, 스스로가 아무리 높은 자리에 있다 할지라도 늘 배움의 자세를 열어두어야 하며, 그 자리의 이름에 걸맞은 바른 자세를 지니고 있어야 진정으로 장유유서, 즉 윗사람과 아랫사람 간의 차례와 질서를 논할 수 있다고 말하고 있다. 진실로 배움을 좋아하는 자라면 상대방이 아무리 아랫사람이라 할지라도 기꺼이 물어 가르침을 받아야 한다는 이 사고 방식이 권력층의 입맛에 맞게 왜곡되고 훼손되어 현재의 상명하복과 같은 모습으로 자리 잡게 된 것이다. 따라서 '교육자가 학습의 주인인 양 행세하는 태도'의 근간이 되는 심리 중 두 번째인 '유교 사상에 대한 오해'는 지금까지 살펴본 바와 같이 단지 왜곡된 유교 사상에 지나지 않음을 알 수 있다.

이제 학습자와 교수자의 수직적 관계를 불러일으키는 두 번째 기제인 '학습자가 교육자에게 학습의 주인 자리를 넘기는 태도'에 대해 살펴보자. 사실 이에 대한 논의는 상당히 간단하다. 바로 '주체성', 즉 '능동성'의 부족이다. 그럼 주체성이 부족한 것은 누구의 잘못인가? 이를 단순히 학습자의 탓으로 넘겨도 되는가? 필자는 그렇지만은 않다고 본다. 물론 학습자 스스로의 노력 부족이라 생각될 수도 있는 것은 맞다. 스스로가 자신의 삶의 주인이 되고자 하면 스스로의 노력이 필수적이기 때문이다. 집주인이 정말 집의 주인이 되고자 한다면 늘 주기적으로 청소도 하고, 빨래나 설거지와 같은 집안일도 성실히 해야 하며, 혹시 도둑이 들지는 않을까 조심하고, 매달 나오는 전기세와 수도세를 제때 내려는 노력이 필수적이다. 그렇기에 집주인이 만약 이들 중 무언가를 성실히 하지 않고 나 몰라라 하는 태도를 보이고 있다면 집주인의 노력 부족이라 말할 수 있을 것이다.

하지만 조금만 다르게 생각해볼 수는 없는 걸까? 이런 경우를 생각해보자. 만약 당신이 아주 어릴 때부터, 아니 태어나면서부터 집주인이 되었는데 기억도 나지 않는 그때부터 옆집 아저씨가 대신 집주인 노릇을 해왔다고 생각해보자. 당신은 태어나서 단 한 번도 수도세를 내본 적도, 빨래나 설거지를 해본 적도, 창문을 꼭 잠그며 도둑이 들어오는 것을 막으려 노력해본 적도 없다.

그런데 당신이 열 살쯤 되어 조금씩 성숙한 사고를 할 수 있게 되자, 옆집 아저씨에게 "지금까지 잘 보살펴주셔서 감사합니다. 지금부터는 제가 하겠습니다"라고 말했을 때, 옆집 아저씨가 콧방귀를 뀌고는 오히려 화를 내며 "손대지 마! 내가 할 테니까!"라고 하셨다. 그렇게 청소와 빨래를 하려다 오히려 혼이 난 당신은 다시 그 일에 손을 떼고 만다. 그리고 당신은 너무나 당연하게 "아, 집주인이 청소를 하고 빨래를 하는 것이 아니라 옆집 아저씨가 해주는 거구나"라는 사고를 가지게 된다. 지금껏 늘 그렇게 해왔고, 아무 문제도 없었으며, 오히려 당신이 직접 하려고 했다가 혼이 났기 때문이다.

그러던 어느 날, 윗집 아주머니께서 찾아오시더니 "아니, 너는 왜 이렇게 주인 의식이 없니? 네가 집주인이면 네가 알아서 해야지!"라며 당신에게 화를 내기 시작한다. 억울해진 당신은 옆집 아저씨를 찾아가보지만, 아저씨는 오히려 이렇게 말한다. "내가 네 뒷바라지하느라 지금까지 얼마나 힘들었는지 알아?" 이런 말을 들은 당신은 어떤 심정이겠는가?

지금 당신의 상황이 이것과 똑같은 것이다. 그럼 다시 한 번 답해보라. 학습에 주인의식이 없는 학습자들을 탓할 수 있는가? 아닐 것이다. 겉으로 드러나는 표면적인 문제는 학습자들 스스로의 노력 부족이라 취급해버릴 수 있기는 하다. 외부인 입장에서, 혹은 교육자 입장에서, 그리고 부모 입장에서는 그렇게 취급하는 것이 훨씬 편하기도 할 것이다. 단순히 학습자의 노력 부족이라 취급하면 교육자와 부모에게 어떠한 책임도 돌아가지 않을 것이기 때문이다.

그렇지만 한 번 곰곰이 생각해보라. 대체 '왜' 학습자들은 학습의 주인이 되고자 하는 의지를 상실하였는가? 그 진정한 원인은 무엇인가? 정확히는 '학습의 주인이 되고자 하는 의지를 빼앗아간 주체는 누구인가?' 이에 대한 답변이 바로 '훈습'인 것이다. 특히 부모 혹은 교사에 의한 훈습일 가능성이 매우 높다.

이 세상에 존재하는 어떤 학습자든 모두 한 번쯤은 자신이 학습의 주인이 되어보고자 하는 노력을 한다. 자기결정이론에서 언급한 '인간이 가지고 있는 기본 욕구 충족'을 하고자 하는 행동을 인간이라면 누구나 시도하기 때문이다. 그리고 그 기본 욕구에는 '자율성'이 포함되어 있었다. 인간이라면 누구나 자신의 행동의 주인이 되고자 하는 자율성의 욕구를 지니고 있기 때문에, 누구든 이 욕구 충족을 위한 행동을 하게 된다.

그럼 이러한 행동은 언제 일어나는가? 피아제의 인지발달 단계 중 두 번째 단계인 2세에서 7세 사이에 일어나는 전조작기 단계에서 처음으로 아이들은 '자기중심성', 즉 자신의 행동을 자신이 조절하고자 하는 경향을 보인다. 하지만 이 시기에 아이가 자신의 의지로 행동하고자 하는 경향을 보였을 때, 그 의지가 꺾여버린다면 어떤 일이 벌어지는가? 즉 부모나 교사가 그 의지를 '호통', '사랑의 매' 등의 방법으로 꺾어버린다면 어떤 일이 벌어지겠는가?

앞에서 살펴본 조작적 조건화 방법 중 '수여성 벌'에 따라 그런 자기주체적인 행동을 하는 빈도가 낮아질 것이 분명하다. 혹은 그 정도가 심할 경우, 고전적 조건화로 인해 '주체적 행동을 하면 손바닥이 아플 정도로 맞는다'라는 생각이 굳게 심어질 수도 있다.

실제로 인간의 성격발달 단계를 연구하여 이론으로 정립한 교육심리학자 에릭슨에 따르면 아동은 1세에서 3세 사이에 혼자 무언가를 해보려는 노력을 하지만, 그 행동의 결과로 '과잉보호'나 '처벌'이 돌아올 경우 아동은 '자율적 성격'보다는 수치심으로 인한 '타율적 성격'을 가지게 된다고 한다. 또한 3세에서 6세 사이에는 아동이 스스로의 능력보다 조금 더 상위의 도전적 과제를 시도하려는 노력을 하는데, 그 행동의 결과로 '꾸지람'이 돌아올 경우 아동은 '주도적 성격'보다는 죄책감으로 인한 '수동적 성격'을 지니게 된다고 한다.

아마도 학습자나 교육자 둘 모두 기억도 잘 나지 않겠지만, 이렇게 아이가 어린 시절에 받은 잘못된 훈습으로 인해 생긴 수동적인 학습 태도를 가리켜 '학습자의 노력 부족'이라 취급한다면 학습자의 입장에서는 어떻겠는가? 물론 이를 '해결'하기 위해서는 학습자의 노력이 필수적인 것은 부정할 수 없다. 마치 재활 치료를 위해서는 환자 개인의 노력이 필수적인 것처럼 말이다. 그렇지만 애초에 그러한 문제 상황이 만들어진 데에는 학습자 개인의 책임보다는 학습자를 둘러싼 주변 환경에서 오는 훈습의 책임이 절대적으로 크다.

이렇게 '교육자가 학습의 주인인 양 행세하는 태도'와, '학습자가 교육자에게 주인 자리를 넘기는 태도'의 기저에 깔려 있는 심리와 문제 발생 원인에 대해 정확하게 짚어보았다. 어느 한 쪽의 태도만이 문제라 할 수는 없을 것이다. 그렇지만 확실한 것은 이렇게 양쪽의 태도 문제로 인하여 학습 현장에서 '학습자와 교육자의 수직적 관계'가 형성되며, 이 때문에 학습자는 자의지로 학습에 임하기보다는 타율적 동기로 인해 학습에 임하는 경우가 생기는 것이다.

사실 이런 의문이 생길 수 있을 것이라 생각한다. '아니, 그러면 대체 교육자는 학습자에게 뭐라 가르쳐야 하는 것이며, 학습자는 교육자에게 어떤 태도를 보여야 한다는 거지?'라고 말이다. 이런 의문 해소를 위하여 각각의 입장에서 가질 수 있는 바람직한 학습과 교육의 태도를 예시를 통해 한 번 살펴보자.

우선, 교육자는 학습자에게 늘 판단의 여지를 남겨두어야 한다. 앞에서 보았듯이 교육자의 경험과 학습자의 경험은 어떤 상황에서도 동일하지 않으며, 설사 동일하다고 할지라도 교육자가 선택한 그것이 진정 '최선'의 선택이었을지는 모르는 것이기 때문이다. 실제 학습 현장에서는 이런 대화를 할 수 있겠다.

"수아야, 선생님이 보았을 때는 개념 복습이 중요하다고 생각해. 개념 복습을 효과적으로 하기 위해서는 빈 종이를 꺼내서 머릿속에 있는 개념을 우선 한 번 써보고, 그 다음에 다시 교과서를 보며 빠지거나 틀린 부분을 메우는 것이 좋다고 봐. 그렇지만 이것은 선생님이 지금까지 살아오며 경험한 것과 선생님의 기준에서 최선에 의거한 판단이니 이는 조언 정도로만 받아들이고, 실제로 수아에게 최선은 무엇일지 수아가 스스로 여러 가지 다양하게 시도해보면서 찾아보면 어떨까? 아, 그리고 선생님이 생각하는 최선의 방법보다 더 좋은 방법이 있다면 선생님에게도 꼭 알려 줄래? 선생님도 그럼 수아가 찾은 방법대로 공부하면 지금보다 더 발전할 수 있지 않을까?"

교육자는 학습자에게 일방적인 가르침을 주는 존재가 아니다. 앞에서 말했듯이 교육자는 단지 학습 도우미일 뿐이기 때문에 학습자는 언제든지 학습 도우미의 방법을 채택하지 않을 수도 있는 것이다. 따라서 교육자는 늘, 어느 순간에도 항상 자신이 틀렸을 수도 있으며 자신의 방법이 최선의 방법이 아닐 수도 있다는 것을 잊지 말고, 학습자로부터 무언가를 배울 수도 있다는 점을 명심하며 학습자와 대화해야 한다.

그럼 학습자는 정확히 어떤 자세를 갖추어야 하는가? 학습자는 지금까지 계속 말했듯이 학습의 주인된 자로서의 자세를 갖추어야 한다. 교육자의 말이 언제든지 틀렸을 수도, 혹은 자신에게는 최선이 아닐 수도 있음을 늘 염두에 두고, 비판적으로 수용하며 주체적으로 여러 가지 길을 찾아 노력해보는 자세를 갖추어야 한다. 실제 학습 현장에서는 이런 모습으로 나타나겠다.

"선생님, 제가 생각했을 때는 선생님이 말씀하신 대로 아침마다 계획표를 세워서 하루를 사는 것보다는 밤에 잠들기 전에 오늘 하루 동안 뭘 했는지 작성하고 내일 무슨 일을 할 것인지 계획표에 적는 것이 더 좋은 것 같아요. 밤에 적어야 다음 날 아침에 시간을 낭비하지 않고 곧바로 학습을 시작할 수 있더라고요. 그리고 저는 제 옆에 앉아 있는 이 친구를 제가 싸워 무찔러야 하는 적이라고 생각하지 않아요. 더 나아가서 그렇게 생각해서는 안 된다고 봐요. 친구란 서로 힘을 북돋고 끌고 끌어당기며 함께 앞으로 나아가야 할 든든한 동반자라 생각하거든요. 그러니 선생님께서도 친구 관계에 대해 다시 한 번 생각해보시면 좋을 것 같아요."

바로 이런 대화가 오고가며, 학습자와 학습 도우미가 꾸준하게 서로에게 배움을 얻고 가르침을 주는 공간이 바로 진정한 학습 현장의 모습이다. 우리나라 대부분의 학교와 학원의 모습처럼 교사의 일방적인 강의와 학생의 일방적인 수용이 미덕으로 여겨지는 것은 절대로 바람직한 학습의 모습이 아니다. 학습자는 교육자에게 질문하고 교육자의 잘못된 점을 찾아 교육자에게 가르침을 주는 것을 두려워해서는 안 되며, 교육자는 학습자가 자신의 잘못된 점을 찾아내어 가르침을 주는 것을 가리켜 "예의가 없다"라고 꾸짖어서는 안 된다. 설사 학습자가 찾아낸 교육자의 문제점이 교육자 입장에서는 아무리 봐도 잘못되지 않았다 할지라도 학습자의 의견을 존중하고, 경험의 차이와 관점의 차이가 있을 수 있음을 인정하며, 적극적인 대화를 통해 그 간극이 생기게 된 원인과 해소 방법을 찾기 위해 노력해야 할 것이다.

조선 중기, 이황과 기대승은 필담으로 '사단四端'과 '칠정七情'에 관한 깊은 철학적 논쟁을 10년 가까이 지속한 적이 있었다. 흔히 세간에 알려지기로는 '사단칠정 논쟁'이라고 한다. 이황은 당시 58세의 성균관 대사성, 즉 요즘의 교육부 장관과 같은 직위를 가지고 있었으며, 기대승은 32세의 막 과거를 급제한 말단 공무원이었다. 그렇지만 이황은 단 한 번도 기대승을 '나이 차'로, 혹은 '직위 차'로 찍어 누르지 않았다. 기대승 또한 단 한 번도 나이 차와 직위 차로 인해 펼치고 싶은 논리를 펼치지 못한 적이 없었다. 무엇보다 당시 그 누구도 기대승을 가리켜 '윗사람에게 대드는 예의 없고 건방진 놈'이라 여기지 않았다. 학습 현장에는 바로 이렇게 모두가 나이와 직위에서 자유로워져 서로에게서 언제든지 배움을 얻고, 서로에게 가르침을 줄 준비를 하고 있어야 한다.

이제 지금까지 한 논의를 정리해보자. 우선 '제1장 – 공부에 대한 오해와 이해'에서는 공부에 대해 많은 학습자와 교육자들이 가지고 있는 다양한 오해를 바로잡고, 학습 자체에 대해 보다 깊은 이해를 해보았다. 그리고 '제2장 – 공부를 왜 하는가'에서는 교육인류학적 입장에서 바라본 미성숙 출산을 하는 인간의 모습과, 학습의 본질이 무엇인가에 대해 알아보았다. 이어지는 '제3장 - 공부에 대한 불편한 진실, 그리고 해결방법'에서는 작금의 많은 학습자들의 학습 동기가 외재적 동기 ─ 돈, 학벌, 직업 등 ─ 에 치우쳐져 있는 문제 상황을 짚어보았으며, 이런 문제 상황이 나타나게 된 원인을 사회구조적 원인과 가정의 원인, 그리고 학습 현장에서의 원인으로 나누어 살펴보았다.

지금부터는 이렇게 학습을 하는 동기가 외재적 동기에 치우쳐져 있는 이러한 문제 상황을 어떻게 해결할 것인지에 관해 '교수자'의 입장에서 알아볼 것이다. 이후 '제4장 - 공부의 정도正道'에서는 '학습자'가 할 수 있는 해결방법과, 학습자가 걸어야 할 공부에서의 정도, 즉 바른 길에 대해 알아볼 것이다. 단순히 방법론적인 측면 외에도 공부의 정도를 걸을 때의 '마음가짐'에 대해 실제 예시들과 함께 살펴볼 것이다.

그리고 마지막으로, '제5장 - 보다 행복한 학습을 향하여'에서는 이 책의 독자 모두가, 더 나아가 우리 사회 모두가 꼭 가졌으면 하는 자세와 마음가짐에 대해 알아보도록 하겠다. 그럼 우선, 한국 학습의 문제를 해결할 방법부터 알아보자.

해결방법은 무엇인가?

본격적인 해결방법으로 들어가기 전에 이 해결방법의 지향점은 무엇이고, 기본적인 이론적 배경은 무엇인지 간략하게 짚어 보자. 앞에서 우리 사회의 학습자들이 학습에 임하는 동기가 돈, 대학, 직업 혹은 꿈 성취를 위한 도구 등과 같은 외재적 동기에 치우쳐져 있는 것을 문제 삼았고, 이러한 문제 상황이 발생하게 된 원인을 사회구조적, 가정적, 그리고 학습 현장에서의 관점에서 나누어 살펴보았다.

그렇다면 이에 대한 해결방법들이 지향하는 목표는 학습자들의 학습 동기를 외재적 동기에서 내재적 동기로 바꾸는 것이 될 것이다. 하지만 '학습자에게 기존에 없던 내재적 동기를 새로 불어넣어준다'라고 착각해서는 안 된다. 앞에서 보았듯이 호모 사피엔스는 인지 혁명으로 인해 '가상의 실재', 즉 '상호주관적 질서'에 대해 논할 수 있게 되었고, 이 때문에 DNA 혁명이 아니라 문화 혁명으로 인한 삶의 방식의 변화가 가능하게 되었으며, 이렇게 변화하는 삶의 방식은 문화적 차원에서 일어나기 때문에 DNA에 새겨지지 않으므로 호모 사피엔스는 본디 미성숙 출산을 하게 된다. 그렇기에 호모 사피엔스는 기본적으로 학습에 대한 욕구를 가진 채 태어난다. 그리고 주변에서 쉽게 볼 수 있는 예시로, 갓난아기가 이것저것 눈에 보이는 모든 물건들을 입에 넣어보며 세상을 이해하고자 하는 것을 통해 확인할 수 있다고 하였다.

이렇게 기본적으로 학습자는 누구나 '내재적 동기'를 가지고 있으며, 따라서 앞으로 논할 해결방법은 기존에 학습자에게 없던 동기를 심어주는 것이 아니라, 사실은 누구나 가지고 있지만 자각하지 못하고 있던 내재적 동기를 자극하는 것이 목표일 것이다.

그럼 본격적으로 해결방법에 대해 알아보자. 앞에서 본 것과 같이 사회구조적, 가정적, 그리고 학습 현장의 문제가 있었는데, 각각의 문제점을 단순히 돌려놓는 방법 — 이를테면 사회구조적 문제 중 공교육의 사부담, 사교육의 사부담 문제 해결을 위하여 공교육을 공부담화하고 사교육도 공부담화하는 방법 등 — 은 너무 뻔하기에 논하지 않겠다. 또한 사회 전체의 구조적 문제를 한 번에 뒤집는 것도 현실적으로 많은 시간과 모든 사회 구성원의 인식 변화가 필요한 것이니 그 또한 논하지는 않겠다.

여기서는 학습 현장에서 '교수자'가 직접 곧바로 실천할 수 있는 해결방법에 대해 논하겠다. '학습자' 입장에서 실천할 수 있는 방법과 올바른 마음가짐은 바로 다음 장인 '제4장 – 공부의 정도'에서 자세한 예시들과 함께 논하도록 하겠다.

교수자가 할 수 있는 방법

해결방법의 지향점이 학습자들의 내재적 동기 자극인 만큼 그 내재적 동기, 즉 학습의 즐거움을 학습자가 스스로 느낄 수 있게 하여야 할 것이다. 그렇다면 학습자는 '언제' 학습의 즐거움을 느끼는지 알아보자.

학습의 즐거움에 대해 자세히 다루기 전에 일단 흔히 가지고 있는 오해부터 바로잡고 가야 한다. 학습자들에게 "학습, 참 즐겁지 않니?"라고 물어보면, 대부분 돌아오는 답변은 "아뇨. 대체 왜 즐겁죠?"와 같은 것들이다. 그럼 다시 "혹시 컴퓨터 게임은 즐겁니?"라고 물어보면 돌아오는 답변은 "당연하죠. 얼마나 재미있는데요!"이다. 컴퓨터 게임을 별로 좋아하지 않는 독자들은 다른 대상으로 대체해서 읽길 바란다. 이를테면 축구, 농구, 뜨개질, 요리 등과 같이 자신이 좋아하는 것들 말이다.

이 학습자들은 왜 컴퓨터 게임은 즐겁다고 느끼면서 학습은 즐겁다고 느끼지 않는 것일까? 그 이유는 바로 '컴퓨터 게임의 즐거움'을 학습에서 찾고 있기 때문이다. 조금 더 정확하게는 '컴퓨터 게임을 즐겁게 만드는 요인을 학습에서도 기대하고 있기 때문'이다. 이게 무슨 뜻인지 잘 납득이 안 될 수 있을 것이다. '아니, 즐거움이 거기서 거기지. 무슨 즐거움에도 종류가 있다는 거지?'라고 말이다.

사실 우리는 은연중에 즐거움에는 여러 종류가 있다는 것을 알고 있다. 당신이 만약 축구를 하는 것과 영화를 보는 것을 모두 좋아한다고 생각해보자. 당신이 축구를 하며 느끼는 즐거움과 영화를 보며 느끼는 즐거움이 과연 같을까? 이 질문은 그

'정도'의 차이에 대한 물음이 아니다. 즉 축구를 할 때 더 즐거운지 영화를 볼 때 더 즐거운지에 대한 물음이 아니라, 그 즐거움의 '종류'가 동일하냐는 것이다.

당신은 축구를 하며 축구의 어떤 요인 때문에 즐거움을 느끼는 것일까? 아마도 같은 팀원과 함께 부대끼고, 땀 흘리며, 약속된 플레이를 하는 팀워크에서 즐거움을 느낄 것이다. 혹은 아무도 예상치 못한 곳으로 날카로운 패스를 하는 짜릿함이나 먼 거리에서 골대의 구석으로 강한 슛을 할 때의 쾌감에서 즐거움을 느낄 수도 있다.

하지만 이런 즐거움은 영화를 볼 때 느껴지지는 않는다. 영화를 볼 때는 영화만이 가지고 있는 요인으로 인해 즐거움을 느낄 것이다. 이를테면 아름다운 줄거리라거나, 감독이 심어놓은 여러 장치, 혹은 카메라 구도나 눈이 즐거운 고급 영상기술을 통해 즐거움을 느낄 수 있을 것이다.

만약 우리가 한 가지 즐거움의 종류만 알고 있었다면 축구를 하는 것과 영화를 보는 것을 동시에 좋아할 수는 없었을 것이다. 그렇지만 이런 즐거움에 대한 유동적인 사고는 학습으로 오면 각종 선입견과 색안경으로 인해 막혀버리고 만다. 컴퓨터 게임을 통해 얻는 즐거움을 계속 학습을 하며 찾으려고 하니 학습이 재미가 없다고 느낀다. 마찬가지로 축구를 하며 느끼는 팀워크나 짜릿한 패스, 혹은 영화를 보며 느끼는 서정적인 줄

거리, 번쩍거리는 컴퓨터 그래픽을 학습에서 찾으려고 드니 학습이 재미가 없다고 느끼게 된다.

이런 사고가 고착화되면 '학습은 재미가 없는 거야'라는 결론을 내리게 된다. 그렇지만 학습에는 '학습만이 가지고 있는 즐거움의 요소'가 있다. 뜨개질에 뜨개질만이 가지고 있는 즐거움이 있고, 농구에 농구만이 가지고 있는 즐거움이 있는 것처럼 학습에도 학습만이 가지고 있는 즐거움이 있다.

뜨개질의 즐거움을 이해하지 못하고 농구를 하는 것만을 좋아하는 친구에게 당신이 뜨개질의 즐거움을 알려주려 한다고 생각해보자. 그럼 당신은 어떤 말을 통해 그 즐거움을 알려줄 것인가? 우선 첫 번째로 농구에서의 즐거움과 뜨개질에서의 즐거움은 다르다는 것을 납득시켜야 할 것이다. 그 후 뜨개질만이 가지고 있는 '어떤 요인'이 '뜨개질만의 즐거움'을 만들어내는지에 대해 이해시켜야 할 것이다.

학습이라고 해서 다르지 않다. 학습의 즐거움과 컴퓨터 게임의 즐거움이 다르다는 것을 지금 납득하였다면, 이제 필자의 몫은 독자 여러분에게 학습의 '어떤 요인'이 학습만의 즐거움을 만들어내는지에 대해 이해시키는 것이 되겠다.

지금까지 당신이 살아온 시간을 되돌아보라. 혹시 지금까지 살아오면서 무언가에 대한 순수한 호기심을 가져본 적이 있었는가? 이를테면 '왜 하늘은 파랗지?'라거나, '왜 무지개는 반원 모양일까?'라거나, '높아질수록 태양에 가까워지는데 왜 높은 산에 올라가면 더 추워질까?'라거나 말이다. 아주 어릴 적에 단 한 번이라도 이런 호기심을 가져본 적이 있었는지 곰곰이 생각해보라.

아마도 기억이 날 듯 말 듯 할 것이다. 아니, 실은 앞에서 말했듯이 누구나 그런 내재적인 학습의 욕구를 가지고 있기 때문에, 단언컨대 그런 질문을 한 번쯤은 했을 것이다. 혹시 그것에 대한 답을 스스로 찾아냈을 때, 아니 꼭 스스로가 아니더라도 그 답을 어떤 방식으로든 알았을 때 기분이 어땠는가? 즐겁지 않았는가? 짜릿하지 않았는가? 이처럼 '자신의 세계'가 변화할 때 오는 즐거움, 바로 그것이 학습만이 가지고 있는 즐거움이다.

학습의 즐거움에 대해 대략적으로 이해가 되었다면 이제 조금 더 자세한 이론적 배경을 토대로 살펴보도록 하자. 피아제의 인지발달이론에 따르면 학습자는 그 누구든 자신이 지금까지 살아오며 학습한 내용들과 경험한 내용들을 바탕으로 하는 '인지적 도식'을 가지고 있다고 한다. '도식'이란 '세계에 대한 구조화된 이해를 나타내는 심적 표상'으로, 단순히 수학, 과학, 국어 등의 과목에 한정된 의미가 아니라 학습자 주변을 둘러싼 세계 그 자체에 대한 이해를 의미한다. 그리고 학습자는 늘 주변 환경으로부터 새로운 경험을 접하게 된다. 이 또한 단순 학교 수업을 포함하여 학습자 주변에서 오는 모든 종류의 경험을 의미한다. 이런 경험의 매 순간들에 학습자는 자신이 가지고 있는 기존의 도식을 이용해 해당 경험을 이해해보려는 시도를 한다. 만약 기존의 도식으로 해당 경험이 이해가 된다면 이는 '인지적 평형 상태'라고 하며, 이해가 되지 않는다면 '인지적 불평형 상태'라고 부른다.

인간은 기본적으로 인지적 평형 상태로 가고자 하는 욕구, 즉 '평형화 욕구'를 가지고 있기 때문에 이런 인지적 불평형 상태에 놓인 학습자는 인지적 평형 상태로 오기 위하여 자신이 가지고 있던 기존의 도식을 조정하는 '적응' 과정을 거친다. 이 때 적응 과정은 크게 두 가지로 나뉘는데 하나는 '조절'이고, 다른 하나는 '동화'이다. 조절은 기존의 도식을 수정한다는 것이고, 동화는 기존의 도식에 새로운 경험을 추가한다는 것을 의미한다.

이렇게 조절과 동화를 통한 적응 과정을 거쳐 학습자는 인지적 불평형 상태에서 인지적 평형 상태로 올 수 있게 되고, 이전 과정을 가리켜 '도식의 조직화'라고 부른다.

피아제의 인지발달이론 : 도식의 조직화 과정

　잘 이해가 되지 않는 독자들을 위하여 간단한 예시를 들어보겠다. 기존의 도식으로 사각형은 모두 볼록 사각형이라는 개념을 가지고 있는 학습자가 있다고 생각해보자. 이 학생에게 오목 사각형이라는 새로운 개념을 경험하게끔 하면 그 학생은 인지적 불평형 상태에 도달할 것이다. 기존의 도식으로는 설명할 수 없는 도형을 직면했기 때문이다. 하지만 이 학생은 평형화로 가고픈 욕구를 지니고 있기 때문에 적응 과정을 거치려 할 것이다. 그리고 아마도 단순히 오목 사각형이라는 개념을 사각형 안에 추가하는 '동화' 과정을 거치기보다는 '사각형의 내각 중 180°를 넘는 도형이 있을 수 있다'라고 개념을 수정하는 '조절' 과정을 거칠 것이다. 바로 이 과정에서 학습자는 학습의 즐거움을 느낄 수 있는 것이다. 지금까지 생각하지 못했던 것을 생각할 수 있게 되었기 때문이다. 만약 이 답변을 스스로의 힘으로 내렸다면 그 즐거움은 배가 될 것이고, 더 나아가 애초에 오목 사각형이라는 '질문 자체'를 스스로 생성하였다면 학습의 즐거움은 이루 말로 표현할 수 없을 정도일 것이다.

너무 쉬운 예시여서 잘 공감되지 않는가? 한 가지 예시를 더 생각해보자. 기존의 도식으로 '삼각형의 세 내각의 합은 180°다'라는 개념을 가지고 있는 학습자를 상정해보자. 예상컨대 이 책의 대부분의 독자들도 이런 기존 도식을 가지고 있을 것이라 생각한다. 실제로 당신이 이 상황에서의 학습자라 생각하고 아래 내용을 읽어보면 인지적 불평형 상태를 경험하고 이후 평형 상태로 돌아오는 과정을 직접 겪어볼 수 있으니 집중해서 생각해보라.

당신이 지금 지구의 적도상에 서 있다고 가정하자. 그리고 당신은 적도 위의 바로 그 지점을 '시작점 A'라 설정하였고, 그 점에서부터 시작해서 북극점을 향해 똑바로 걸어갔다고 해보자. 다 걸어왔는가? 그럼 당신이 지금 서 있는 바로 그 북극점, 쉽게 말해 지구의 꼭대기 점을 '점 B'라고 설정하자. 그 상태에서 당신은 시계 방향으로 정확하게 90°를 돌아 다시 적도로 똑바로 내려온다. 그렇게 똑바로 내려온 적도상의 지점을 '점 C'라고 설정하자. 점 C로 내려온 당신은 다시 시작점 A로 적도를 따라 돌아간다. 그럼 당신이 지금 걸어간 경로는 점 세 개를 똑바로 이은 삼각형이 된다. 아마도 이 점에 대해서는 이견이 없을 것이다.

그럼 이 삼각형의 세 내각의 합은 몇 도인가? 처음에 적도상의 점 A에서부터 북극점 B까지 똑바로 올라갔으므로 각 A는 90°이고, 북극점에서 정확하게 시계 방향으로 90° 돌아 내려왔으므로 각 B도 90°이며, 그렇게 내려온 점 C에서 다시 시작점 A로 똑바로 걸어갔으므로 각 C 또한 90°이다. 그럼 이 삼각형의 세 내각의 합은 몇 도인가? 놀랍게도 270°가 된다.

바로 지금 당신이 느끼고 있는 그 심정이 '인지적 불평형' 상태이다. 그럼 이제 당신은 이 상황을 합리적으로 이해하고 싶어 하는 욕구가 들 것이다. 그것이 바로 '평형화 욕구'인 것이다. 그럼 어떤 결론을 통해 당신은 이 상황을 이해할 수 있을까? 사실 이에 대해서 지금 이 글을 읽고 있는 당신이 충분히 고민하여 직접 스스로 답변을 내렸으면 좋겠다는 마음이 크지만, 조금만 맛보기로 알려주면 이 논의에 대한 답이 바로 '구면 기하학'이다. 즉 당신이 지금까지 알고 있던 '삼각형의 세 내각의 합은 180°다'라는 개념은 유클리드가 정립한 '평면 기하학'에서만 옳은 설명이고, '구면 기하학'에서는 충분히 삼각형의 세 내각의 합이 180°가 아닐 수 있게 된다. 이렇게 당신은 '적응' 중 "그냥 삼각형이 아닌 '평면 삼각형'의 세 내각의 합이 180°이다"라고 기존의 도식을 수정하는 '조절' 과정을 거치게 된 것이다.

지금 당신의 기분은 어떠한가? 신기하지 않은가? 뭔가 기존에 너무 당연하게 알고 있던 도식에 위배되는 경험을 해소하니 흥미롭지 않은가? 당신이 알고 있던 세상이 더 넓어지고 깊어지는 경험, 바로 이것이 '학습의 즐거움'이며, 이는 나중에 '제4장 – 공부의 정도' 중 네 번째 단계에서 가장 핵심적으로 다룰 내용이다.

이렇게 학습자는 항상 기존의 도식을 가지고 있고, 이를 이용해 경험하는 모든 것을 이해해보려는 노력을 한다. 그리고 만약 이해되지 않는 인지적 불평형 상태에 다다르면 '조절'과 '동화'의 적응 과정을 거쳐 인지적 평형 상태로 오려는 평형화 욕구를 발휘하게 되며, 이 과정에서 학습의 즐거움을 경험할 수 있다.

이 과정에서 느끼는 학습의 즐거움의 정도는 두 가지 요인에 의해 좌우되는데, 첫 번째는 '인지적 불평형 상태를 해소하는 답을 찾은 주체가 누구인가?'이며, 두 번째는 '인지적 불평형 상태를 야기한 경험질문을 생성한 주체가 누구인가?'이다. 즉 앞의 예시로 돌아가 보면, 만약 학습자 스스로가 위에서 필자가 든 예시를 읽은 후 '평면 삼각형과 구면 삼각형'이라는 개념을 생각해냈다면 다른 누군가가 제시해서 알게 된 경우에 비해 더 큰 학습의 즐거움을 느낄 수 있다는 것이며, 그리고 애초에 삼각형의 세 내각의 합이 180°가 아닐 수도 있다는 반례를 제시하는 것을 학습자 스스로가 했다면 훨씬 더 큰 학습의 즐거움을 느낄 수 있다는 것이다.

따라서 학습자가 가장 큰 학습의 즐거움을 느끼기 위해서는 첫 번째로 '인지적 불평형 상태를 야기하는 경험질문을 생성하는 주체'가 되어야 하며, 두 번째로 '인지적 불평형 상태를 해소하는 답을 찾은 주체'가 되어야 한다. 그리고 이 두 요인 중 인지적 불평형 상태를 야기하는 경험질문을 생성하는 주체가 학습자 스스로가 되는 것이 학습의 즐거움 경험에 있어 더 중요한 요인이다.

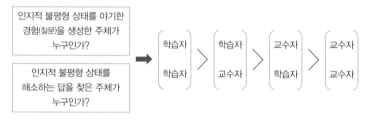

피아제의 인지발달이론에 근거한 학습자가 즐거움을 느끼는 기제

그렇지만 우리는 지금 학습자의 관점에서 할 수 있는 해결방법보다는 교수자가 할 수 있는 해결방법에 초점을 맞추고 있으므로, 다소 학습자가 느끼는 즐거움은 줄어들지 몰라도 교수자 스스로가 어떤 노력을 통해 학습자에게 학습의 즐거움을 안겨줄 수 있을지에 대해 생각해보도록 하자. 학습자 스스로가 어떤 노력을 들여 '인지적 불평형 상태를 야기하는 경험질문 생성의 주체'와, '인지적 불평형 상태를 해소하는 답을 찾은 주체'가

될 수 있는지는 '제4장 – 공부의 정도'에서 자세하게 다루도록 하겠다.

첫 번째로, 교수자는 앞에서 짚어본 피아제의 인지발달이론에 근거하여 학습자에게 인지적 불평형을 야기하는 경험_{질문}을 만들어주는 것을 할 수 있다. 그리고 이를 위해서는 무엇보다 교수자가 학습자의 현재 이해 상태를 명확하게 알고 있는 것이 필요하다.

그러나 이는 현재처럼 단순히 성적을 매기고 줄 세우는 평가 방식으로는 알 수 없다. 이러한 평가 방식보다는 '역동적 평가'를 통해 학습자의 현재 이해 상태를 명확하게 파악해야 한다. 그 예로, 단순히 정답이 정해져 있는 문제를 던져주는 것이 아니라 학습자에게 자신이 알고 있는 대로 개념을 설명해보라고 제시하는 방법이 있겠다.

이를테면 이차함수 단원에 대해 다루고 있을 때 학습자에게 '이차함수란 무엇인가'에 대해 아는 대로 최대한 자세하게 설명해보라고 하는 것이다. 그 설명을 들으며 교수자는 학습자의 사고 체계를 명확하게 파악할 수 있으며, 사고의 흐름 중 어느 부분에서 논리적 오류가 발생하였고, 학습자가 어느 부분에 대해 아직 제대로 알지 못하는지 알 수 있다. 학습자 또한 이렇게 설명하는 기회를 통해 스스로의 사고체계를 돌아보며 자신이 당연하게 여겨왔던 개념에 대해 사실 잘 모르고 있었음을 깨달을 수 있다.

흔히 학생들이 많이 하는 말로 이런 것이 있다. "학교에서 수업을 들을 때는 분명히 알겠는데, 집에 와서 직접 해보려니 잘 모르겠어요." 바로 이런 학습자들에게 필요한 방법이 될 것이다. 학교에서 수업을 들을 때는 분명히 다 이해되었으나, 집에 와서 직접 해보려 하니 잘 모르겠는 이유는 '학교에서 수업을 들을 때 잘 이해가 되지 않았으나 이해가 되었다고 착각'하였기 때문이다. 이런 착각이 발생하게 되는 것은 스스로가 자신이 이해한 논리를 명확하게 짚지 않았기 때문이며, 명확하게 논리적 흐름을 짚어보고 어느 부분에서 논리가 뭉개졌는지 알기 위해서는 스스로의 언어로 이를 '소리 내어 말해보는 것'이 필수적이다.

일상에서 다음과 같은 경험을 해본 적이 한 번쯤은 있을 것이다. 분명 어떤 사안에 대해 스스로가 반대한다고 생각하였고, 그 반대하는 근거도 명확하다고 판단되어 그 주장을 입 밖으로 내어 펼치려고 하는 순간, 혹은 논리를 펼치는 중에 스스로의 논리에서의 오류를 발견하는 경우 말이다. 이처럼 머릿속으로만 생각했을 때에는 분명히 명료한 논리라 생각하였는데, 직접 말하다보니 잘못된 부분이 보이는 이유는 무엇일까? 그 이유는 비고츠키의 인지발달의 사회문화적 관점에서 해답을 찾을 수 있다.

비고츠키는 인지발달이 머릿속에서만 일어나기보다는 언어를 매개로 한 사회적 상호작용 속에서 일어난다는 이론을 펼쳤다. 즉 인지발달이 머릿속에서도 분명 일어나기는 하지만, 언어를 매개로 한 사회적 상호작용 또한 필수적이라는 것이다. 그는 '언어'란 상호작용을 통해 외부의 지식에 접근할 수 있는 인식의 도구이자 자기조절의 도구라 말하며, 특히 '혼잣말' 즉 '사적 언어'란 스스로에게 말하며 자신의 생각과 행동을 이끄는 도구라 말하였다.

비고츠키에 의하면 인지발달은 단지 머릿속에서 생각하는 것이 아닌, '언어'라는 인식의 도구를 사용해 타인과 상호작용하거나 스스로 혼잣말을 할 때 이루어질 수 있다. 바로 이것을 위해 교수자는 학습자에게 '스스로 알고 있는 개념을 할 수 있는 한 최대한 자세하고 정밀하게 말해보라 제시'하여 학습자가 스스로의 논리체계에서 오류를 발견하거나, 혹은 그러지 못한다 할지라도 교수자가 학습자의 논리체계 중 학습자 자신도 미처 알아차리지 못했던 뭉개진 논리를 바로잡아줄, 인지 불평형을 초래하는 경험을 제공해줄 수 있는 것이다.

이를테면 '함수의 미분과 도함수' 단원을 배우고 있는 학습자에게 그것의 개념에 대해 아는 대로 최대한 자세하게 말해볼 수 있도록 기회를 제공하는 것이다. 아직 함수의 미분에 대해 공부하지 않은 독자의 경우, 잘 이해되지 않더라도 걱정하지 않길 바란다. 몇 년 뒤에 미분에 대해 학습한 후 다시 이 책을 펼쳐 읽어보면 그때는 분명 무슨 말을 하는지 이해가 될 것이라 본다.

교수자가 학습자에게 '함수의 미분과 도함수'에 대해 알고 있는 대로 설명해볼 수 있는 기회를 제공해주면, 아마도 어느 정도 이해를 했다고 스스로 생각하는 학습자는 이런 말을 할 것이다. "원함수가 미분 가능하면 그 함수의 도함수는 연속입니다"라고 말이다. 잘 생각해보라. 혹시 당신도 이런 생각을 가지고 있지는 않았는가?

이런 학습자에게 교수자는 다시 한 번 더 심화된 내용으로 "원함수가 미분 가능하면 '왜' 그 도함수는 연속인가?"에 대해 설명해보도록 지도할 수 있다. 이에 대해 아마도 한 번도 고민해보지 않은 학습자는, 아니 어쩌면 고민해봐야겠다는 생각조차 해보지 않은 학습자는 아마도 인지적 불평형 상태에 도달할 것이다. 바로 이런 인지적 불평형을 초래하는 경험, 혹은 질문을 생성할 수 있도록 교수자가 학습자를 지도해야 한다는 것이다.

그럼 이 질문에 대한 답은 어떻게 내릴 수 있는가? 이는 사실 학습자의 몫이기는 하다. 분명히 학습자는 이전에 '원함수'가 무엇이며, '미분 가능'은 무엇이고, '도함수'는 무엇이며, '연속'은 무엇인지 학습하였을 것이다. 그렇지만 '원함수가 미분

가능하면 왜 도함수는 연속한가'라는 질문에 대해 답을 내리지 못하는 학습자라면, 그는 앞에서 이미 학습한 '원함수, 미분가능, 도함수, 연속'이라는 개념을 제대로 알지 못한 채 넘어온 것이다. 따라서 학습자는 이러한 인지적 불평형 상태를 해소하기 위하여 앞서 학습한 교과서를 다시 펼쳐 복습을 하는 등의 방식을 통해 부족한 개념을 정확한 정의로 메워야 한다.

그렇지만 개념들을 다시 찾아보았는데도 불구하고 인지적 불평형 상태를 해소하지 못하는 경우도 있을 수 있다. 이는 '개념 부족'이 원인이 아니라 '여러 개념들을 묶어서 생각하는 논리력 부족'이 원인이므로, 이 논리력을 기를 수 있는 다른 경험을 교수자가 학습자에게 제시해줄 수 있다. 이를테면 비슷한 논리를 사용하지만 이전에 이미 학습하였던 문제를 다시 제공해준다거나, 혹은 비슷한 논리가 들어가 있는 일화를 소개하는 등의 방법이 있을 수 있다.

이때 중요한 것은 교수자가 학습자에게 곧바로 정답을 알려주는 것은 최대한 지양해야 한다는 것이다. 물론 학습자에게 각종 방식을 동원하여 간접적으로 그 논리를 체험하도록 아무리 시도해 봐도 학습자가 스스로 깨닫지 못할 때에는 정답을 알려주는 방법 외에는 없겠으나, 이는 교수자의 각종 노력이 선행된 뒤에 내리는 최후의 수단이라는 것을 잊지 않았으면 한다.

아, 그래서 '원함수가 미분 가능하면 왜 도함수는 연속한가?' 라는 질문에 대한 답이 무엇인지 궁금한가? 필자는 이 책을 읽고 있는 당신이 직접 이에 대한 답을 찾을 수 있으면 좋겠지만, 혹시 스스로 고민해서 내린 결론이 잘못되었다 할지라도 필자가 확인하여 사고의 흐름을 수정할 수 없으니 답만 말해주겠다. 질문과 답 사이의 논리적 공백은 스스로가 메우길 바란다.

'원함수가 미분 가능하면 도함수는 왜 연속한가?'에 대한 답은 '아니다'이다. 즉 '원함수가 미분 가능하다고 해서 도함수가 연속하지는 않다'라는 것이다. 대체 왜 그런지에 대한 답은 꼭 스스로가 내려 보길 바란다.

아무튼 교수자가 학습자의 내적 동기를 자극하기 위한 첫 번째 방법은 이처럼 인지발달이론에 근거하여 학습자에게 인지적 불평형 상태를 초래하는 경험 혹은 질문을 던져주는 것이다. 물론 학습자 스스로가 질문을 생성하고, 그에 대한 답까지 내릴 수 있다면 그것이 최선이겠지만, 스스로의 힘으로 부족할 때 관여하는 것이 학습 도우미 즉 교수자이므로, 조금 효과는 떨어질지 몰라도 정 안 된다면 교수자가 학습자에게 이러한 질문을 생성해주고 답을 내려주는 것도 괜찮다.

다음으로, 교수자가 할 수 있는 두 번째 방법을 살펴보자. 교수자는 행동주의이론 중 조작적 조건화를 사용할 수 있다. 조작적 조건화가 뭐였는지 잘 기억이 나지 않는다면 앞에서 우리가 다룬 '문제발생 원인' 중 '가정의 문제' 부분을 다시 읽어보길 바란다. 간략히 설명하면, 조작적 조건화란 경험의 '결과'로 인해 다시 경험이 일어날 가능성과 빈도가 줄어들거나 늘어나는 현상을 의미한다.

그렇다면 조작적 조건화를 학습 현장에 어떤 식으로 반영할 수 있는가? 다양한 방법들이 있겠지만, 간단한 예로는 학습자가 질문을 하면 칭찬 스티커를 부여하는 '결과'를 통해 '질문'이라는 행동을 강화하는 '정적 강화'가 있을 수 있다.

그렇지만 이런 방법을 사용할 때에는 각별한 주의가 필요하다. 제1장에서 다뤘던 '할아버지와 정원' 이야기를 기억할 것이다. 할아버지의 정원에 찾아와 꽃을 꺾고 열매 따먹기를 일삼던 아이들에게 혼을 내기보다는 오히려 칭찬을 하고 쿠키를 주니 아이들이 정원에 찾아오는 것을 멈췄다는 이야기였다. 이 이야기는 '외재적 보상으로 인한 내적 동기의 훼손'을 알려주고 있다. 즉 처음에 정원에 찾아와 꽃을 꺾고 열매를 따먹던 아이들은 단지 그 행동이 '재미있어서' 하였지만, 칭찬과 쿠키라는 외재적 보상이 주어지자 '재미있어서'라는 내적 동기는 '칭찬과 쿠키를 받을 수 있어서'라는 외재적 보상으로 인한 외재적 동기로 변하게 된 것이다. 이처럼 '질문을 할 경우 칭찬 스티커를 주는 행위'는 학습자들이 질문을 하는 동기를 '호기심을 느껴 질문하는 행위가 너무 즐거워서'라기보다는 '칭찬 스티커를 받기 위해서'로 설정하도록 유도할 가능성이 크기 때문에 사용에 있어서 각별히 주의를 기울여야 한다.

주의를 기울인다는 것은 어떻게 한다는 것인가? 조작적 조건화의 사용에서 주의를 기울인다는 것은 아무 상황에서나 무분별하게 사용하지 말라는 것이다. 학습자들 중에서는 내재적 동기를 자극하기 위해 아무리 애써도 그 내재적 동기를 자극하는 것이 힘든 경우가 있을 수 있다. 그럴 경우에는 조작적 조건화를 사용하여도 '훼손될 내재적 동기'가 없으므로 조작적 조건화를 사용하여도 괜찮다. 그렇다고 해서 그런 학습자들에게 언제까지나 계속 조작적 조건화를 사용하는 것 또한 좋지 않다. 다시 말해 학습자들에게 조작적 조건화를 사용하는 것은 어디까지나 학습의 동기로 외재적 동기라도 자극하기 위해서 사용하는 것이지, 외재적 동기의 자극이 곧 목표 달성이라는 것은 아니다. 결국 마지막 지향점은 내재적 동기의 자극이므로, 조작적 조건화를 통해 자극된 외재적 동기를 다시 내재적 동기로 돌리기 위하여 교수자들은 적절한 시기에 조작적 조건화의 사용 빈도와 비율을 점차 줄여나가며, 그 행위 자체에서 느낄 수 있는 즐거움에 학습자가 집중할 수 있도록 유도해야 한다.

이제 세 번째로, 교수자가 학습자의 내재적 동기 자극을 위해 할 수 있는 해결방법으로는 사회인지학습이론 중 모델링 학습을 이용하는 것이다. 앞에서 보았듯이 모델링 학습은 '훈습'

과도 같은 말로, 그 과정은 '모델 학습 – 주의 집중 – 파지 – 재생산 – 동기'이다. 이러한 일련의 과정을 거쳐 학습자는 자신이 설정한 모델의 행동을 모방하며 모델링 학습을 경험하게 된다.

이런 모델링 학습을 통해 올바른 학습의 기회를 제공하는 방법으로 잘 알려진 바로는 아이가 어릴 때부터 부모가 독서를 즐겨 하는 모습을 아이에게 많이 보여주는 것이 있다. 짬이 나면 책을 찾아 읽는 모습을 보여주는 부모 밑에서 자란 아이는 책을 읽는 것을 당연하게 여길 것이다.

그리고 모델링 학습은 단순히 행동을 모방하는 것에 그치지 않고 정서를 유발하기도 하는데, '학습자가 설정한 모델'이 학습을 할 때 즐거움을 느끼고 행복해하는 모습을 보면 학습자 또한 학습을 할 때 즐거움을 느낄 수 있게 되는 식이다. 즉 교수자가 학습을 하며 힘들고 지친 모습을 보이기보다는 행복해하는 모습을 보임으로 인해 학습자는 '학습은 힘들고 지치며 버텨내고 이겨내야 하는 것'이 아니라, '진정으로 즐길 수 있는 행복한 활동'이라는 생각을 가질 수 있게 된다는 것이다.

앞에서 이야기했듯이 훈습은 모든 학습의 방식 중 가장 강력한 방식이며, 특히 어린 시절에 가장 잘 이루어지는, 인간이라면 누구나 겪게 되는 학습이다. 이런 훈습을 통해 아이가 어릴 때부터 학습이 즐거운 것이라는 생각을 가질 수 있게 된다면, 이 학습자는 이후에도 꾸준히 내재적 동기로 인해 학습을 하게 될 가능성이 높을 것이다.

마지막 네 번째로, 교수자는 학습자의 내재적 동기 자극을 위해 각종 '동기이론'을 활용할 수 있다. 이를 하나하나 살펴보자.

첫째, 동기이론 중 제1장의 '공부를 잘해야 하는가'에서 살펴본 '자기결정이론'을 활용할 수 있겠다. 자기결정이론에 따르면 인간이 지니고 있는 기본 욕구인 자율성 욕구, 유능성 욕구, 관계성 욕구 충족을 통해 심리적 욕구를 만족시키고, 이를 통해 내재적 동기를 유발할 수 있다고 한다. 따라서 학습자의 이러한 '기본 욕구 충족'을 위해 교수자가 노력하는 것이 해결방법이 될 수 있을 것이다. 그렇다면 학습자의 자율성 욕구, 유능성 욕구, 관계성 욕구는 어떻게 충족할 수 있는가?

우선, 자율성 욕구 충족을 위하여 학습자가 스스로의 의지로 자신의 학습을 계획하고 실천할 수 있도록 교수자가 한 발 뒤로 물러나는 것이 필요하다. 즉 학습자에게 "다음 시간까지 100쪽부터 132쪽까지 문제 다 풀어오세요"라고 말하기보다는 "지훈이가 생각했을 때 지금 부족하다고 생각되는 부분을 찾아서 지훈이만의 방법으로 그 개념을 온전히 자신의 것으로 만들어서 와보세요"라고 말하는 것이 자율성 욕구 충족에 더 도움이 된다는 것이다.

최근 한국 사회에 이러한 자율성 욕구 충족을 위하여 도입된 제도가 바로 자유학기제다. 여기서 자세하게 다루지는 않겠지만, 자유학기제 도입을 통해 학습자들이 스스로의 학습을 직접 계획하고 설계하며 자율성 욕구를 충족할 수 있을 것이다. 물론 그렇다고 해서 현재 진행되고 있는 자유학기제 제도가 좋은 점만 있다는 것은 아니다. 분명 개선해야 하는 점들도 있고, 또 자유학기제 그 자체로 인해 다른 교과 학습에 부정적인 색안경을 쓰게 될 수 있다는 역효과의 가능성도 무시할 수 없지만, 우선 자율성 욕구 충족이라는 점에서는 바람직하다고 볼 수 있을 것이다.

이처럼 학습자의 자율성 욕구 충족을 위하여 교수자는 교수 방법을 달리하거나, 교수자와 학생 간, 그리고 학생과 학생 간 활발한 상호작용을 유도할 수 있을 것이다. 또한 제도적 측면에서도 자유학기제와 같은 새로운 방식을 도입하는 것 역시 방안이 될 수 있다.

다음으로, 유능성 욕구 충족은 어떤 방식으로 이루어질 수 있을까? 유능성 욕구는 학습자 스스로가 어떤 과제를 해냈을 때, 혹은 그 과제를 해내기 위한 과정에서 많은 '노력'을 했을 때 그것을 타인이 인정해준다면 충족될 수 있다. 이를 위해서 교사는 학습자에게 호기심을 유발하는 활동을 제공하고, 학습자가 설사 그 활동을 성공적으로 해내지 못했다 할지라도 해결하려 하였던 '과정'에 집중하여 칭찬을 할 수 있다.

중요한 것은 이때 "넌 참 똑똑하구나"와 같이 단순히 능력을 칭찬하는 것은 삼가야 한다는 것이다. 단순히 학습자의 능력에 대한 칭찬을 하는 것은 학습자로 하여금 그 결과에만 집중하도록 유도하며, 학습자 스스로에게 '능력이 부족하다는 것을 들키지 않아야겠다'는 부담을 가하는 역효과를 불러일으킬 가능성이 높다.

이런 부담감은 학습자로 하여금 '자기방어기제'를 발동하도록 유도하는데, 이는 스스로의 능력을 방어하기 위하여 학습자가 오히려 노력을 덜 하게 되는 것을 의미한다. 즉 교수자가 학습자에게 "넌 참 똑똑하구나"라고 칭찬을 한 뒤 다음 번 과제를 내주었을 때, 학습자는 '자신이 사실은 그리 똑똑하지 않다는 것'을 들키지 않기 위해서 일부러 과제를 대충하거나 변명하고, 그 정도가 심할 경우에는 부정행위를 저지르기까지 한다.

따라서 유능성 욕구 충족을 위해 학습자에게 칭찬을 할 때에는 그 '결과적 측면'을 보고 학습자의 능력을 칭찬해서는 안 되며, 그보다는 그 '과정적 측면'을 보고 학습자가 어떠한 노력을 했으며 그 노력이 어떠한 점에서 잘한 과정인지 납득하도록 하는 것이 바람직하다.

이렇게 유능성 욕구 충족까지 되었으면, 이제 남은 하나는 관계성 욕구이다. 관계성 욕구란 타인과의 관계 속에 자신이 있다는 느낌을 추구하는 욕구로, 매슬로우의 욕구 위계 5단계에도 '애정과 소속의 욕구'라 명시되어 있는 욕구이다. 이 관계성 욕구 충족을 위해서는 교수자의 역할이 필수적이다. 교수자는 학습자가 해당 공동체 내에서 충분한 사랑을 받고 있으며, 그 사랑은 '특정 조건' 때문에 받는 것이 아니라 학습자 자신이 얼마나 학습에 대한 성취도가 떨어지든 상관없이 그 자체로 너무나 소중하기 때문에 사랑받고 있음을 알 수 있도록 해야 한다.

이를 위해서 교수자는 학습 현장에 다양한 교수 방법을 끌어올 수 있는데, 대표적으로는 학습자끼리 서로 부담 없이 챙겨줄 수 있는 '마니또'를 진행한다거나, 혹은 활발한 상호작용을 유도할 수 있는 조별 학습을 진행하는 등의 방법들이 있을 수 있다. 다양한 교수법을 통해 궁극적으로는 학습자의 관계성 욕구를 충족하는 것이 목표가 되겠다.

이렇게 학습자의 기본적 욕구인 자율성 욕구, 유능성 욕구, 관계성 욕구가 충족되면 자기결정이론에 따라 학습자는 학습을 할 때 내재적 동기가 자극될 가능성이 높아지게 되는데, 이를 통해 교수자는 학습자의 내적 동기 유발을 성공적으로 할 수 있을 것이다.

둘째, 교수자는 동기이론 중 인지평가이론을 이용하여 적절한 방식의 평가를 통해 학습자들의 내재적 동기를 자극할 수 있다. 인지평가이론이란 평가가 어떻게 이루어지느냐에 따라 학습자의 내재적 동기에 미치는 영향이 달라질 수 있다는 내용의 이론으로, 평가가 학습자를 처벌하거나 통제하고 줄을 세우기 위한 수단으로 이루어진다면 학습자는 '자율성 욕구'를 침해당한다고 인식하여 내재적 동기에 부정적인 영향이 가해지는 반면, 평가가 학습자의 유능성 욕구를 자극하고 적절한 정보전달을 위한 수단으로 이루어진다면 학습자는 '유능성 욕구'에 긍정적 자극을 받을 것이고, 이를 통해 내재적 동기에 긍정적인 영향이 가해질 수 있다는 것이다. 즉 적절한 방식의 평가가 필요하다는 것이다.

현재 한국의 많은 학습자는 자신에게 가해지는 평가가 단순히 자신을 처벌하거나, 혹은 보상을 주거나 줄을 세우기 위한 목적으로 이루어진다는 생각을 가지고 있다. 그렇지만 평가의 본질은 그렇지 않다. 평가가 이루어지는 이유는 학습자를 줄 세우거나 점수화하기 위함이 아니라, 학습자가 스스로 해온 학습을 다시 점검하고, 이에 대해 적절한 발전 방향을 제시해주기 위함이다.

따라서 평가의 본질에 가까운 평가가 이루어져야 하는데, 이를 위해서 무엇보다 급선무로 이루어져야 하는 것은 평가를 통해 점수를 매기지 않는 것이다. 어떤 학습자도 자신이 '한우'처럼 A등급, B등급, 찌꺼기 등급으로 분류되는 것을 원하지 않는다. 그리고 이런 점수화는 학습자의 학습 동기에 어떠한 긍정적인 영향도 미치지 못한다. 따라서 평가를 통해 학습자의 학습 정도를 점수화하는 것에서 벗어나 학습자에게 '평가란 자신의 배움을 위한 발판이자 아는 것과 모르는 것을 확인할 수 있는 과정이다'라는 인식을 심어주어야 한다.

이러한 인식을 심어주기 위해 필요한 평가 방식이 바로 앞서 언급한 적 있는 '역동적 평가'이다. 정답만을 제공하기보다는 정답에 대한 근거와 논리를 제공하고, 미세한 생각의 흐름에서의 논리적 오류를 찾아내어 적절한 논리로 바로잡으며, 교수자가 학습자의 평가에서 단순히 '채점하는 기계'로서의 수동적 역할을 하는 것이 아니라 능동적이고 역동적인 평가자로서의 역할을 해야 한다는 것이다.

비고츠키에 따르면 학습자가 현재 숙지한 개념의 수준을 의미하는 말인 '현재 발달단계'와, 교수자의 도움을 통해 도달할 수 있는 수준인 '잠재적 발달단계' 사이의 영역인 '근접발달영역ZPD'에 해당하는 학습 과제를 학습자에게 제공하는 것이 효과적인 학습을 불러올 수 있다고 한다. 그리고 이러한 현재 발달단계와 잠재적 발달단계를 파악하는 것은 단순히 점수화된 평가를 통해서는 불가능하며, 교수자의 역동적 평가가 가미되어야만 가능하다.

따라서 교수자는 역동적 평가를 통해 학습자의 근접 발달영역을 파악하고 이 영역에 해당하는 과제를 제공하며, 혹시 학습자가 힘들어할 때에는 직접적인 도움이 아닌 '발판'을 제공하는 방식을 통해 학습자가 가지고 있는 '평가'의 인식을 변화시킬 수 있다. 그리고 평가를 하는 중에 평가 시간, 즉 시험 시간에 쫓기지 말고 충분히 생각하는 것이 중요함을 재차 강조하여, 평가를 단순히 '타임 어택'이라 여기기보다는 스스로의 학습을 차분히 되돌아볼 수 있는 기회라 여길 수 있도록 유도하여야 한다.

이렇게 교수자가 학습자의 내적 동기를 불러일으킬 수 있는 방안의 인지평가이론에서의 관점에 대해 알아보았다. 그럼 이제 셋째 방법으로 가보자. 교수자는 동기이론 중 '자기가치이론'을 활용하여 학습자의 내적 동기를 불러일으킬 수 있다. 자기가치이론이란 자기 자신에 대한 정서적 반응이나 자신에 대한 평가를 의미하는 '자기가치'의 수준과 종류가 학습자의 학습 동기에 영향을 미친다는 이론이다.

현 사회의 학습자들은 너무나 많은 평가와 비교를 당하기 때문에 점차 '노력'보다는 '능력'이 학습에 중요한 요소라고 생각하게 되며, 자신의 '능력'을 '자기가치'와 동일시하여 생각하는 경향이 강하다. 이 때문에 학습자들 중에서는 자신이 능력이 있다고 인식되기 위하여 '자기 장애 전략'을 사용하는 경우도 있다.

앞에서 다뤘던 '노력하지 않는 천재'가 바로 이런 학습자를 의미한다. 스스로가 노력하지 않으면 자신은 '능력은 있지만 노력하지 않는 학습자'가 되므로 적어도 자신의 능력이 높다는 것은 바뀌지 않았다고 생각하고자 하는 '자기 장애 전략'을 사용하는 학습자들의 심리가 문제라는 것이다.

그럼 이 심리를 변화시킬 수 있는가? 그렇다. 이러한 심리는 학습 현장에서 일어나는 끊임없는 비교와 줄 세우기의 결과이므로 학습자들에게 '순위'보다는 '노력하는 과정'이 더 중요하다는 것을 강조하고, 무엇보다 교수자 자신이 '노력을 기울이는 모습'을 학습자들에게 보여줌으로써 '능력'보다는 '노력'이 더 중요하며 '노력을 통해 능력 또한 향상될 수 있음'을 인식하게 하는 것이 해결방법이 되겠다.

넷째, 교수자는 '기대가치이론' 중 '가치'를 자극할 수 있다. 앞서 살펴본 바 있지만 다시 한 번 짚어보자. '기대가치이론'이란 학습자가 어떤 행위를 하기 전에 느끼는 동기는 그 행위에 대한 '기대'와 그 행위의 '가치'를 곱한 만큼 일어난다는 이론이다. 여기서 행위에 대한 기대는 피아제가 제시한 자기 도식에 근거하여 자신이 해당 과제를 성취해낼 수 있는지에 대한 정도를 의미하며, '가치'란 그 행위가 얼마나 재미있는지를 의미하는 '내재적 가치'와, 그 행위를 통해 얻을 수 있는 것이 무엇인가를 의미하는 '획득 가치', 그리고 그 행위는 미래의 목표 달성을 위해 얼마나 유용한가를 의미하는 '효용 가치'를 말한다.

이들 가운데 단연코 가장 바람직한 것은 '내재적 가치'가 되겠다. 학습자에게 내재적 가치를 증가시키기 위해서는 학습의 즐거움을 일깨워주어야 하는데, 이에 대한 방법은 앞에서 다루었으므로 생략하도록 하겠다. 그렇지만 내재적 가치 외에도 '획득 가치'와 '효용 가치' 증진을 통해 학습자의 학습 동기를 불러일으킬 수도 있다. 물론 이는 외재적 가치에 집중하는 것이므로 본 해결방법의 궁극적인 지향점과 동일한 목표를 가지고 있는 것은 아니지만, 아무리 내재적 동기 자극을 해보려 노력하여도 잘 자극되지 않는 학습자에게는 '효용 가치'와 '획득 가치' 자극을 통해 외재적 동기를 자극시킨 후, 이를 내재적 동기로 이어가도록 유도하는 것이 효과적일 것이다.

이들 중 효용 가치 자극을 위해서는 지금 학습하는 내용이 실생활에서 어떻게 사용될 수 있는지 그 '쓸모'를 알려주는 것이 효과적일 수 있다. 이를테면 '미분'을 배울 때, 미분이라는 새로운 개념을 학습하는 것 자체에서 오는 즐거움을 학습자가 잘 공감하지 못한다면 미분이 실생활에 어떻게 사용되고 있는지—예를 들면 코로나 바이러스 확산 속도 예측에 사용되는 미분방정식 등—를 알려주어 이 활동의 효용 가치를 증가시킬 수 있을 것이다.

그리고 교수자는 기대가치이론 중 '기대'를 자극할 수도 있다. 기대란 피아제가 제시한 '자기 도식'에 근거하여 자신이 해당 과제를 성취해낼 수 있는지에 대한 정도를 의미한다. 아무리 해당 과제에 대한 '가치'가 높아도 스스로가 그 과제를 성공할 수 있다는 기대감이 매우 낮거나 없을 경우에는 학습에 대한 동기가 생기지 않을 수 있다. 따라서 교수자는 학습자가 스스로에 대해 가지고 있는 '자기 효능감'을 높일 수 있도록 하여 학습자가 과제에 대해 가지고 있는 기대의 정도를 높이도록 유도할 수 있다.

이를 위해서 교수자는 학습자에게 '근접발달영역ZPD'에 해당하는 과제를 제공해주거나, 혹은 수준별 수업을 통해 학습자에게 도전적이지만 충분히 달성할 수 있는 과제를 제공할 수 있다. 이렇게 자신에 대한 유능감 욕구가 충족되어 자기 효능감이 상승한 학습자는 주어진 과제에 대한 기대가 높아져 학습의 동기에 자극을 받을 수 있다.

마지막 다섯 번째로, 교수자는 동기이론 중 '인본주의이론'에 근거하여 학습자의 성장 욕구를 자극할 수 있다. 인본주의이론이란 학습자는 누구나 인간으로서 자신의 잠재력을 온전히 발휘하고자 하는 욕구를 지니고 있다는 이론으로, 매슬로우의 욕구 위계론에는 '자아실현의 욕구'라 명시되어 있는 욕구를 의미한다. 그러나 이 욕구는 하위 욕구인 결핍 욕구—생리적 욕구, 안전의 욕구, 애정과 소속의 욕구, 존경의 욕구—충족이 선행돼야 추구할 수 있다고 한다. 따라서 교수자는 학습자에게 이러한 하위 욕구 충족을 위해 '학생들을 조건 없이 사랑하며,

학습자들의 무한한 잠재력을 믿는다는 인본주의적 태도'를 보여 학습자가 가장 상위의 욕구인 성장 욕구를 추구할 수 있도록 유도하여야 한다.

지금껏 우리는 학습자의 내재적 동기 증진을 위하여 교수자가 할 수 있는 해결방법들을 알아보았다. 간단하게 정리하면, 교수자는 첫 번째로, 인지발달이론에 근거하여 학습자 자신이 기존에 가지고 있던 도식에 인지적 불평형을 초래하는 경험이나 질문을 생성하도록 유도할 수 있으며, 학습자가 기본적으로 가지고 있는 '평형화 욕구'를 통해 인지적 불평형 상태 해소를 위한 답을 스스로 내릴 수 있도록 유도할 수 있다. 두 번째로, 조작적 조건화 중 정적 강화를 이용하여 학습자의 바람직한 행동의 빈도와 가능성 증가에 기여할 수는 있으나, 이는 내재적 동기 훼손으로 이어질 수도 있으므로 사용에 있어 각별히 주의를 기울여야 한다. 세 번째로, 사회인지학습이론 중 모델링 학습을 통하여 학습을 즐기는 모델—부모나 교수자 등—의 모습을 보임으로써 학습자들이 자연스럽게 학습을 즐길 수 있도록 유도할 수 있다. 네 번째로, 교수자는 동기이론의 다양한 이론적 배경을 통해 학습자의 내적 동기를 자극할 수 있다. 그 중 ① 자기결정이론에서 상정하는 인간이 가지고 있는 '기본적인 욕구 충족'을 통해, ② 인지평가이론에서 제시하는 바람직한 평가인 '역동적 평가'를 통해, ③ 자기가치이론에 근거하여 '교수자가 노력을 기울이는 모습'을 보여줌으로써, ④ 기대가치이론에서 제시하는 '기대와 가치 증진'을 통해, ⑤ '인본주의적 태도'를 통해 학습자의 내재적 동기를 자극할 수 있다.

당연히 이런 해결방법을 적용한다고 해서 문제가 한순간에 해결되는 것은 아니다. 그렇지만 학습현장에서부터 교수자가 변화를 불러온다면 궁극적으로는 사회 전반의 학습에 대한 인식이 변화할 수 있을 것이다. 학습자가 진정으로 학습을 즐기고 행복하게 공부할 수 있는 사회적 분위기를 만드는 것이 궁극적인 지향점이 되겠다.

제4장

공부의 정도 正道

선후관계와 인과관계 바로잡기

지금까지 우리는 교수자의 입장에서 학습자의 내재적 동기 자극을 위해 할 수 있는 해결방법들에 대해 알아보았다. 이번 장에서는 학습자가 할 수 있는 해결방법인 '학습자가 가져야 하는 바람직한 마음가짐'과 올바른 학습의 길인 '공부의 정도'에 대해 알아볼 것이다. 그 중 '선후관계와 인과관계 바로잡기'라는 이번 챕터에서는 많은 학습자들이 가지고 있는 간단하지만 중요한 오해 하나를 바로잡도록 하겠다. 이후의 자세한 방법론적 측면의 논의는 다음 챕터에서 이어 다루겠다.

지금까지 앞에서 말한 모든 내용을 교수자가 단 한순간에 학습 현장에 바로 반영하여 이 모든 체제를 뒤집어엎는다는 것은 불가능하다. 이 말은 앞으로도 꽤나 오랜 기간 동안 교수자들과 사회 전반에 만연한 학습에 대한 인식은 여전히 지속될 것이라는 말이다. 그렇지만 이러한 상황 속에서도 학습자가 여전히 학습을 해야 한다는 사실은 변하지 않을 것이고, 또 학습자가 사회 전반에 만연한 그 인식에 동화된 채로 학습에 임하면 절대 행복하고 즐거운 학습을 하지 못할 것임은 틀림없다.

따라서 지금부터 논할 모든 내용은 교수자가 학습을 바라보는 태도와 사회 전반이 가지고 있는 학습에 대한 인식은 그대로 유지되어 있다는 가정 하에, 그럼에도 불구하고 학습자가 행복한 학습을 위해 가져야 하는 마음가짐과 해야 하는 행동에 대해 논할 것이다.

지금까지 계속 말했듯이 학습은 다른 누군가가 대신 해주는 것이 아닌, 학습자 스스로가 하는 것이기 때문에 사회 전반의 분위기가 바뀌지 않는다 할지라도 학습자 스스로는 학습의 본질을 좇아 보다 행복한 학습을 만끽할 수 있다.

그럼 현재와 같은 사회 분위기와 학습 현장에서의 교수 방식이 그대로 유지된 상황에서 학습자가 할 수 있는 것은 무엇이 있을까? 우선 학습자는 중요한 오해를 하나 바로잡아야 한다. 그것은 바로 '선후관계를 인과관계로 착각하는 오해'이다. 이 책의 독자라면 선후관계와 인과관계가 무엇인지는 알 것이라 생각한다. 그렇지만 이 둘을 혼동하여 선후관계지만 인과관계라 착각하는 경우가 상당히 많다.

먼저, 학원에 가는 고등학생의 모습을 떠올려보자. 일반적인 고등학생이라면 스스로 돈을 벌어 학원비를 마련하기보다는 부모님께서 마련한 돈으로 학원비를 지불하고 학원에 왔을 것이다. 그럼 이 학생이 학원에 온 이유는 무엇인가? '부모님께서 학원비를 지불하였기 때문'인가? 만약 지금 이 글을 읽고 있는 당신이 이 물음에 대해 "그렇지"라고 답하였다면, 당신은 지금 선후관계와 인과관계를 혼동하고 있는 것이다.

이 학생이 학원에 오기 전에 부모님께서 학원비를 지불한 것은 분명하다. 선후관계는 분명하다는 것이다. 그렇다고 해서 이 학생이 학원에 온 이유가 '부모님께서 학원비를 지불하였기 때문'은 아니다. 즉 인과관계는 아니라는 것이다. 그렇지만 현재 학원에 다니는 학생들에게 학원에 온 이유를 물어보면 꽤나 많은 학생들이 "엄마가 가라고 했으니까요"라고 답한다.

그럼 이제 학원에 다녀서 공부를 잘하게 되고 성적이 잘 나와 좋은 대학에 간 학생을 생각해보자. 이 학생이 학원을 다닌 이유는 무엇인가? '좋은 대학에 가기 위해서'인가? 이 질문에 지금 당연하게 고개를 끄덕이고 있는 당신은 여전히 선후관계를 인과관계로 착각하고 있다.

이 학생이 '좋은 대학에 진학하였다'는 사건이 일어나기 전에 발생한 사건이 '학원에 다녔다'임은 분명하다. 분명한 선후관계는 맞다. 그렇다고 해서 이 학생이 학원에 다닌 이유가 '좋은 대학에 가기 위해서'인가? 그렇지 않다. 그렇지만 앞의 경우와 마찬가지로 우리 사회에는 "학원에 왜 왔니?"라는 질문에 "좋은 대학 가려고요"라고 답하는 학습자들이 많다.

이제 다른 예시들을 더 살펴보자. 뇌신경 수술을 잘하는 의사가 많은 환자들을 살려 돈을 많이 번 경우를 머릿속에 그려보자. 이 의사가 환자들을 살린 이유는 무엇일까? '돈을 많이 벌기 위해서'인가? 아니다. 이제는 무슨 말을 하는지 조금씩 감이 올 것이다. 이 의사가 환자들을 살렸다는 사건과 돈을 벌었다는 사건은 단순히 선후관계일 뿐, 선후관계가 만족한다고 해서 그것이 인과관계임을 의미하는 것은 아니다.

학원에서 받아온 숙제를 열심히 해서 다음 날 학원에서 '참 잘했어요' 스탬프를 받은 학생을 떠올려보자. 이 학생이 숙제를 한 이유는 무엇인가? '참 잘했어요' 스탬프를 받기 위해서인가? 학교에서 받아온 바느질 수행평가를 열심히 해서 다음 날 학교 수행평가에서 좋은 성적을 받은 학생은 바느질을 왜 했는가? 수행평가에서 높은 성적을 받기 위해서인가?

부모님께서 마스크를 쓰고 밖에 나가라고 해서 마스크를 쓰고 외출한 아이는 왜 마스크를 썼는가? 부모님이 쓰라고 했기 때문인가? 부모님께서 PC방에 가려는 아이에게 용돈 만 원을 쥐어주었고, 그 아이는 그 돈으로 PC방에 갔다. 이 아이가 PC방에 간 이유는 부모님이 돈을 주셨기 때문인가? 다리를 다친 친구를 부축해준 학생에게 선생님께서 상점 10점을 주셨다면,

이 학생이 친구를 부축해준 이유는 무엇인가? 선생님께 상점을 받기 위해서인가?

위에서 질문한 모든 문장들에 대한 답은 전부 'NO'이다. 학원비를 지불한 것은 단순히 학원에 가기 전의 선행 사건일 뿐, 그 이상의 어떠한 의미도 지니지 않는다. 좋은 대학에 진학한 것은 학원에 다닌 것의 후행 사건일 뿐, 이 또한 그 이상의 어떠한 의미도 지니지 않는다. 수많은 환자들을 살린 것과 돈을 번 것 또한 단순히 선후관계일 뿐이다. 숙제를 열심히 한 것과 '참 잘했어요' 스탬프를 받은 것도, 바느질 수행평가를 열심히 한 것과 성적을 잘 받은 것도, 부모님의 말씀과 마스크를 쓰고 밖에 나간 행동도, 부모님께서 용돈을 주신 것과 PC방에 간 것도, 친구를 부축해준 것과 상점 10점을 받은 것도 모두가 선후관계일 뿐이다. 이들 중 그 어떠한 경우도 행동의 원인과 결과의 관계를 지니는 것은 없다.

그렇지만 꽤나 많은 학습자들은 공부를 열심히 했고 좋은 성적을 받은 것이 선후관계에 있다고 해서 공부를 열심히 하는 이유가 좋은 성적을 받기 위해서라 착각하고, 좋은 성적을 받은 것과 좋은 대학에 진학한 것이 선후관계에 있다고 해서 좋은 성적을 받은 이유가 좋은 대학에 진학하기 위해서라 착각한다. 또, 좋은 대학을 졸업하여 높은 수익을 얻을 수 있는 직업군으로 갔다고 해서 좋은 대학을 졸업하는 이유는 높은 수익을 얻을 수 있는 직업군으로 가기 위해서라 착각하기도 한다. 그리고 이 모든 논리를 싸잡아서 "공부를 하는 궁극적인 이유는 돈을 많이 벌기 위해서"라 말하곤 한다.

지금 이 글을 읽고 있는 당신도 그렇게 생각하지는 않았는가? 혹시 아직도 선후관계와 인과관계가 헷갈리는가? 아직도 앞에서 말한 예시들 중 인과관계가 존재한다는 생각을 떨쳐버릴 수가 없는가? 의사가 환자를 치료하는 이유는 돈을 벌기 위해서이며, 아픈 반 친구를 부축해준 것은 상점을 받기 위해서인가?

그럼 자연스레 이런 의문이 들 수 있다. '그래, 인과관계가 아니라 선후관계인 것 같기는 하다. 그럼 대체 수행평가 바느질을 열심히 한 이유는 뭐고, 숙제를 열심히 해간 이유는 무엇인가?'라고 말이다.

이에 대해 답하기 전에 비교적 답하기 쉬운 질문들부터 먼저 보자. 뇌신경 수술을 잘하는 의사가 환자들을 많이 살린 이유는 무엇인가? 이에 대해 답하는 것은 쉬울 것이다. '사람의 생명은 그 무엇과도 바꿀 수 없는 소중한 것이기 때문'이다. 그리고 아이가 PC방에 간 이유는 무엇인가? 이것도 쉽다. '게임을 하는 것이 재미있기 때문'일 것이다. 그럼 다리를 다친 반 친구를 부축해준 이유는 무엇인가? 이것 또한 간단하다. '힘들 때 옆에서 도움을 줄 수 있는 존재가 친구이기 때문'일 것이다. 아이가 마스크를 쓰고 밖에 나간 이유는 무엇인가? '질병을 예방하기 위해서'일 것임에 틀림없다.

그럼 나머지 질문들에 답하기 전에 이것부터 생각해보자. 왜 몇몇 질문들은 답하기 쉬운데, 몇몇 질문들은 답하기 어려울까? 그 이유는 '고착화된 사고', 즉 '편견' 때문이다. 지금까지 학습을 해오면서 ① '수행평가로 나오는 바느질 과제'에 대해 깊이 생각해본 적이 없는 것이 이유이고, ② 깊이 생각해보지 않았기에 단순 선후관계를 인과관계로 착각한 것이 이유이며, ③ 이렇게 잘못 생각한 논리의 오류를 바로잡아줄 사람이 주변에 없었으며, ④ 주변의 다른 친구들과 심지어 부모님, 교사들도 마찬가지로 생각하기 때문이다.

그렇지만 앞에서 말했듯이 지금 논하고 있는 것은 '주변 교수자들이나 다른 친구들의 사고방식은 현재 한국 사회와 다르지 않음에도 불구하고 학습자 스스로가 어떤 노력을 기울일 수 있는가'이므로 ③과 ④의 이유는 차치해두자.

그럼 ①과 ②의 이유인 '깊이 생각해보지 않은 것'과 '선후관계를 인과관계로 착각한 것'이라는 두 가지를 바로잡는 것이 학습자가 할 수 있는 최선이 되겠다. 이 두 가지는 어떻게 바로잡는가? 그건 쉽다. 말장난처럼 들릴 수 있지만 '깊이 생각해보고' '선후관계를 인과관계로 착각하지 않으면' 된다.

물론 지금까지 깊이 생각해본 적이 별로 없기 때문에 처음에는 조금 어려울 것이다. 그렇기에 더 수월하게 할 수 있는 방법을 제시하면, 스스로가 하는 모든 행동에 '왜'라는 질문을 던져보는 것이다. '왜 나는 지금 이 바느질을 하고 있지?', '왜 나는 숙제를 하고 있는 거지?' 이렇게 말이다.

중요한 것은, 스스로가 지각하지 못한 상태에서 '깊은 고민 없이 하고 있는 행동'들이 아마도 많을 것이므로 '의식적으로' 스스로가 하는 '모든' 행동들에 대해 '왜'라는 의문을 갖는 것이다. 그리고 이 의문에 대해 답할 때 늘 이 관계가 단순 선후관계인지 혹은 진정한 인과관계인지에 대한 깊은 고민이 이루어져야 한다.

그렇지만 여전히 의문이 남아있을 수 있다. "그래도 나는 학원 숙제를 하는 이유가 '참 잘했어요' 스탬프를 받기 위해서인데, 그럼 선후관계를 인과관계로 착각한 것이 아니라 진짜 내 원인이 될 수 있는 것 아닌가?"라고 말이다. 좋다. 아주 중요한 의문이다. 우선 답부터 내리자면 '아니다.' 앞에서 인과관계 앞에 '진정한'이라는 수식어가 붙은 것을 눈치 챈 독자들도 있을 것이다. '진정한 인과관계'라 함은 '행동의 본질에 가까운 원인과 결과'를 의미한다. 즉 '옳은 원인'과 '옳지 않은 원인'이 있다는 것이다. 그러므로 스스로의 깊은 고민 끝에 나온 결론이 '옳지 않은 원인'인지 '옳은 원인'인지 판단하여야 한다.

잘 이해가 되지 않는가? 그럼 다시 앞의 예시들로 돌아가 보

자. 의사가 환자들을 살린 원인은 무엇인가? 물론 그 의사가 스스로 깊은 고민을 해본 뒤에 '돈을 벌기 위해서'라는 답을 내릴 수는 있다. 그렇지만 이것이 진정한 인과관계는 아니라는 것이다. 이것은 '옳지 않은 원인'이다. 앞에서 '옳은 원인'과 '옳지 않은 원인'을 판단하는 기준을 언급하였다. '행동의 본질에 가까운 원인과 결과인가?'에 대해 생각해보는 것이다. 즉 '의사가 환자를 살린다'라는 행동의 본질이 '돈을 번다'라는 것인지 생각해보자는 것이다. 이에 대해 답하는 것은 쉽다. '당연히 아니다.' 친구를 부축해주는 행동의 본질이 '상점을 받는다'인지 생각해보면 이 또한 당연히 아니라는 판단을 내릴 수 있다.

지금까지의 내용을 정리해보면, ① 스스로가 하는 모든 행동들에 '왜'라는 질문을 던지고, ② 선후관계를 인과관계와 착각하지 않도록 주의해서 답을 내리며, ③ 스스로가 내린 답이 그 행동의 본질에 가까운지 다시 고민해서 그 원인이 '옳은 원인'인지 '옳지 않은 원인'인지 판단한다. 만약 스스로가 내린 답이 '옳지 않은 원인'이라는 판단이 선다면 그 해결 방법은 당연하게도 그 행동의 본질에 가까운 원인으로 인해 그 행동을 하도록 스스로 반성하고, 바로잡는 것이 되겠다.

이제 앞에서 나왔던 질문들에 대해 답해보자. 학원에서 나온 숙제를 하는 이유는 무엇인가? 물론 '참 잘했어요' 스탬프를 받기 위해서 한다고 답을 내릴 수는 있다. 그렇지만 다시 생각해보자는 것이다. '숙제를 한다'는 행위의 본질이 '칭찬을 받는다'인가? 아니다. 숙제를 한다는 행위는 곧 학습을 한다는 행위임을 의미하며, 학습의 본질은 '앎과 삶이 하나가 되어 삶이 변화하는 과정'이므로, 숙제를 하는 궁극적인 원인은 '스스로의 삶을 변화시켜 즐거움을 얻기 위해서'가 될 것이다. 그렇다면 이는 곧 자신이 생각하고 있던 원인이 '옳지 않은 원인'이었다는 것을 의미하므로, 지금까지 잘못된 원인을 가지고 있었음을 반성하고 '삶의 변화로 오는 즐거움'이 '숙제를 한다'라는 행위의 원인이 되도록 바로잡으면 되는 것이다.

수행평가로 나온 바느질을 하는 행위 또한 마찬가지다. 고민 끝에 스스로가 내린 답이 '수행평가 성적을 잘 받기 위해서'일 수 있다. 그렇지만 다시 고민을 해보자는 것이다. '바느질을 한다'라는 행위의 본질과 '성적을 잘 받는다'가 가까이 있는지 생각해보면 그렇지 않다는 결론이 나올 것이다. 그렇다면 '옳은 원인'은 무엇인가? '언젠가 쓸모가 있을 것이기 때문'이라는 답을 내릴 수는 있겠으나, 이는 아직 바느질의 본질에 가장 근접한 답은 아니다. 바느질의 본질에 근접한 답은 아마도 '바느질 자체에서 오는 즐거움'에 있을 것이다. 즉 바느질을 하는 '옳은 원인'은 '바느질 자체가 너무 즐겁기 때문'이 될 것이다. 그럼 이 사고과정을 통해 스스로가 가지고 있던 원인이 '옳지 않은 원인'이었다는 것을 깨달았으므로 스스로의 행동을 반성하고,

옳은 원인으로 인해 바느질을 하게끔 마음을 바로잡으면 된다. 수행평가 성적은 단순히 뒤따라오는 후행 사건일 뿐이다.

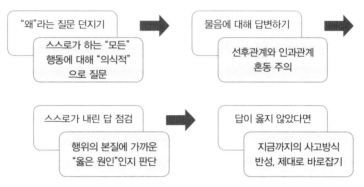

선후관계와 인과관계를 바로잡기 위한 과정

물론 사회 구조와 학습 현장의 분위기상 애초에 이러한 잘못된 판단을 하지 않도록 되어 있다면 학습자가 이렇게 의식적인 노력을 기울이지 않아도 자연스레 행위의 올바른 원인을 훈습을 통해 체화할 것임에는 이견이 없다. 그렇지만 앞에서 말했듯이 전체 사회 구조를 한 번에 바꾸는 것은 불가능할 뿐더러 학습의 주인은 학습자 자신인 만큼 사회 구조상 아무리 잘못된 판단을 쉽게 하게끔 되어 있다 할지라도, 학습자 스스로의 의식적인 노력을 통해 충분히 오해를 방지하고 기존의 오해를 극복할 수 있다. 아무리 주변 환경이 집주인으로 하여금 집을 제대로 관리하기 힘들게 할지라도 집의 주인된 자로서의 도리를 다하기 위해 최대한 노력하는 것이 집주인이 해야 할 일일 것이다. 학습자라고 해서 다르지 않다. 보다 행복한 학습을 위해서는 학습자 스스로의 노력이 필수적이다.

학습의 3박자

바람직한 학습을 위해서 교수자와 학습자가 각각 해야 하는 일들에 대해 지금까지 알아보았다. 하지만 매슬로우의 욕구 위계론에 따르면 하위 욕구가 충족되지 않으면 상위 욕구로 나아가기 어렵다고 하였다.

이제 하위 욕구부터 차례대로 살펴보면, 가장 기본적으로 추구되는 욕구는 '생리적 욕구'이다. 이는 생존을 위해 필수적으로 추구되는 욕구로 음식 섭취, 수면, 호흡, 배설, 항상성 등의 인간의 본능적인 신체적 기능에 관한 욕구를 말한다.

그 다음의 욕구는 '안전의 욕구'이다. 이것은 다른 말로 신체적 평안함의 욕구라 부를 수 있는데, 낯설고 두려운 상황에서 본능적으로 편안하고 안정적인 것을 추구하는 욕구를 말한다. 구체적으로는 재정적 안정, 건강과 안녕, 사고나 병으로부터의 안전망을 포괄하는 욕구다.

이 욕구가 어느 정도 충족되면, 이제 그 다음 욕구인 '애정과 소속의 욕구'를 추구하게 된다. 이것은 다른 말로 정신적 평안함의 욕구라 부를 수 있는데, 특정 집단에 소속되고자 하는 욕구와 더불어 그 집단 속에서 사랑을 받는 애정의 욕구를 포함한다.

그 다음으로는 '존경의 욕구'로 넘어가게 된다. 이것은 타인으로부터 존경받고 싶어 하는 욕구를 의미하는데, 스스로 무언가를 잘해서 인정받고 싶어 하는 욕구를 말한다. 이러한 욕구가 충족되지 않으면 학습자들은 낮은 자아 존중감을 갖게 되고, 심각해질 경우에는 실제로 해보지도 않은 채 무조건 못할 것이라는 '학습된 무기력함' 상태로까지 나갈 수 있다. 존경의 욕구 충족을 위해서는 성공 경험과 더불어 주변의 인정이 필요한 것이다.

다섯 번째 욕구는 '자아실현의 욕구'이다. 앞의 네 가지 욕구와 이 마지막 다섯 번째 욕구는 본질적으로 다른 욕구다. 앞의 네 가지 욕구를 가리켜 '결핍 욕구'라 부른다. 결핍 욕구라 함은 단순히 그 욕구를 충족함으로써 해결할 수 있는 욕구를 의미하는데, 마지막 욕구인 '자아실현의 욕구'는 '성장 욕구'라 부른다. 아무리 추구하여도 끝이 없는 욕구라는 것이다. 즉 스스로의 성장과 함께 더불어 성장하는 욕구이기 때문에 인간이 삶을 통해 궁극적으로 추구하고자 하는 욕구라는 것이다.[1]

학습자가 학습을 하는 궁극적인 목적은 '학습 자체가 너무나 즐거워서'여야 한다고 이 책 전반에 걸쳐 계속 말했다. 그리고 사실 이러한 완전히 내재적인 목적 그 자체는 학습자가 매슬로우의 욕구 위계론의 다섯 가지 욕구 중 어느 단계에 있든 충분히 느낄 수 있다. 아직 존경의 욕구는커녕 생리적 욕구도 충족되지 않은 갓난아기라 할지라도, 다시 말해 아기가 배가 고프거나 소변이 마렵다 할지라도 주변 구석구석을 기어 다니며 여전히 물건들을 신나게 입에 집어넣을 수 있다. 애정과 소속의 욕구가 충족되지 않은 상태일지라도 여전히 '하늘은 왜 파란가?'에 대해 순수한 호기심을 가지고 해답을 찾아나갈 수 있으며, 안전의 욕구가 충족되지 않은 상태일지라도, 즉 가난하고 병에 걸린 상태일지라도 여전히 '무지개는 왜 일곱 색깔로 되어 있을까?'에 관해 순수한 호기심을 가질 수 있다. 다시 말해 학습을 하는 궁극적인 이유를 추구할 수만 있다면 매슬로우의 욕구 위계 다섯 단계 중 스스로가 현재 어디에 있는지에 관련 없이 진정으로 즐겁고 행복한 학습을 할 수 있다.

그렇지만 앞서 말했듯이 현재 논의는 사회 전반이 변하지 않은 상태, 즉 학습자의 대부분이 이러한 내재적 동기를 느끼지 못하는 상황을 가정하고 진행하고 있으므로, 학습에 있어 이러한 욕구 위계론을 따르는 상태라 생각해보자. 그렇다면 음식을 섭취하고자 하는 생리적 욕구, 병으로부터 보호받고자 하는 안전의 욕구, 집단에 소속되어 사랑을 받고자 하는 애정과 소속의 욕구, 그리고 존경의 욕구를 과연 학습자 개인이 충족시킬 수 있을까? 당연히 아닐 것이다.

호모 사피엔스는 미성숙 출산을 하기 때문에 태어나면서부터 걷고 뛸 수 있는 기린과는 달리, 태어나는 순간부터 혼자 고립되면 단 며칠도 살지 못하고 생을 마감할 것이다. 따라서 학습자가 궁극적인 욕구인 자아실현의 욕구를 온전히 좇기 위해서는 학습자뿐 아니라 주변의 도움이 필수적이다. 이에 제시하는 것이 '학습의 3박자'이다.

학습의 3박자란 학습자가 온전히 자신의 자아실현의 욕구를 좇기 위하여 필요한 세 가지 주체를 의미하는데 '학습자 자신', '부모', '교수자'가 그것이다. 부모와 교수자는 학습자의 욕구 위계 중 1단계부터 4단계까지를 충족시키기 위해 노력해야 하며, 그 모든 과정에 학습자는 늘 학습의 궁극적인 목적을 좇으려는 노력을 해야 한다. 세 주체가 각자 맡은 역할을 충실히 해낼 때 학습자가 바람직한 학습을 할 수 있다.

이때 중요한 것은 각 주체가 각자 맡은 역할을 충실하게 잘 해내면서도 다른 주체가 해야 하는 영역을 침범하지 않는 것이다. 즉 만약 학습자 자신이 스스로의 역할을 잘하지 못하고 있다고 해서 부모나 교수자가 침범해서는 안 된다는 것이다. 그렇다면 각자의 역할이 무엇일까?

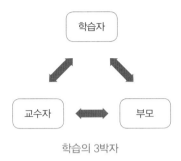

학습의 3박자

　먼저, 부모의 역할부터 살펴보자. 부모는 학습자가 세상에 태어나자마자 바로 마주치게 되는 집단인 만큼 학습자의 가장 기본적인 욕구 충족을 위해 애써야 한다. 학습자를 굶겨 죽여서는 안 되고, 갈증으로 죽게 해서도 안 되며, 병에 걸렸음에도 방치해 죽게 해서도 안 된다. 즉 가장 기본적인 생리적 욕구와 안전의 욕구 충족을 위해 애써야 한다는 것이다. 또한 학습자가 가장 처음으로 속하는 집단이 '가족 공동체'인 만큼 가족 공동체 안에 자신이 소속되어 있다는 소속감과 그 속에서 충분한 사랑을 받고 있다는 애정의 욕구를 충족시켜 주어야 한다.

　다음으로, 교수자의 역할을 보자. 착각하지 말아야 할 것은 교수자가 단순히 '교사'만을 의미하는 것이 아니다. 교수자는 학습자의 모든 학습 도우미, 즉 교사를 포함하여 또래 친구들, 지나가는 할아버지, 권위자의 말 등을 모두 포괄하는 말이다. 그 중에서도 특히 교사와 또래 친구들이 가장 직접적인 영향을 미치니까 이 둘에 한정해서 생각해도 큰 무리는 없겠다.

교수자, 즉 교사와 또래 친구들이 해야 하는 역할은 '애정과 소속의 욕구 충족'과 '존경의 욕구 충족'을 위해 애쓰는 것이다. 즉 학습자가 어릴 적 마주하는 사회인 가족 공동체에서 나아가 더 큰 사회인 '학교 공동체'나 '학원 공동체'로 왔을 때 스스로 가 그 공동체 안에 소속되어 있다는 소속감을 충분히 느낄 수 있도록 해야 하며, 그 속에서 자신이 충분한 사랑을 받고 있다 는 애정 또한 느낄 수 있도록 최선을 다해야 한다. 여기서의 애 정은 조건부 애정, 즉 무언가를 잘했기 때문에 주는 애정이 아 니라 무조건적으로 주는 애정이어야 한다.

그리고 '존경의 욕구' 충족을 위해서도 애써야 하는데, 존경 의 욕구란 앞서 말했듯 무언가를 잘했을 때 그에 대해 인정을 받는 것을 말한다. 물론 누차 말하고 있지만 이 논의는 결과론 적 측면에 대해서만 말하는 것이 절대 아니다. 학습자가 노력 을 열심히 했을 때, 혹은 기가 막힌 아이디어를 떠올렸을 때, 성실하고 부지런하게 무언가에 열중할 때 그 모든 과정적 측면 에 대해서도 충분히 인정하고 존경하는 것을 의미한다. 이렇게 부모와 교수자는 학습자의 네 가지 하위 욕구인 결핍 욕구 충 족을 위해 애써야만 한다.

그 다음은 학습자 자신의 노력이다. 학습자 자신이 노력해 야 할 것은 '학습의 정도正道'를 걷기 위해 부단히 노력하는 것이다. 바로 다음 챕터에서 자세하게 말하겠지만, 학습의 정도를 걷기 위해 노력하는 것이란 자아실현의 욕구 추구부터 시작해 주체성과 절박함을 가지고 올바른 방법으로 학습을 하는 것을 의미한다. 쉽게 말해 진정한 학습의 주인이 되라는 것이다. 바로 이것이 학습자 스스로가 해야 하는 역할이다.

무엇보다 앞서 말했듯이 학습의 3박자, 즉 부모, 교수자, 학습자 각각이 각자에게 부여된 역할을 충실하게 잘 해내기 위해 부단히 노력하고, 서로의 역할을 침범하지 않는 것이 중요할 것이다. 만약 부모가 재정적으로 여유롭지 못하여 학습자의 안전의 욕구 중 재정적 욕구를 충족시키지 못한다 할지라도 학습자가 이에 대해 탓하거나 비난하여서는 안 된다는 것이다. 또 반대로, 학습자가 스스로의 역할을 충실히 잘 해내고 있지 못한다고 해서 교수자나 부모가 비난하거나 탓해서는 안 될 것이다. 물론 '학습 도우미'로서 스스로의 경험에 의거한 조언은 해줄 수 있겠다. 그렇지만 학습의 주인된 자가 마땅히 추구해야 하는 자리를 넘보아 교수자나 부모가 마치 학습의 주인인 양 행세하려 들어서는 안 될 것이다. 마찬가지로, 만약 교수자가 충분한 애정과 소속의 욕구를 충족시키지 못하거나 존경의 욕구를 충족시키지 못할 경우—이를테면 왕따, 교사의 무시 등—에도 학습자나 부모는 그런 교수자를 비난하고 탓하기보다, 더더욱 스스로가 해야 할 역할에 충실해야 한다.

비난과 탓은 그 어떠한 발전도 불러오지 못한다. 물론 감정적으로 탓하고 싶고, 비난하고 싶은 것은 충분히 이해할 수 있다. 그렇지만 비난과 탓은 더 발전된 방향으로 나아가기는커녕 뒤로 후퇴, 잘해야 그 자리에 머무르는 결과만을 초래한다. 따라서 가장 중요한 자세는 각자가 해야 하는 역할이 무엇인지 정확하게 파악한 뒤, 그 역할을 충실하게 잘 해내기 위해 최선을 다해 노력하는 것이다.

학습의 3박자 중 가장 중요한 주체는 누가 뭐라 해도 학습자 스스로일 것이다. 학습의 주인은 다름 아닌 학습자이기 때문이다. 즉 아무리 부모와 교수자가 스스로의 역할을 충실히 해내지 못하고 있다 할지라도 학습자 스스로의 부단한 노력을 통해, 즉 집주인이 자신의 집을 안전하게 잘 관리하기 위해 부단히 노력하는 것을 통해 똑바로 된 집을 만들 수 있는 것이다.

이제 학습자가 가야 하는 '학습의 정도'란 무엇인지 살펴보자.

1단계 – 꿈

학습의 정도正道는 네 단계로 이루어진다. 이 네 단계는 계단식으로 되어 있기에 앞선 단계를 온전히 밟아야 그 다음 단계로 무사히 잘 넘어올 수 있다. 즉 앞선 단계를 제대로 밟지 않은 상태에서 그 다음 단계로 넘어가려 애쓰는 것은 마치 제자리높이뛰기로 높은 벽을 넘어보겠다고 하는 것과 마찬가지다. 물론 가능할지 모른다. 그렇지만 그 길이 '정도', 즉 바른 길은 아니라는 말이다.

제자리높이뛰기로 벽을 넘는 길은 계단으로 넘어가는 것보다 훨씬 더 힘들고 어려운 길이 될 것이다. 다리가 터질 것 같은 고통을 겪으며 그다지 즐겁지도, 행복하지도 않은 학습을 통해 어떻게 해서든 벽을 넘어보겠는가? 아니면 '학습의 정도'를 온전히 밟아나가며 배움의 행복함을 만끽하며 즐기겠는가? 물론 학습의 주인은 학습자 본인이기 때문에 필자가 선택을 강요하지는 않을 것이다. 그렇지만 이 책을 읽는 독자들이 학습하는 모든 찰나의 순간들이 행복했으면 하는 바람은 가지고 있다.

그럼 학습의 정도를 단계별로 살펴보자. 첫 번째 단계는 소제목에서 알 수 있듯이 '꿈'이다. 꿈을 갖는 것이 가장 중요한 첫걸음이 될 것이다. 앞서 말했듯이 부모와 교수자를 통해 결핍 욕구들을 온전히 채워 넣고 나면 그 다음으로 학습자에게 주어지는 몫은 '자아실현의 욕구'이다. 즉 꿈을 좇으라는 것이다.

꿈은 단순히 '직업명' 따위를 의미하지는 않는다. 즉 '의사가 될래요'는 꿈이 아니라는 것이다. 그건 굳이 말하자면 '희망하는 직업의 이름'이 되겠다. 진정한 꿈이라 함은 단순히 직업 이름에 그치는 것이 아니라 스스로가 온 생을 바쳐서 궁극적으로 하고 싶은 것, 즉 '자아실현'을 의미한다.

필자의 경우에는 네 가지 꿈을 가지고 있는데, 첫 번째는 '돈이 없어서 죽는 사람은 없도록 만드는 것'이며, 두 번째는 '환자들을 올바른 삶뿐 아니라 올바른 죽음well-dying으로 인도하는 것'이고, 세 번째는 '죽음이라는 놈의 멱살을 잡고 내 앞에 세워 당당히 그 두 눈을 마주하는 것'이며, 마지막은 '모든 학습자들이 학습의 즐거움을 만끽하며 행복하게 학습할 수 있도록 인도하는 것'이다. 단순히 '의사'가 아니라는 것이다.

이와 같이 우리들 각자가 온 생을 바쳐, 아니 생으로 부족하다면 자신의 모든 생과 사를 다 바쳐서라도 진정으로 하고 싶은 것, 생각만 해도 마음이 뜨거워지고, 가슴이 두근거리고, 피가 거꾸로 솟는 그것을 찾는 것이 가장 첫 번째 단계다.

그럼 꿈을 찾기 위해서는 어떻게 해야 하는가? 그 해답은 간단하다. 많은 것을 경험해보면 된다. 반드시 직접적인 경험일 필요는 없다. 이를테면 당신이 스쿠버다이빙을 좋아하는지 안 좋아하는지 알기 위해서 직접 스쿠버다이빙을 해볼 필요는 없다는 것이다. 직접적 경험이 아니라도 간접적으로 경험할 수 있는 많은 장치들이 우리 사회 곳곳에 있다. 가장 대표적인 매체가 책이다.

다양한 책을 통해 이것저것 접해보며 간접적인 체험을 하는 것이다. 책으로 부족하다면 영상 매체를 활용하는 방법도 있을 수 있다. 이것으로 부족하다면 학교 프로그램을 이용하는 것도 좋은 방법이다. 현재 학교에서는 5월을 '진로의 달'로 선정하여 각종 진로 프로그램을 운영하고 있다. 필자가 다녔던 학교에서는 졸업생이나 주변 학교 졸업생 선배들이 와서 특강처럼 각자가 현재 속해 있는 다양한 사회에 대해 자세히 설명해주곤 했다. 또 '자유학기제'를 시행하고 있는 만큼 이를 적극적으로 활용하는 것도 좋은 방법이다.

혹시 자유학기제가 무엇인지 잘 모르는 독자들도 있을 수 있으니 어떤 제도인지에 대해 간략히 설명하겠다. 자유학기제, 혹은 자유학년제라 불리는 이 제도는 '중학교에서 한 학기 또는 두 학기 동안 지식·경쟁 중심에서 벗어나 학생 참여형 수업을 실시하고, 학생의 소질과 적성을 키울 수 있는 다양한 체험 활동을 중심으로 교육과정을 운영하는 제도'를 의미한다. 교육부에 따르면 "학생들이 지식 교육에 대한 학력 수준은 높지만 '학교생활에 대한 행복'이라든가 학습에 대한 흥미가 낮고, 특히 중학교 때 앞으로 무엇을 할 것인지 자기의 진로나 장래에 대한 꿈을 키우는 것이 필요한데 그런 기회가 충분히 주어지지 못했기 때문"이라는 이유로 이 제도를 도입하였다고 한다.

제도의 도입 취지대로 이 제도를 적극적으로 활용하는 것은 분명 학습자들이 자신의 꿈을 찾는 데에 큰 도움이 될 수 있을 것이다. 물론 예상되는 부작용들도 분명 있다. 자유학기제 기간을 '공부를 안 하고 노는 시간', 혹은 '성적을 올릴 수 있는 절호의 찬스'라 인식하여 그 취지에 맞지 않는 학습을 하는 경우도 있을 수 있으며, 학교별 자유학기제 실시 시기가 상이하기 때문에 중간에 전학을 가는 학생의 경우 교육과정에서의 혼란을 겪을 수도 있다.

또 자유학기제를 도입하면 학습자들이 '진로체험은 꼭 직접적으로 해야 한다'라는 편견을 가지게 되어 일반 교과목―국어, 수학, 영어, 과학, 사회 등―학습을 하면서는 진로에 대한 고민을 하지 않게 될 가능성도 상당하다. 그렇지만 이런 문제점들은 제도를 보다 체계적으로 개선하고, 일반 교과목 공부도 충분히 좋은 진로 체험의 기회가 될 수 있음을 알려주어 학습자들이 편견을 가지지 않도록 인도하면 해결할 수 있는 문제들이다.

요점은 자유학기제 시행에 따른 부작용은 있을 수 있겠으나, 그 부작용은 자유학기제라는 제도 자체가 본질적으로 가지고 있는 문제라기보다는 구체화된 계획과 올바른 학습을 통해 충분히 해결할 수 있는 문제이므로, 이런 취지로 행해지는 자유학기제 혹은 자유학년제 제도를 적극적으로 활용하여 학습자는 자신이 진정으로 무엇을 하고 싶은지, 그 꿈을 찾을 수 있다.

하지만 이런 질문이 있을 수 있다. "꿈을 찾지 못했다면 어떻게 해야 하죠? 계속 꿈을 찾으려는 노력만 해야 하나요?" 앞서 말했듯이 전 단계를 제대로 밟지 않고 그 다음 단계로 넘어가려는 것은 제자리높이뛰기로 벽을 넘어보겠다는 것과 마찬가지이기에 불가능하지는 않겠지만 상당히 힘들 것이다. 즉 꿈이 없는 상태에서 주체성을 가지고 절실하게, 올바른 방법으로 학습하는 것은 상당히 어려울 것이라는 말이다.

그렇지만 꿈을 찾을 수 없다고 해서 계속 언제까지나 제자리에 머물러 있는 것은 상식에 들어맞지는 않는다. 교육심리학자 에릭슨의 성격발달 단계에 따르면 12세에서 18세 사이에 자아 정체감이 발달한다고 한다. 이 시기에 인간은 다양한 경험을 하고 여러 사람들과 접해보며 스스로의 자아를 정의하고 자아 정체성을 확립한다는 것이다. 하지만 이에 대해 반론을 제기하는 학자들도 있다.

교육심리학자 마르시아Marcia는 자아 정체감의 발달에 따라 그 유형을 '정체성 혼돈', '정체성 폐쇄', '정체성 유예', '정체성 성취'의 네 가지로 분류한다. 이름만 봐도 어느 정도 짐작이 가겠지만, 정체성 혼돈이란 스스로의 정체성이 무엇인지 전혀 감을 못 잡고 심각한 혼란 상태에 빠져있는 것을 의미하며, 정체성 폐쇄라 함은 스스로 정체성을 결정하는 것이 아니라 다른 사람이 내린 정체성을 성급하게 채택한 상태를 의미한다. 즉 '나는 내 정체감이 무엇인지 너무 혼란스러워'라면 '정체성 혼돈' 상태에 있는 것이고, '아빠가 나한테 의사가 되라고 했으니까 의사가 내 정체성이야'라면 '정체성 폐쇄' 상태에 있는 것이다.

마르시아에 따르면 이 두 가지 상태 모두 바람직하지 못하다. 상대적으로 바람직한 상태는 '정체성 유예'와 '정체성 성취'인데, 정체성 유예라 함은 스스로의 정체성이 무엇인지에 대한 판단을 유보하는 것이고, 정체성 성취라 함은 성공적으로 자신의 자아 정체감을 확립한 것을 의미한다. 즉 '나는 내 정체성을 지금 말고 이후에 확립하겠어'라면 '정체성 유예', '나는 내 정체성을 알았어'라면 '정체성 확립'인 것이다.[2]

가장 바람직한 것은 스스로의 꿈을 찾고 난 뒤에 2단계로 넘어가는 것이다. 그렇지만 정 스스로의 꿈을 찾지 못하겠다면 '지금 말고 나중에 꼭 찾을 거야'라는 '정체성 유예'의 자세를 가지는 것은 그나마 괜찮지만, '아빠가 의사가 되라고 했으니까 내 꿈은 의사야'라거나, '너무 혼란스러워'와 같은 '정체성 폐쇄'와 '정체성 혼돈'의 자세를 가지는 것은 결코 바람직하지 못하다. 따라서 모든 노력을 다 해보았지만 꿈을 찾지 못한 경우에는 반드시 '정체성 유예'의 자세라도 가지고 2단계로 넘어가는 것이 그나마 바람직할 것이다.

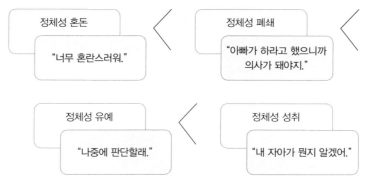

마르시아의 자아정체감 발달에 따른 유형

2단계 – 주체성

두 번째 단계는 '주체성'이다. 사실 이에 대한 논의는 앞서 제3장의 '학습 현장에서의 문제'에서 다룬 적 있다. 그러니 간략하게만 다시 짚고 넘어가도록 하겠다.

앞의 첫 번째 단계를 온전히 밟아 스스로의 꿈이 무엇인지 명확하게 찾아 활활 불타는 마음을 갖게 되었다면, 두 번째 단계인 주체성은 아주 쉽게 넘어갈 수 있다. 하지만 아래와 같은 학습자의 모습도 꽤 빈번하게 볼 수 있다. "엄마, 나는 맛있는 요리를 해서 사람들이 그걸 먹고 행복해하는 것을 보는 것이 정말 좋은 것 같아. 그런데 엄마는 어떻게 생각해? 내가 그 꿈을 가져도 될까? 그 꿈을 좇으려면 어떻게 해야 할까? 좋은 요리학원 좀 알아봐줘. 좋은 조리기구 같은 것도 좀 알아보고"라고 말이다.

이 학습자는 꿈을 찾았으니 1단계를 무사히 마쳤다. 그렇지만 그 다음의 모든 결정을 '엄마'에게 맡기고 있다. 자신이 그 꿈을 좇아도 될지 안 될지부터 시작해서 어떤 요리학원을 다닐지, 어떤 조리기구를 구매할지 모든 결정들을 엄마에게 맡기고 있다. 이것이 바로 필자가 문제 삼는 상황이다.

물론 주변인에게 조언을 구할 수는 있다. 운전을 하다 길을 봐달라고 조수석에 앉은 사람에게 부탁할 수는 있다. 집주인이 가사도우미에게 화분을 창 옆에 배치하는 게 좋을지, TV 옆에 놓는 것이 더 나을지 조언을 구할 수는 있다. 그렇지만 최종 결정은 운전대를 잡은 사람이 내려야 하는 것이고, 집주인이 내려야 한다.

앞에서 우리는 집의 주인이 집주인인 것처럼 학습의 주인은 학습자라 하였다. 집의 주인된 자로서의 도리는 언제 집을 청소할지, 어떤 잠금 장치를 걸어놓을지, 이사를 할지 말지, 집에 손님을 부를지 말지 모든 사항들을 주체적으로 결정하는 것이다. 마찬가지로, 학습의 주체가 주체로서의 역할을 다하지 않으면 그 학습은 주인이 없어진다. 그리고 곧이어 그 주인 자리를 다른 누군가가 꿰차게 된다. 이를테면 '헬리콥터 맘'이라든가, 일명 '돼지 엄마'라 불리는 자들이 꿰차게 되는 것이다. 학습자가 스스로의 의지로 학습을 계획하고, 어떤 도구를 사용해서 어디에서 학습을 할지 결정하는 것을 용납하지 못하고 사

사건건 간섭하고 대신 결정을 내리는 부모와 같은 교수자 말이다. 그들이 학습의 주인 자리를 꿰차지 못하게 학습자는 단단하게 운전대를 잡고 있어야 한다.

학습의 주인이 된다는 것은 학원이 필요할지 필요 없을지, 아침에는 몇 시에 기상하여 어떤 학습을 하고 어떤 계획표를 사용하여 하루 일과를 세울지, 학교에 가는 중에 영어 단어를 머릿속으로 되뇔지 수학 문제를 떠올리며 걸어갈지, 학교 쉬는 시간에는 화장실을 갈지 물을 마실지 스스로가 결정한다는 것이다.

학습의 주체가 된다는 말이 가지는 의미가 상당히 무겁다는 것은 물론 잘 알고 있다. 그렇지만 '짐이 가볍기를 바라지 말고, 넓은 어깨를 위해 노력하라'라는 말이 있듯이 진정한 학습자라면 그 무거운 무게를 짊어질 수 있어야 할 것이다.

3단계 – 절박함

이제 당신은 가슴 벅찬 꿈도 찾았고, 학습의 주인된 자로서 운전대도 움켜잡았다. 그렇지만 필자는 여기까지 온 고등학교 3학년, 대입을 앞둔 학습자들 중 이런 말을 하는 경우를 보았다. "저는 정말 요리를 해서 사람들을 행복하게 하고 싶어요. 그리고 제 삶의 주인은 저죠. 그런데 왜 꼭 올해 되어야 하죠? 한 10년쯤 뒤에 해도 되지 않을까요?"라고 말이다. 이런 학습자들에게 필요한 것이 바로 지금 논할 3단계인 '절박함'이다.

지금 이 글을 읽고 있는 당신은 '절박함'이라는 감정이 어떤 감정인지 알고 있는가? 아마 대부분의 독자들은 그 의미를 알고 있을 것이라 생각한다. 그럼 다시 묻겠다. 당신은 이 '절박함'이라는 감정을 느껴본 적 있는가? 놀랍게도 지금까지 필자가 만나본 학습자들 중 거의 대부분은 이런 감정을 느껴본 적이 없었다. 어떤 감정인지 알고는 있지만 실제로 느껴본 적은 없는 것이다.

필자는 사실 중학교 시절, 농구를 너무나 잘하고 싶었다. 프로 농구선수가 꼭 되고 싶다는 생각을 가지고 있었다. 그렇지만 농구선수가 되기에는 키가 작다는 것을 잘 알고 있었기에 필자는 절박해질 수밖에 없었다. 작은 키를 메우기 위해서 높은 점프력을 가져야 했고, 이를 위해서 일 년 내내 단 한순간도 빠짐없이 발뒤꿈치를 들고 까치발로 다녔다. 수업시간에는 자리에 앉아서 한 쪽 다리를 앞으로 뻗고 반대쪽 다리를 그 위에 얹어 무게를 실은 후, 다리를 올렸다 내리는 동작을 끊임없이 하여 늘 근육에 하중을 주었고, 매일 밤마다 헬스장에 가서 중학생이 들 거라고는 상상하기도 힘든 무게로 레그프레스_{운동기구 이름}를 했다. 근육이 터질 것 같이 매 순간 아팠지만, 그래도 무엇보다 절실하게 꿈을 향해 달려가는 순간들이 늘 행복했다.

하지만 작은 키로 인해 결국 농구선수의 꿈을 포기할 수밖에 없었고, 심한 좌절감에 빠져 지내던 고등학교 1학년 가을 즈음 TV 뉴스를 보다가 갑자기 온몸을 전율케 하는 순간을 맞았다. 간단한 약 하나만 있으면 살 수 있는 많은 사람들이 일 초에 다섯 명씩 죽고 있다는 아프리카의 슬픈 현실이 크게 와 닿았었다.

필자는 그 사람들을 무조건 살리고 싶다는 생각을 가지게 되었기에 절박해졌다. 먼저, 농구로 인해 많이 망가진 학습 습관을 바로잡기 위하여 일주일 동안 허리 안 굽히기, 교과서 완전히 베껴 적기와 같은 계획을 세웠고, 곧바로 실천에 옮겼다. 물론 그 학습 방법이 옳았다는 것은 절대 아니다. 공부를 어떻게 하는 것이 옳은지에 대해 전무했기에 겪었던 시행착오였다. 하지만 그때의 필자는 누구보다 주체적이었고 절박했기에 다양한 공부 방법들을 절박하게 시도해보았다. 어떻게든 아프리카에서 죽어가고 있는 수많은 아이들을 살리고 싶었기 때문이었다.

필자는 현 사회의 학습자들에게 있어 바로 이런 자세의 부족을 문제 삼는 것이다. 꿈이 있고 주체성까지 갖추었지만 절박함이 없으면 학습의 올바른 길을 걸을 수 없다. 절박함을 갖추어야 한다.

그렇다면 절박함은 어떻게 갖출 수 있는 것인가? 꿈이 생기면 무조건 절박함이 따라오는 것일까? 아니면 뭔가 타고나는 의지와 악바리 근성이 있어야 하는 것인가?

우선, 정말 진정한 '꿈'이 있다면 '절박함'은 당연히 따라오게 마련이다. 그래서 첫 번째 단계를 정말 온전히 잘 밟고 넘어왔다면 주체성과 절박함은 같이 따라오므로 크게 어려움을 겪진 않을 것이다. 그렇지만 단번에 진정한 꿈을 찾기는 어렵다. 따라서 절박함이 따라오지 않을 수도 있다. 그럴 경우에는 어떻게 해야 하는 것인가? 역시 타고난 깡과 의지가 없으면 불가능한 것인가?

당연히 아니다. 절박함은 일종의 '감정'이고, 감정은 어떠한 방식으로든 한 번만 느껴보면 다른 곳에 대입하기는 비교적 쉽다. 즉 학습에서 절박함을 잘 느끼지 못하겠다면, 비교적 더 직접적인 경험을 통해 절박함을 느껴보고 이를 그대로 학습에 적용시켜 보자는 것이다.

아래는 필자가 절박함을 느끼지 못하는 친구에게 제시했던 방법이다. 당연히 진정한 꿈을 찾고 그 꿈으로부터 자연스레 파생되는 절박함을 갖는 것이 가장 바람직하겠지만, 그러지 못한 경우에는 이렇게라도 해보자는 것이다. 학습의 욕구를 절박할 정도로 끌어올리지 못하겠다면 보다 일차원적이고 적나라한 욕구에 대해 절박함을 느껴보는 것이다.

방법은 간단하다. 우선 잠자리에 들기 직전에 500mL 페트병에 담긴 물을 다 마신 후 잔다. 다음날 아침에 일어나면 아마도 화장실에 가고 싶을 텐데, 참는다. 힘들겠지만 하루 종일 참는다. 그리고 그 날 잠들기 직전에 다시 500mL 물을 마신다. 지금부터가 중요하다. 다음날 눈을 뜨자마자 느끼는 감정에 집중하는 것이다. 그것이 바로 '절박함'이라는 감정이다.

다소 무모하고 웃기는 감이 있지만 그래도 절박하다는 감정 자체를 한 번도 느껴보지 못한 학습자에게는 분명 효과적이다. 눈을 뜨자마자 화장실로 달려가는 그 순간을 간접적으로 생각해보자. 만약 당신이 화장실로 달려가는 도중에 친구가 "게임 한 판만 하고 가!"라고 말한다면 그 말이 들리겠는가? 혹시 옆에서 엄마가 "아침 먹고 화장실 가!"라고 한다면 그 말이 들리기라도 하겠는가? 들릴 리가 없다. 그 말을 듣고 멈칫거린다면 그건 장담컨대 정상인이 아닐 것이다.

바로 이것이 절박함이라는 감정이다. 학습도 마찬가지다. 당신이 진정으로 절박하다면 옆에서 친구가 아무리 놀자고 하거나 조금 쉬었다가 학습하라고 하더라도, 그리고 옆에서 부모님이 방 청소부터 한 다음에 학습을 하라고 하거나 교사가 심부름부터 한 다음에 학습을 하라고 하더라도 그 말이 들릴 리가 없는 것이다. 당신이 화장실로 전력질주를 할 때처럼 말이다.

물론 부모님이 방 청소를 하라 하였지만 계속 학습만 하고 있거나 교사가 심부름을 시켰지만 계속 학습만 하고 있다면 그들이 화를 낼 수도 있다. 그렇지만 앞서 말했듯이 그것은 학습의 3박자에서 필자가 주의해야 한다고 강조한 행위이다. 서로의 역할을 침범하지 않아야 한다. 다시 말해 학습자가 학습의 정도를 걸어가는 도중에 부모나 교사가 그 길에 침범해서는 안 된다는 것이다. 그러니 학습자인 당신은 당당하게 학습에 절박해져도 된다. 아니, 그래야만 한다.

4단계 – 정확한 방법

앞선 세 단계를 통해 꿈을 찾고, 주체성과 절박함이 확립되었다면 이제 마지막 단계인 '정확한 방법'으로 넘어오게 된다. 누차 말했듯이 학습의 정도는 계단식 단계이기 때문에 앞의 단계들을 온전히 밟지 않고 넘어오면 제자리높이뛰기로 벽을 넘으려는 시도와 같다.

필자는 아직 꿈도 없고 주체적이지도 않으며 절박하지도 않은데도 이렇게 질문하는 학습자들을 정말 많이 보았다. "국어 공부 어떻게 해요?", "수학 공부는 어떻게 해요?", "과학 킬러 문제를 푸는 스킬 알려주세요!"라고 말이다. 그렇지만 이 학습자들은 아직 1, 2, 3단계를 밟지 않았기에 그들에게 아무리 국어 공부법, 수학 공부법 등을 알려준다고 해도 밑 빠진 독에 물 붓기와 같아서 어떠한 도움도 되지 않는다. 따라서 그런 질문을 하는 학습자들에게 필자는 늘 이렇게 되묻는다. "당신의 꿈은 무엇인가요?"라고 말이다.

혹시 지금 당신이 아직 꿈에 대한 깊은 고민도 해보지 않았고 주체적이지도 않으며 절박하지도 않은데도 단순히 '공부법'만 알아 성적 따위를 올리고 싶은 마음에 이 글을 읽고 있다면, 여기서 멈추고 혼자서 곰곰이 생각해보길 바란다. 앞의 단계들을 온전히 밟고 나서 구체적인 정확한 공부법으로 학습해야 진정한 학습을 할 수 있는 것이니 말이다.

그럼 이제 정확한 방법에 대한 구체적인 논의를 해보자. 여러 가지에 대해 언급할 것인데, 그 모든 방법들을 꿰뚫는 하나의 본질이 있다. 바로 '허물기 학습'이다.

학습은 크게 두 가지로 나뉜다. '쌓기 학습'과 '허물기 학습'이다. 쌓기 학습이라 함은 자신이 기존에 가지고 있는 지식에 새로운 지식을 계속해서 쌓아 나가는 것을 의미한다. 그리고 허물기 학습이란 자신이 기존에 가지고 있는 지식 체계를 부정하고 허물어뜨린 후 다시 쌓고, 또 다시 허물고 다시 쌓는 과정을 끊임없이 반복하는 것이다. 이 두 학습 중 어떤 것이 정답인가? 당연히 앞에서 말했듯이 허물기 학습일 것이다.

이제 허물기 학습에 대해 한 번 알아보자. 우리가 기존에 가지고 있는 지식 체계를 '선이해'라 하는데, '이미 이해하고 있는 것'이라는 의미이다. 하지만 그것들 중에는 정말로 이해하고 있는 것보다 이해했다고 착각하고 있는 것이 훨씬 많다. 그 이유는 여러 가지가 있을 수 있다. 피아제에 따르면 아직 최종 인지발달 단계인 '형식적 조작기'로 넘어오기 전에 학습이 이루어졌기 때문에 그 당시에는 논리적, 합리적으로 이해하지 못했을 수 있다.

또 너무 어리지 않았다 할지라도 얼마나 깊이 생각해야 하는지 의식적으로 고민하지 않고 학습을 했다거나, 무언가에 대해 깊이 파고들고 싶었지만 주변 친구들의 외계인을 보는 듯한 시선과 교수자나 부모의 호통 등으로 인한 '고전적 조건화', '조작적 조건화' 등으로 인해 포기했을 수 있다. 너무 어릴 적에 이러한 조건화 과정을 겪었다면 자신이 의식적으로 깊이 파고들어 보려는 노력을 했는지조차 잊어버렸을 수 있다.

대부분의 경우에는 아무도 처음부터 논리적으로 탄탄한 학습의 기회를 제공해주지 않았기 때문일 가능성이 가장 높다. 그렇지만 깊이 파고들어서 그 바닥까지 꿰뚫는다는 것은 학습의 본질을 알아내고자 하는 노력이기 때문에 어떤 학문을 학습하든 그 학문의 본질을 밝혀내는 것은 스스로가 생을 바쳐서라도 밝혀내야 하는 과제이다.

하지만 앞서 말한 많은 이유들 때문에 학습자 중 대부분은 스스로가 이해하고 있다고 착각하고 다시 펼쳐보려는 생각조차 하지 않는다. 바로 이것이 허물기 학습이 필요한 이유다. 의식적으로, '나는 이 개념에 대해 잘 몰라', '나는 제대로 이해하지 못했어'라고 기존에 가지고 있던 이해를 부정하고 허물어뜨리는 단계를 거쳐야 스스로 어디가 부족한지 알 수 있고, 논리적 오류가 일어났던 곳은 어디이며, 애초에 채워 넣지 못한 논리가 있었는지의 여부를 알 수 있게 된다.

또 '이 개념은 사실 틀렸을 수도 있어'라며 기존의 도식을 허물고자 하는 시도는 더 깊은 논리적 사고로 학습자를 이끌어갈 수 있다. 놀랍게도 필자 역시 아직도 초등학교 교과서를 다시 펼쳐서 기존에 가지고 있던 이해를 부정하고 허물어뜨린 뒤에 다시 쌓아올리며 하나하나 세세하게 짚다보면 제대로 알지 못했던 것들이 속속들이 보인다. 이처럼 제대로 알고 있지 않지만 깊은 고민 없이 너무 쉽게 '안다'라고 착각하며 다시 그것을 펼쳐보려는 시도조차 안 하려는 학습자가 많기 때문에 허물기 학습이 필요한 것이다.

단순한 지식의 축적은 절대 학습이 될 수 없다. 끊임없는 허물기 학습을 통해서 모든 순간들에 자신의 앎이 자신의 삶과 하나가 되는 경험을 하는 것만이 진정한 학습이다. 이때 '아니, 대체 어느 정도까지 생각해야 한다는 거지?'라는 의문이 들 수도 있다. 아주 좋은 질문이다. 이제 그것에 대해 알아보도록 하자.

안다는 것은 무엇이며, 생각이라는 것은 어디까지 하는 것인가?

많은 학습자들이 '안다'라는 말을 너무 쉽게 뱉곤 한다. 그렇지만 무언가를 정말로 '안다는 것'은 대체 무엇이며, 생각이라는 것은 도대체 어디까지 하는 것인가?

이런 경험을 한 번쯤은 해봤을 것이다. 수업시간에 선생님의 설명을 들을 때에는 분명히 다 이해가 되는 것 같았는데, 집에 와서 직접 해보려고 하니 잘 모르겠는 경험 말이다. 이때 많은 학습자들은 이렇게 반응한다. "분명히 알았는데 나 스스로 해보려 하니 잘 안 되네. 아, 이건 개념을 배우는 거랑 응용하는 거랑 다른 거여서 그렇구나. 옳거니, 나는 개념은 잘 알지만 응용을 잘 못하는 거였어. 그렇다면 나는 '응용'을 하는 방법을 배우면 되겠군!"이라고 말이다.

이는 어처구니없을 정도로 틀린 반응이다. 오답이라는 것이다. 보다 정확한 답변은 "내가 잘 알지 못했었구나"이다. 즉 아직 개념을 '제대로 알지 못하기 때문'이라는 것이다.

그렇다면 무언가를 '제대로 안다'는 것은 대체 어떤 상태를 가리키는 것일까? 내가 그 개념에 대해 제대로 아는지 모르는지를 어떻게 판단할 수 있을까? 그에 대한 자가 진단법은 두 단계로 나뉜다.

자가 진단법의 첫 번째 단계는 직접 소리 내서 말할 수 있는지 점검해보면 된다. 언젠가 필자에게 한 학습자가 찾아와서 자신이 이제 고등학교에 진학했는데 중학교 문제집과 교과서를 버려도 되냐고 물었다. 필자는 그에게 "중학교 개념을 다 아는가?"라고 물어보았고, 그 학습자는 너무 당연하다는 듯이 "당연히 다 알죠"라고 말했다. 필자는 다시 "혹시 이차함수에 대해 배웠는가?"라고 물었다. 그 학생은 역시나 "당연하죠"라 답했다. 그래서 필자는 "그럼 포물선이라는 말도 들어 봤겠네?"라 물었고, 그 학생은 또다시 "네, 당연하죠!"라 했다.

필자는 다시 물었다. "그럼 포물선이란 무엇인가?" 그러자 학생은 처음에는 의기양양하게 말하기 시작했다가, 점점 기어들어가는 목소리로 "아, 포물선은 말이죠, 어… 음… 그러니까 포물선이 말이죠, 음…"이라며 말끝을 흐렸다.

바로 이것이다. 이 학습자는 필자가 묻기 전까지 스스로 '포물선'에 대해 '알고 있다'고 굳게 착각하고 있었다. 그렇지만 실제로 설명을 해보려니 잘 나오지 않는 것을 알 수 있다. 그런데도 이 학생에게 부족한 것이 '응용 능력'인가? 아니다. 이 학생에게 부족한 것은 응용이 아니라 '개념'이다.

그럼 설명을 청산유수처럼 하며 일필휘지로 써내려갈 수 있을 정도면 개념을 정말 '아는' 것일까? 이 또한 아니다. 앞에서 말한 자가 진단법의 첫 번째 단계인 '스스로 입 밖으로 내어 말할 수 있는가'였을 뿐이다. 이 첫 번째 단계만 할 수 있는 학습자는 당연히 그렇지 못한 학습자보다는 더 제대로 된 학습을 했다 말할 수 있겠으나, 여기까지만 할 수 있는 학습자는 분명 며칠, 혹은 몇 달, 몇 년 뒤에 "아, 까먹었다. 그때는 알았는데"

라는 반응을 하게 된다.

그렇지만 제1장의 '"까먹었어요"와 아르키메데스'에서 보았 듯이 무언가를 진정으로 깨달아 앎이 삶과 하나가 되었다면 까 먹는다는 것 자체가 말이 안 된다. 그렇다고 해서 앎과 삶이 하 나가 되는 방식을 단순히 '쓸모', 즉 '실생활에의 적용'이라고만 생각하는 것은 큰 오산이다. 앎과 삶이 하나가 되는 방식은 '보 다 깊은 사고를 할 수 있게 되고', '생각하지 못했던 것을 생각 할 수 있게 되며', '미처 보지 못했던 것을 볼 수 있게 되는 것', 즉 '나의 세계가 변화하는 것'이다. 따라서 단순히 개념을 달달 외워서 일필휘지로 써내려가는 것이 중요한 것이 아니라 진정 으로 그 개념을 통해 자신의 삶이 변화하는 것을 경험하는 것 이 중요하다는 것이다.

자가 진단법의 두 번째 단계는 '그 개념을 처음 생각해낸 사 람이 생각한 것에 공감하는가?'이다. 즉 '그 개념을 가장 처음 생각해낸 사람이 생각할 법한 사고의 흐름에 공감하는가?'라는 것이다. 물론 그 개념을 처음 생각해낸 사람은 대부분 이미 생 을 마감했을 것이기 때문에 정확하게 어떤 생각을 했는지까지 는 알 수 없다. 그렇지만 그 개념을 가장 처음 생각해낸 사람이 라면 분명 이렇게 생각했을 법하다는 사고체계를 찾아내고 공 감할 수 있을 때까지 계속 허물어야 한다. 그것이 진정으로 '안 다'는 말의 의미이며, 생각이라는 것을 해야 하는 깊이이다.

이렇게 말로만 해서는 쉽게 와 닿지 않을 것 같으니 다음의 두 가지 예시를 같이 보자. 혹시 '피타고라스의 정리'를 아는가? 우선 학교나 학원에서 한 번쯤은 배웠다고 생각하고 논의를 진행해보겠다. 그럼 당신은 정말 피타고라스의 정리를 '알고 있는가?' 즉 피타고라스가 생각했을 법한 사고체계를 찾아내어 그에 공감하고 있는가?

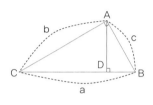

그림과 같이 각 A가 직각인 직각삼각형 ABC를 생각해보자. 이 경우에 피타고라스의 정리는 어떻게 되는가? 당연히 $a^2 = b^2 + c^2$이 될 것이다. 이때 이 공식을 단순히 아는 데에서 그치는 것이 아니라 '피타고라스는 이 등식이 성립함을 어떻게 알아냈을까? 어떤 사고과정을 거쳤기에 이 등식이 나왔을까?'에 대해 고민해보라는 것이다.

그럼 이제 천천히 따라와 보라. 위의 그림을 자세히 보면 직각삼각형이 몇 개 보이는가? 제일 큰 삼각형 ABC, 그 다음으로 큰 삼각형 DAC, 그 다음으로는 삼각형 DBA 이렇게 세 개가 보일 것이다. 혹시 세 삼각형이 닮음 관계에 있다는 것은 보이는가? 좋다.

그러면 혹시 세 삼각형의 닮음비는 얼마인가? 닮음비가 $a : b : c$ 인 것은 보이는가? 직각삼각형 세 개가 닮았으니 닮음

비는 당연히 그 빗변 길이 비와 같을 것이다. 따라왔는가? 좋다. 그럼 세 삼각형의 넓이 비는 얼마인가? 넓이 비는 닮음비의 제곱이니 $a^2 : b^2 : c^2$이 될 것이다. 여기까지 납득되는가?

그럼 다시 앞 페이지의 삼각형을 보라. 제일 큰 삼각형과 그 다음으로 큰 삼각형, 가장 작은 삼각형의 넓이 비가 무엇이라고? 그런데 제일 큰 삼각형은 나머지 두 삼각형을 합친 것과 같지 않은가? 이제 보이는가? 그렇다. 피타고라스는 바로 이런 사고의 흐름을 거쳐 $a^2 = b^2 + c^2$이라는 등식을 도출해낸 것이다.

어떤가? 너무 당연하지 않은가? 그렇다. $a^2 = b^2 + c^2$이라는 이 식은 교과서에 나와 있는 그 긴 증명과정을 거쳐서 탄생된 것이 아니다. 아마도 피타고라스는 앞 페이지의 그림을 그려놓고 곰곰이 째려보다가 "아, 당연하네"라며 이 식을 적었을 것이다. 그리고 이것이 바로 피타고라스의 마음에 공감하는 것이다.

피타고라스가 처음부터 교과서에 나와 있는 대로 그 긴 증명과정을 거쳐서 식을 도출했겠는가? 분명 아닐 것이다. 그렇기에 우리에게는 허물기 학습이 필요한 것이다. 아마도 이 글을 읽기 전까지 스스로 피타고라스의 정리는 알고 있다고 생각했던 독자들이 꽤 있을 것이다. 다시 되돌아보라. 과연 당신은 정말로 피타고라스의 정리를 '알고' 있었는가?

생각이라는 것은 이 정도로 하는 것이다. 그 개념을 가장 처음 만든 사람이 생각했을 법한 사고체계를 찾아내고 그에 공감하는 것, 바로 그 정도로까지 하면 절대로 '까먹지' 않는다. 어떻게 까먹겠는가? 아마도 위의 사고체계에 온전히 공감한 당신은 생을 마감하는 순간까지, 피타고라스라는 다섯 글자는 까먹는다 할지라도 이 사고의 흐름을 거쳐 도출된 $a^2 = b^2 + c^2$이라는 식은 절대 까먹지 않을 것이다. 왜냐고? 방금 막 당신의 앎이 당신의 삶과 하나가 되었기 때문이다.

또 다른 예시를 하나 더 보자. 혹시 '가비의 리'라고 들어봤는가? 중학교 수학에서 배우는 개념이다. 아마도 이 책의 독자라면 대부분 이미 배웠을 것이라 생각한다. 가비의 리 식을 써보면 어떻게 되는가? $\frac{a}{b} = \frac{c}{d} = \frac{e}{f} = \frac{a+c+e}{b+d+f}$ 가 된다는 것은 알고 있을 것이다.

그럼 다시 묻겠다. 이 식이 왜 나왔는가? 즉 이 식을 처음 만든 사람은 어떤 생각을 했기에 이런 식을 적었을까? 다음 이야기를 읽어보자.

"옛날에 여우가 두루미 집에 찾아가서 밥을 한 끼 얻어먹을 수 있냐고 물어봤어요. 두루미는 꾀 많은 여우를 싫어했기에 여우에게 골탕을 먹여주려고 결심했죠. 그래서 40% 농도의 소금물을 만들어 여우의 밥그릇과 국그릇과 반찬그릇에 담았어요. 그러니까 밥그릇, 국그릇, 반찬그릇에는 각각 40% 농도의 소금물이 담긴 거죠. 그렇게 여우에게 골탕을 먹이려던 찰나 두루미는 정신이 번뜩 들어 이렇게 줬다가는 여우에게 어떤 보복을 당할지 무서워져서 다시 밥그릇과 국그릇과 반찬그릇에 든 소금물을 설거지통에 쏟아 부었답니다."

이제 알겠는가? $\frac{a}{b}$ 는 밥그릇 속에 담긴 소금물의 농도, $\frac{c}{d}$ 는 국그릇에 담긴 소금물의 농도, $\frac{e}{f}$ 는 반찬그릇에 담긴 소금물의 농도라 생각해보자. 모두 40% 농도라 했다. 두루미가 이들을 모조리 설거지통에 쏟아 부었을 때, 설거지통에 담긴 소금물의 농도는 어떻겠는가? 당연히 40% 농도 아니겠는가? 그것을 식으로 표현하면 $\frac{a+c+e}{b+d+f}$ 아닌가?

이제 보이는가? 그렇다. 가비의 리를 처음 생각해낸 사람이 어떤 사고방식을 거쳤겠는가? 바로 이런 생각을 거쳤을 법하지 않은가? 그는 처음부터 때깔 고운 증명을 하려 들지 않았을 것이다. 곰곰이 생각해보다가 "아, 당연하네"라 하며 적어 내려갔을 것이다.

그렇다. 생각이라는 것은 바로 이 정도 깊이까지 하는 것이다. 이 정도로 깊이 생각한 것이 정말 당신이 진정으로 '안다'라 말할 수 있는 개념일 것이다. 그리고 이렇게까지 생각하기 위해서는 무엇보다 허물기 학습이 필수적이다.

스스로가 당연하게 알고 있다고 생각하는 사실을 허물고 다시 쌓고, 다시 허물고 또 다시 쌓으며 '이 개념을 처음 생각해 낸 사람은 도대체 어떤 생각을 했을까?'라는 물음에 대해 답해 보려 애쓰는 것이다. 여기에 대해 답하는 순간 당신은 아르키메데스처럼 "유레카!"라 외칠 수 있을 것이며, 바로 그 순간 당신의 앎과 삶이 하나가 되어 당신의 삶이 변화하는 경험, 즉 당신의 세계가 변화하는 경험을 할 수 있을 것이다.

그렇기에 당신은 그 개념을 절대로 까먹지 않을 것이다. 이미 나의 삶이 되었는데 까먹는다는 것 자체가 말이 안 되기 때문이다. 너무 거창한가? 이 정도로 깊게 생각하는 것은 불가능할 것 같은가? 하지만 이미 당신이 머릿속에 이 정도로 깊이 생각하여 단순히 앎에 머무르지 않고 삶으로 가져온 논리가 있다.

다음 문장을 읽어보라. 'A=B이고, B=C라면, C=A이다.' 지금 아마도 당신의 마음속에는 "당연하지"라는 생각이 들고 있을 것이다. 너무나 당연한 논리이기 때문이다. 혹시 당신이 저 논리를 까먹을 것 같은가? 아닐 것이다. 당연한 논리라 생각되기 때문이다. 즉 이미 저 논리는 당신의 것이 된 논리라는 것이다. 바로 이것만큼 될 때까지 허물라는 것이다.

계속 허물어야 한다. 허물고 다시 쌓는 과정이 반복될 때마다 당신은 점점 더 깊은 수준의 이해를 할 수 있을 것이다. 스스로가 너무 쉽게 당연하다 여기던 것들 중 사실 당연했던 것은 하나도 없었으며, 실은 잘 모르고 있는 논리였다는 것을 알 수 있을 것이다. 그러니 고등학생씩이나 되어서 중학교, 초등학교 책을 펼쳐보는 것을 부끄러워하지 말길 바란다. 분명 당신이 허물고 다시 쌓아야 할 개념들이 넘쳐날 것이니 말이다.

이러한 허물기 학습은 수학 공부 방법에만 국한되는 이야기는 절대 아니다. 앞에서 말했듯이 허물기 학습은 공부의 모든 부분에 있어서 필수적이다.

이제 본격적으로 정말 중요한 이야기로 넘어가보자. 허물기 학습을 사용하여 당신이 '모든 분야의 학습'에 적용해야 하는 사고는 다음 세 가지 물음이다. 이 세 가지 물음은 당신이 그 어떤 학문에 대해 학습하든 상관없이 필수적으로 스스로에게 끊임없이 묻고 답을 찾기 위해 부단히 노력해야 하는 물음들이다.

첫 번째로, '나는 이 학문을 왜 학습하는가?'이다. 국어, 수학, 영어와 같은 교과목을 예시로 들어 살펴보면 위의 물음은 이런 식으로 번역될 것이다. '나는 국어 공부를 왜 하는가?', '나는 미분을 왜 배우는가?', '나는 영어 독해 공부를 왜 하는가?'와 같이 말이다.

이런 질문들에 대해 지금 당장 스스로가 소리 내어 답해보길 바란다. 다시 한 번 강조한다. 현재 당신이 어떤 학문을 학습하고 있든 지금 당장 큰 소리로 답해보길 바란다. 무의식적으로 학문에 대해 뜬구름 잡듯이 알고 있는 것은 앞에서 누차 말했듯이 절대로 아는 것이 아니다. 답을 소리 내어 내렸다면 이제 그 답이 그 학문을 처음 만든 사람이 생각할 법한 것인지 생각해보라. 즉 '나는 미분을 왜 배우는가?'에 대해 '기울기를 구하려고'라고 답하였다면, 미분을 처음 만든 사람인 뉴턴과 라이프니츠가 과연 그렇게 생각했을지 답을 내려 보라는 것이다.

두 번째 물음은 '이 학문이 나에게 요구하는 능력은 무엇인가?'이다. 쉽게 말해, '국어가 나에게 요구하는 능력은 무엇인가?', '수학이 나에게 요구하는 능력은 무엇인가?'와 같은 물음을 던지자는 것이다.

세 번째 물음은 '그 능력을 키우기 위해서는 어떤 훈련을 해야 하는가?'이다. 바꿔 말하자면 '국어가 나에게 요구하는 그 능력을 키우기 위해서는 어떤 훈련을 해야 하는가?', '수학이 나에게 요구하는 바로 그 능력을 기르기 위해서 어떤 훈련이 필요한가?'라는 물음을 던져야 한다는 것이다.

당신이 어떤 학습을 하든 이 세 가지 질문은 언제나 필수적이다. 그리고 현재 인류가 만들어낸 학문의 수는 셀 수 없이 많기에 필자가 하나하나 답은 내리지 못하겠지만 국어, 수학, 영어와 같은 교과목에 대해서는 답을 내려 보겠다. 물론 가장 좋은 것은 당신이 여기서 책을 덮고 고민의 시간을 충분히 거쳐 각 교과목을 왜 학습하는가에 대한 답을 스스로 내리는 것이 될 것이다. 이 질문들에 대해 답을 내렸다는 결과론적인 사실이 중요한 것이 아니라 답을 내리기 위해 스스로가 고뇌하는 과정에서 성장하기 때문이다.

필자가 독자 한 명 한 명과 소통할 수 있었다면 옆에서 끊임없이 질문을 던져 당신이 직접 스스로 그 답을 내릴 수 있도록 도움을 주었을 것이지만 현실적으로 불가능하기도 하고, 여기서 답을 내리지 않았다가 많은 중, 고등학생들이 혹여나 잘못된 답을 내릴 수도 있으니 국어, 수학, 영어에 대해서는 답을 내리겠다.

우선 '국어라는 학문을 왜 학습하는가?' 바로 결론으로 가면 '글귀를 잘 알아듣기 위해서'이다. 바꿔 말하면 '대화를 더 잘하기 위해서'이다. 흔히 아무리 설명을 해줘도 잘 못 알아듣는 사람을 가리켜 '말귀를 못 알아듣는다'라고 하는 것을 들어보았을 것이다. 이것과 마찬가지다. 국어를 공부하는 이유는 '글귀를 잘 알아듣기 위해서'인 것이며, 우리가 말귀를 못 알아듣는 사람을 답답해하는 이유는 대화가 잘 안 통하기 때문이므로, 국어 학습을 하는 궁극적인 이유는 '대화를 더 잘하기 위해서'인 것이다.

둘째, 그렇다면 '국어라는 학문이 나에게 요구하는 능력은 무엇인가?' 앞서 보았듯이 '대화 능력', 즉 '의사소통 능력과 공감 능력'이 될 것이다.

이제 세 번째 질문인 '의사소통 능력, 공감 능력을 키우려면 어떤 훈련을 해야 하는가?'로 넘어와 보자. 흔히 국어 지문을 '분석해내야 할 대상'이라 여기고 지문을 읽으며 네모 치고, 세모 치고, 밑줄 긋고, 물결에, 역삼각형에, 별표까지 치는 학습자들이 많다.

그렇지만 생각해보라. 당신은 정말 사랑하는 사람과 대화할 때 노트를 꺼내서 필기하며 밑줄에 물결에 세모, 네모, 동그라미를 하며 대화하는가? 당연히 아닐 것이다.

국어 공부 또한 마찬가지다. 국어라는 학문이 요구하는 의사소통 능력과 공감 능력을 함양하기 위해서 가장 필요한 훈련은 다름 아닌 '저자와의 대화'인 것이다. 즉 국어 지문을 작성한 저자가 눈앞에 있다고 생각하고 신나게 대화하는 훈련을 해야 한다는 것이다.

그럼 이런 질문이 있을 수 있다. "아니, 아무 표시도 안 해놓으면 나중에 문제 풀 때 지문 내용을 까먹는데 어떻게 하나요?" 지금 이런 질문을 떠올렸다면 당신은 아직 '대화'가 무엇인지 제대로 이해하지 못하고 있는 것이다.

한 번쯤 이런 경험을 해본 적 있을 것이다. 당신이 사랑하는 사람과 하루 종일 밥도 먹고, 영화도 보고, 산책도 하며 시간을 같이 보낸 후 집에 돌아와 잠자리에 누웠는데 그 날 하루 종일 그 사람과 했던 모든 대화가 아주 사소한 농담 하나하나까지

다 떠올랐던 경험 말이다. 그 대상이 친구가 되었건, 부모님이 되었건, 연인이 되었건, 영화 속 주인공이 되었건 말이다.

바로 그런 것이 진정한 '대화'이다. 그 상황에서 당신은 밑줄도 안 치고, 별표도 안 했는데 어떻게 사소한 대화 하나하나까지 다 기억하는 것일까? 그것은 ① 당신이 외우려고 들지 않았기 때문이며, ② 당신이 관심을 가지고 대화를 하였기 때문이다. 국어 학습도 마찬가지다. 저자가 바로 앞에 있다고 생각하고, 그 사람이 하는 말에 관심을 가지고 신나게 대화하는 것이다. 사랑하는 사람과 대화하듯 말이다.

혹자는 이런 의문을 가질 수도 있다. "아니, 그렇게 대화를 하면서 읽으면 시간이 부족하지 않아요?"라고 말이다. 아마도 이런 생각에는 '문제를 푸는 데에 시간을 오래 쓴다'라는 가정이 깔려 있을 것이다. 명심해야 할 것은 국어 지문을 다 읽는 바로 그 순간―아직 문제를 보지 않았다 할지라도―당신이 어떤 문제를 맞히고 어떤 문제를 틀릴 것인지는 이미 결정 났다는 것이다. 즉 지문을 제대로 읽는 것이 문제를 푸는 것 따위보다 훨씬 중요하다는 것이다. 지문을 제대로 읽지 않아 아직 이해되지 않는 부분이 있음에도 불구하고 문제를 풀러 들어가는 것은 요행을 바라는 것이나 마찬가지다. '문제를 풀다 보면 지문 내용이 이해가 되지 않을까?'라는 요행 말이다. 장담컨대 지문을 읽었는데 이해가 되지 않았던 내용이 문제를 풀다가 이해가 되지는 않는다. 문제는 단지 지문을 제대로 읽었는지를 확인하기 위한 장치일 뿐이기 때문이다.

국어를 수학에 비유해서 살펴보면 이 말이 더 잘 이해될 것이다. 국어 지문을 읽는 행위는 수학으로 따지자면 문제 풀이 과정을 써내려가는 행위나 마찬가지이며, 국어 문제를 푸는 행위는 수학으로 따지자면 풀이과정 결과 구한 답을 단순히 선지 중에서 찾는 과정일 뿐이다. 풀이과정에서 오류가 생겼는데 선지 중에서 답을 잘 찍어보겠다는 행위가 요행을 바라는 것이 아니라면 무엇이란 말인가?

이제 이해가 되는가? 따라서 당신이 국어라는 학문을 학습하며 질문하고 내리는 답을 이쯤에서 정리해보면, '나는 국어라는 학문을 왜 학습하는가?'에 대한 답은 '대화를 더 잘하기 위해서'가 되는 것이고, '국어라는 학문이 나에게 요구하는 능력은 무엇인가?'에 대한 답은 '의사소통 능력과 공감 능력'이며, '의사소통 능력을 키우기 위해서는 어떤 훈련을 해야 하는가?'에 대한 답은 '저자가 마치 내가 사랑하는 사람인 것처럼 관심을 가지고 신나게 대화하는 훈련'이다. 바로 이런 질문과 답을 내리는 과정에서 끊임없이 사용하는 것이 앞서 말한 '허물기 학습'이다. 즉 자신이 내린 답이 잘못되었다는 가정을 하고 다시 진정한 답을 찾는 과정의 반복이 필수적이라는 것이다.

다음으로 수학에 대해서도 간단하게 알아보자. 첫 번째로,

'수학이라는 학문을 왜 학습하는가?'에 대한 답은 '정의와 공리로부터 논리를 전개하여 나가는 것이 즐겁기 때문이다.' 그 다음, '수학이라는 학문이 나에게 요구하는 능력은 무엇인가?'에 대한 답은 '논리력과 창의력, 특히 고등학교 수학에서는 논리력이다.' 그럼 세 번째 질문, '논리력을 키우기 위해서는 어떤 훈련을 해야 하는가?' 이에 대한 답은 '개념을 공부할 때'와 '문제를 풀 때'가 달라지는데, 우선 개념을 공부할 때 해야 하는 훈련은 '끊임없이 꼬리에 꼬리를 물고 본질적인 근거를 찾는 것'이 될 것이다.

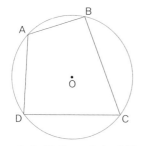

다음의 예시를 보자. 그림처럼 중심이 O인 원에 내접하는 사각형 ABCD가 있다고 생각해보자. 이 사각형에서 각 A와 각 C의 합은 몇 도인가? 중학교 수학 공부를 한 독자라면 쉽게 180°라 답할 것이다. 그럼 다시 묻겠다. "왜 각 A와 각 C의 합은 180°인가?" 아마도 꽤 많은 독자들은 이에 대해 한 번도 고민해본 적이 없을 것이라 생각한다. 그래도 조금 고민해보면 이런 답을 내릴 수 있을 것이다.

"그림처럼 점 B와 점 O를 잇고, 점 D와 점 O를 이은 다음에 보면 각 A는 각 BOD에서 180°가 넘는 부분의 각의 절반이고, 각 C는 각 BOD에서 180°보다 작은 부분의 각의 절반인데, 각

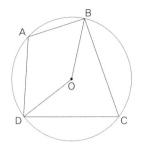

BOD의 두 부분을 합치면 360°가 되므로 각 부분의 절반인 각 A와 각 C를 합치면 360°의 절반인 180°가 된다"라고 말이다.

그렇지만 또 다시 꼬리를 물고 질문을 던지는 것이다. "왜 원주각의 크기는 중심각의 크기의 절반인가?" 이에 대해서는 정말 소수의 독자들만 고민해봤을 것 같다. 아마도 이렇게 답할 것이다.

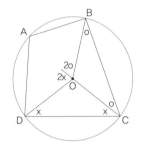

"그림처럼 점 C를 시점으로 하고 점 O를 지나는 반직선을 그어보면 삼각형 OBC는 선분 OB와 선분 OC의 길이가 같은 이등변삼각형이고, 삼각형 ODC 또한 선분 OC와 선분 OD의 길이가 같은 이등변삼각형이 된다. 이때 각 OBC의 크기를 o라 하면 각 OCB 또한 크기가 o가 될 것이므로, 이 둘의 외각의 크기는 2o가 될 것이다. 마찬가지로 각 ODC와 각 OCD의 크기 또한 x로 동일하다고 하면 그 외각의 크기는 2x가 된다. 이때 각 C의 크기는 o + x 인데, 각 BOD의 크기는 2(o + x)이므로 원주각의 크기는 중심각의 크기의 절반임을 알 수 있다"라고 말이다.

그럼 또 다시 꼬리를 물어보는 것이다. "왜 삼각형의 두 내각의 합은 나머지 각의 외각의 합과 같은가?" 이에 대해서는 아마 "삼각형의 세 각의 합은 180°인데 평평한 직선 또한 180°이기 때문이다"라고 답할 것이다.

그럼 또 다시 물어보는 것이다. "왜 삼각형의 세 각의 합은 180°인가?" 이제 어떻게 꼬리에 꼬리를 물고 질문을 던진다는 것인지 조금 이해가 될 것이다. 계속 그 원리를 파고들어 근본적인 논리를 찾아가는 것이다.

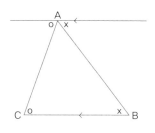

그럼 대답해보라. 왜 삼각형의 세 내각의 합은 180°인가? 이에 대해 답하기 위해서는 왼쪽과 같은 그림을 그려야 한다. 임의의 삼각형 ABC에서 선분 BC와 평행하고 점 A를 지나는 직선을 잡는 것이다. 그러면 각 B의 크기가 x라면 그 위에 있는 각의 크기 또한 평행한 두 직선 사이에서 만들어지는 엇각의 크기는 동일하므로 x가 된다. 마찬가지로 각 C의 크기를 o라 하면 그 위에 있는 각의 크기 또한 o가 된다. 따라서 각 A와 각 B, 각 C의 크기를 모두 합한 각의 크기는 그 위의 직선에서의 평평한 부분에 해당하는 각의 크기와 같은데, 우리는 평평한 부분에 해당하는 각의 크기를 180°라 하기로 약속하였기 때문에 삼각형의 세 내각의 합의 크기는 180°라는 결론을 내릴 수 있다.

그럼 또 질문이 나와야 한다. "왜 평행한 두 직선 사이에서 만들어지는 엇각의 크기는 동일한가?"가 궁금하지 않은가? 이에 대해서는 다음과 같은 논리로 설명할 수 있다.

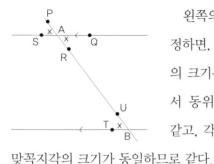

왼쪽의 그림과 같은 상황을 설정하면, 각 TBU의 크기와 각 SAP의 크기는 평행한 두 직선 사이에서 동위각의 크기는 동일하므로 같고, 각 PAS와 각 RAQ의 크기는 맞꼭지각의 크기가 동일하므로 같다.

그럼 또다시 궁금하지 않은가? "왜 평행한 두 직선 사이에서 발생하는 동위각의 크기는 동일하며, 왜 맞꼭지각의 크기는 동일한가?"

바로 여기서 수학의 가장 중요한 답변이 나온다. 위 질문에 대한 답은 '증명할 수 없다'이다. 조금 더 정확하게는 '증명하지 않는다'이다. 수학이라는 학문은 몇 가지 '정의'와 몇 가지 '공리'로 시작되어 논리적으로 풀어나가는 학문이다. 즉 우리가 이런 식으로 계속 꼬리에 꼬리를 물고 질문을 해나가면 종착점은 '정의'와 '공리'라는 것이다.

그럼 정의란 무엇이며, 공리란 무엇인가? 사실 정의가 무엇인지는 대충 감이 올 것이다. 지금 당신이 생각하는 바로 그대로이다. 수학자들이 모여 이러한 것을 '정의'라 하자고 약속한 것을 의미한다. 그럼 공리란 무엇인가? 공리란 '증명하지 않고 사용하는 논리'를 의미한다. 가장 간단한 공리로 '삼단논법'이 있다. 'A=B이고, B=C이면, A=C이다'라는 논리를 증명하라고 하면 증명할 수 없다고 답변을 하는 것이다.

수학이라는 학문의 본질이 바로 이것이다. 몇 가지 정의와 공리로 시작해서 논리적으로 전개해나가는 학문인 것이다. 그래서 앞의 질문 "왜 평행한 두 직선 사이에서 발생하는 동위각의 크기는 동일하며, 왜 맞꼭지각의 크기는 동일한가?"에 대한 답은 "증명하지 않는 공리이다"가 되는 것이다.

이제 꼬리에 꼬리를 물고 근본적인 질문을 하는 것이 대체 어떻게 하는 것인지 감을 잡았을 것이라 생각한다. 그리고 아마도 눈치 빠른 독자들은 깨달았을 것이다. 이렇게 질문하는 행위가 바로 '허물기 학습'이라는 것을 말이다.

우리는 너무 당연하게 삼각형의 세 내각의 합은 180°라 생각하고, 그것을 알고 있다고 착각하곤 한다. 삼각형의 세 내각의 합이 180°라는 것은 너무 쉬운 개념이고, 이미 초등학교 때 다 배운 개념을 대체 왜 묻느냐며 예민하게 반응하는 학생들도 있다. 그렇지만 이런 당연한 개념을 당연하지 않게 여기고 의식적으로 부정하고 허물어뜨리는 것이 핵심이다. 꼭 명심하길 바란다. 그 어떤 개념도 당연하지 않다.

한 가지 예시를 더 보자. 학습자들에게 '지수란 무엇인가'에 대해 물으면 학습자들은 대부분 '그 수를 몇 번 곱했는지를 알려주는 수'라며 너무 당연하게 생각하곤 한다. 그렇지만 허물기 학습을 한다는 것은 이것을 당연하게 생각하지 않는다는 것이다. 이를테면 "그럼 $3^{\frac{2}{5}}$은 무슨 뜻이지?"라고 말이다. 한 번 답해보라. 지수가 '그 수를 몇 번 곱했는지를 알려주는 수'라면 $3^{\frac{2}{5}}$은 3을 $\frac{2}{5}$번 곱한 것인가? 대체 $\frac{2}{5}$번이라는 것은 몇 번인가? 혹자는 여전히 그것도 모르겠냐는 표정을 지으며 이렇게 답할 것이다. "분모는 제곱근으로, 분자는 제곱으로 들어가서 $3^{\frac{2}{5}}$은 $\sqrt[5]{3^2}$이죠. 그것도 모를까봐요?"라고 말이다. 그렇지만 기억하라. 우리는 늘 허물어야 한다. 허물어뜨려라. 이를테면 "그래? 그럼 $3^{\sqrt{2}}$는 뭐지?"라고 말이다. 답해보라. $3^{\sqrt{2}}$는 대체 무엇인가?

이제 다시 물어보겠다. "지수란 무엇인가?" 이 질문에 대해 지금 필자가 답을 내리지는 않겠다. 꼭 이 책을 읽는 당신이 끙끙대며 고뇌하고 사유하여 답을 내리길 바란다.

또 이런 질문이 들 수 있다. "아니, 그럼 대체 언제까지 꼬리에 꼬리를 무는 질문을 던져야 하는 건가요?"라고 말이다. 이에 대한 답은 이미 앞에서 내렸다. '그 개념을 처음 생각한 바로 그 사람이 생각했을 법한 사고체계에 공감할 때까지.' 조금 더 구체적으로는 '정의 혹은 공리에 도달할 때까지'이다.

지금까지 말한 이런 훈련은 개념을 배우는 과정에서 하는 것이다. 앞에서 말했듯이 수학은 '개념을 배우는 과정에서 하는 훈련'과 '문제를 푸는 과정에서 해야 하는 훈련'이 있다. 그럼 문제를 푸는 과정에서 해야 하는 훈련은 무엇인가?

문제를 풀 때 의식적으로 반드시 거쳐야 하는 과정이 있다. 네 단계인데 첫 번째는 '문제 읽기', 두 번째는 '문제 해석하기', 세 번째는 '문제 해결 전략 세우기', 네 번째는 '써내려가기'이다. 한 단계씩 살펴보자.

첫 번째, '문제 읽기' 단계는 정말 말 그대로 '문제를 읽는 단계'이다. 그렇다고 해서 가볍게 생각하지 말라. 지금 이 글을 읽고 있는 당신도 문제를 잘못 읽어서 틀려본 경험이 있을 것이다. 그러니 네 단계 중 첫 번째 단계라고 해서, 혹은 단순히 문제를 읽는 단계라고 해서 중요하지 않은 단계라는 의미는 절대 아니다.

두 번째, '문제 해석하기' 단계로 넘어가보자. 이 단계는 두 번 해야 한다. 한 번은 피상적으로 그 문제의 껍질을 핥는 것이다. 즉 문제가 의미하는 바가 무엇인지 파악하는 것이다. 그 다음에는 더 깊이 해석하는 것이다. 흔히 '출제자의 의도 파악하기'라고도 부른다. 출제자가 허투루 아무 생각 없이 적어 놓은 표현은 단 하나도 없다. 그러니 사소한 표현 하나하나에도 출제자의 어떠한 의도가 숨어있을지 해석하는 것이다.

세 번째, '문제 해결 전략 세우기' 단계는 말 그대로 문제를 어떻게 풀지 그 계획을 세우는 것이 주 과제가 되겠다. 처음에는 거시적 관점에서 어떤 것을 구하고 어떤 과정을 거치면 답을 구할 수 있겠다는 대략적인 계획을 세운다. 그 다음에 세세한 계획을 세우는 과정을 거치는 것이다.

이렇게 계획이 다 잡혔으면 이제 마지막 네 번째 단계인 '써내려가기'로 온다. 이 단계에서는 정말 말 그대로 앞에서 세운 계획에 근거하여 생각한 것들을 써내려가면 된다. 그렇지만 앞의 첫 번째 단계와 마찬가지로 단순하다고 해서 중요하지 않은 단계는 아니다. 스스로 쓴 글자를 못 알아봐서 틀리는 경우도 종종 있을 것이니 말이다.

아무리 쉬운 문제라 할지라도 늘 의식적으로 이렇게 네 단계를 거치며 문제를 풀어야 한다. 그렇지만 많은 학습자들이 문제를 풀며 어려워하는 이유는 첫 번째인 '문제 읽기'와 네 번째인 '써내려가기'만을 하려 들기 때문이다. 두 번째인 '문제 해석하기' 단계와 세 번째인 '문제 해결 전략 세우기' 단계 없이 단순히 문제를 읽은 후 바로 뭐라도 써보려 한다면 계속 턱턱 막힌다는 기분이 들 수밖에 없다.

그럼 어떻게 해야 하는가? 필자는 학습자들에게 첫 번째 단계부터 세 번째 단계까지 갈 동안 연필을 잡지 말라고 조언한다. 연필을 잡으면 뭐라도 써야 한다는 무언의 압박감과 충동이 계속 들기에 문제 해석과 전략 수립에 대한 깊은 고민 없이 뭐라도 써보려는 행위를 자주 하게 된다. 따라서 애초에 세 번째 단계를 마무리하기 전까지는 연필을 잡지 않는 것이 필요하다.

이 논의는 '문제는 왜 푸는가?'라는 질문을 하지 않고서는 논할 수 없다. '문제는 왜 푸는가?' 혹시 스스로 성취감을 느끼기 위해서 푸는 것인가? 이렇게 생각하는 많은 학습자들은 수학 문제를 단순히 '풀어제끼는' 것으로 여기곤 한다. 즉 많은 문제를 푼다는 것과 수학 실력이 는다는 것을 동의어로 착각한다는 것이다.

그렇지만 푸는 문제의 양과 수학 실력의 향상은 절대 비례하지 않는다. 물론 문제를 풀어제끼면 기분은 좋아진다. 뭔가 많은 것을 한 것 같고, 푼 문제만큼 실력도 는 것 같은 기분을 필자도 안다. 그렇지만 정말 그것이 스스로의 실력으로 이어졌냐는 별개의 문제다. 그러니까 만약 500문제를 풀어제꼈으면 정말로 500문제어치의 실력이 늘었느냐는 것이다.

여기서 말하는 수학 실력은 단순히 '성적'을 의미하는 것이 아니다. 수학 실력이라 함은 앞서 말한 네 단계 중 두 번째인 '문제 해석하기' 단계와 세 번째인 '문제 해결 전략 세우기' 단계를 얼마나 잘 밟을 수 있는가를 의미한다. 따라서 단순히 성적이 좋다고 해서 수학 실력이 뛰어난 것은 절대로 아닌 것이다.

그럼 수학 문제를 푸는 이유는 무엇인가? 그것은 너무나 당연하게도 '수학 실력 향상'에 있을 것이다. 따라서 많은 문제를 푸는 것이 중요한 것이 아니라, 단 한 문제를 풀더라도 정말 제대로 그 절차를 밟으며 푸는 것이 중요하다. 그리고 실은 필자가 장담컨대 초등학교, 중학교, 고등학교에 걸친 모든 수학을 정말 제대로 알기 위하여 풀어야 하는 문제의 수는 단 100문제도 안 될 것이다. 수학 문제를 풀며 실력이 향상될 것을 바라는 심리에는 '내가 개념 공부를 하다 놓친 부분을 문제에서 운 좋게 다뤄줬으면 좋겠다'라는 마음이 깔려 있기에 사실 개념 공부를 온전히 제대로 했다면 문제 풀이 따위는 단 하나도 하지 않아도 충분할 것이다.

그렇지만 기왕 문제를 풀기로 결심했으면 단 한 문제를 풀더라도 네 단계를, 특히 두 번째 단계와 세 번째 단계를 온전히 지키며 푸는 것이 가장 중요하다. 백문이 불여일견이라고, 지금 함께 아래의 문제를 풀어보자.

$x>0$에서 정의된 함수 $f(x)$가 있다. 함수 $f(x)$와 모든 양수 x에 대하여 다음 조건을 만족시키는 $x>0$에서 정의된 함수 $g(x)$가 유일하다. 이때 $f(\frac{1}{3}) \times g(\frac{1}{2})$값을 구하시오.

「조건」 임의의 두 실수 a, b에 대하여

$-a^2x + 2a + 3 \leq g(x) \leq b^2x + 2b + 7 + f(x)$이다.

본 문제는 필자가 직접 만든 문제이고, 중학교 이차함수를 배웠으면 충분히 풀 수 있는 문제이니 꼭 스스로의 힘으로, 앞서 말한 네 단계를 반드시 거치며 풀어보길 바란다.

이제 필자는 당신이 스스로의 힘으로 애써서 풀어보았다는 가정 하에 네 단계를 충실히 밟으며 문제를 풀어보겠다.

첫 번째, '문제 읽기' 단계는 각자 스스로 큰 소리를 내어 읽어보길 바란다. 그럼 이 단계는 넘어가고, 두 번째인 '문제 해석하기' 단계로 가보겠다. 이 단계에서는 문제의 껍질에 해당하는 의미와 그 이면에 숨겨진 출제자의 의도를 파악해야 한다. 우선 문제의 껍질에 해당하는 의미는 각자 파악하길 바란다. 이는 정말 있는 그대로 문제를 해석하면 되는 것이니, 필자와는 그 이면에 있는 출제자의 의도를 살펴보자.

조건에 해당하는 함수 $g(x)$의 값이 유일하다고 나와 있는데, 조건 중 첫째 줄 '임의의 두 실수 a, b에 대하여'를 보자. 이 말을 읽으면 어떤 생각이 드는가? 우선 표면적으로 보자면 '아, 모든 실수 a, b에 대해서 성립한다는 것이구나'라는 생각이 들 것이다. 그렇지만 조금 더 깊게 들어가 보자는 것이다. 출제자가 이러한 표현을 쓴 이유는 무엇일까? 생각해보면, 그 답은 아마도 'a, b가 변수야'라고 알려주고 싶어서일 것이다.

이런 생각을 가지고 그 밑의 부등식을 보면 '왼쪽은 a가 변수인 이차함수, 오른쪽은 b가 변수인 이차함수구나'라는 생각과 더불어, '출제자는 나에게 x가 상수임을 말해주고 있구나'라는 것까지 알 수 있을 것이다.

이렇게 문제를 충분히 해석하였으면 이제 세 번째인 '문제 해결 전략 세우기' 단계로 넘어가자. 앞에서 해석한 대로 주어진 부등식의 좌변은 a가 변수인 이차함수, 우변은 b가 변수인 이차함수이며, x는 상수이다. 그런데 이 부등식을 만족하는 $g(x)$, 즉 상수가 유일하다고 하였으니, 왼쪽 이차함수의 최댓값을 구하고 오른쪽 이차함수의 최솟값을 구했을 때 그 두 값이 같아야만 할 것이다. 그래야만 가운데 끼어 있는 $g(x)$가 유일하게 되기 때문이다.

지금 이렇게 큰 계획을 세운 후 조금 더 세부적인 계획을 세워보면, 왼쪽 이차함수의 최댓값을 구하기 위해서는 이차함수를 일반형에서 표준형으로, 즉 완전제곱식과 상수가 나오도록 변형하여 상수를 구해야 되겠다는 생각을 할 수 있다. 마찬가지로, 오른쪽 이차함수의 최솟값을 구하는 것도 동일한 방법으로 구할 수 있을 것이다.

이렇게 문제 해석과 문제 해결 전략을 세웠으면 이제 본격적으로 써내려가면 된다. 풀이는 아마도 다음과 같이 될 것이다.

주어진 부등식의 왼쪽 이차함수의 최댓값을 구하자.

$-a^2x + 2a + 3 = -x(a - \dfrac{1}{x})^2 + 3 + \dfrac{1}{x}$ 이므로, 최댓값은 $3 + \dfrac{1}{x}$ 이다.

주어진 부등식의 오른쪽 이차함수의 최솟값을 구하자.

$b^2x + 2b + 7 + f(x) = x(b + \dfrac{1}{x})^2 + 7 - \dfrac{1}{x} + f(x)$ 이므로, 최솟값은 $7 - \dfrac{1}{x} + f(x)$ 이다.

중간에 끼여 있는 $g(x)$의 값이 유일해야 하므로, 위에서 구한 두 값은 동일해야 하며, 그 값이 곧 $g(x)$이다.

즉, $3 + \dfrac{1}{x} = 7 - \dfrac{1}{x} + f(x) = g(x)$이므로, 풀면 $f(x) = \dfrac{2}{x} - 4$이고, $g(x) = 3 + \dfrac{1}{x}$이다. 따라서 $f(\dfrac{1}{3}) \times g(\dfrac{1}{2}) = 2 \times 5 = 10$이다.

이제 수학 문제를 풀 때 네 단계를 어떻게 밟아야 한다는 것인지 알겠는가? 아무리 쉬운 문제라고 해도 항상 이 네 단계를 밟으며 풀어야 한다. 이것이 수학에서 필요한 논리력을 키우기 위해 해야 하는 훈련이 되겠다. 절대로 문제를 단순히 풀어제끼지 말고, 한 문제 한 문제를 온전히 자신의 것으로 만들며 넘어가는 것이 반드시 필요하다.

지금까지 국어에 이어, 수학에 대해서도 살펴보았다. 그럼 이제 마지막으로 영어로 넘어가보자.

첫 번째, '나는 영어라는 학문을 왜 학습하는가?'에 대한 답변은 사실 국어와 동일하다. '의사소통을 잘하기 위해서'이다. 만약 학자들이 연구 끝에 강아지의 언어를 모조리 다 해석할 수 있게 되었다고 생각해보자. 그럼 당신이 키우는 강아지가 어떤 말을 하고 있는 것인지 궁금하지 않겠는가? 그래서 당신은 강아지의 언어를 배우려 하지 않겠는가? 영어가 바로 그렇다.

사실 국어는 모국어이기 때문에 그 학문의 본질에 쉽게 공감하지 못할 수는 있다. 그렇지만 영어는 그 본질이 더 잘 와 닿을 것이다. 당신이 대화하지 못했을 법한, 바다 건너 아메리카 대륙에 살고 있는 존재들의 언어를 학자들이 모조리 해석 가능할 정도로 연구를 마쳤는데 궁금하지 않은가? 당신의 반려견이 대체 무슨 말을 하는지 너무 궁금하고, 대화가 가능하면 얼마나 좋을지 생각하면 설레는 그 마음이 바로 영어의 본질이다. 영어는 '의사소통을 잘하기 위해서' 설레는 마음으로 학습하는 것이다.

두 번째, '영어라는 학문이 나에게 요구하는 능력은 무엇인가?' 이에 대한 답 또한 국어와 다르지 않다. '의사소통 능력'이다. 물론 의사소통 능력 전에 일단 단어 암기가 선행돼야 하는 것은 맞다. 만약 강아지의 언어를 온전히 해석할 수 있게 되어서 이를 배우려 한다면 가장 첫 단계는 강아지가 말하는 단어의 뜻을 암기하는 것이 될 것이다. 마찬가지로, 영어로 의사소통을 하기 전에 선행돼야 하는 것은 당연히 단어 암기이다. 당연히 기본적으로 그들이 사용하는 단어를 알고 있어야 같은 선상에서 대화를 할 기본준비가 될 것이니 말이다.

이렇게 단어 암기가 선행된 후에는, 국어를 학습할 때와 마찬가지로 영어 지문을 작성한 저자가 눈앞에 있다고 상상하며 신나게 대화하는 훈련이 필요하다. 당연히 국어에서처럼 밑줄 긋고 분석을 하려 드는 것은 영어에 대한 잘못된 접근이다. 영어 지문을 작성한 저자와의 대화가 당신이 가장 사랑하는 사람과의 대화인 것처럼 관심을 가지고 공감하고 신나게 고개를 끄덕이며 대화를 하는 것이 영어라는 학문의 본질이다.

이렇게 해서 학습의 정도에 해당하는 네 단계를 같이 살펴보았다. 가장 핵심적인 것은 '허물기 학습'이다. 이미 고착화된 '자기 도식', 즉 '선이해'에 위배되는 경험질문을 생성해내는 것은 상당히 어렵다. 따라서 학습자에게 필요한 것이 바로 허물기 학습이다.

학습자는 자신이 너무나 당연하다고 여기던 개념이라도 계속 다시 허물어야 한다. 이로부터 오는 인지적 불평형 상태에서 평형화 욕구에 따라 인지적 평형 상태로의 '도식의 조직화' 과정을 끊임없이 겪는 것이 학습의 네 번째 단계인 '정확한 방법'이다. 개념을 허물고 다시 쌓는 데에 성공한다면, 그 과정에서 우리의 '앎'이 진정으로 '삶'과 합쳐져 '자신의 세계'가 변화한 것이므로 이루 말할 수 없는 큰 즐거움을 느낄 수 있을 것이다.

'학습의 3박자 확립'과 '공부의 정도正道'에 해당하는 네 단계를 온전히 밟아, 선이해를 끝없이 허물고 다시 쌓는 '허물기 학습' 과정에서 앎과 삶이 하나가 되는 경험을 하는 것이 바로 학습의 본질이다.

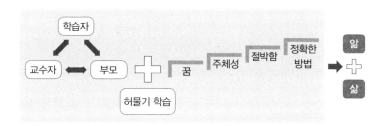

시간과 정확성, 두 마리 토끼

지금까지 학습의 정도에 대한 가장 중요한 논의를 마쳤다. 이제 당신의 머릿속에는 학습이란 무엇인지, 책 제목에서부터 묻고 있는 물음에 대한 답이 어느 정도 윤곽이 잡혔을 것이라 생각한다.

이제부터 이번 장의 마무리에 이르기까지 살펴볼 내용들은 부차적일 수 있지만 학습자가 꼭 알고 있어야 하는 것들에 관한 것이다. 하나하나 짚어보자.

우선 첫 번째는 '시간'과 '정확성'이라는 두 마리 토끼에 관한 것인데, 정말 많은 학습자들이 어려움을 겪는 문제이기도 하다. 정해진 시간 안에 시험을 치러다보니 정확성을 놓치고, 정확성을 챙기려다보니 시간을 놓치니, 욕심을 부려 둘 다 챙기려다 둘 다 놓치는 경우가 비일비재하다. 그렇지만 바람직한 학습자라면 학습의 본질을 정확하게 꿰뚫고 있어야만 할 것이다. 즉 학습의 본질이 '시간 내에 다 풀기'인지, '정확하게 풀기'인지 알고 있어야 한다는 것이다.

당신이 처음 구구단을 배웠을 때를 떠올려보라. 혹시 처음부터 빠르게 말하려고 시도해본 적이 있지 않은가? 옆자리 짝꿍이 엄청 빠르게 구구단 2단부터 9단까지 말하는 것을 보고, 괜스레 더 빠르게 말하고 싶어서 서두르다보니 오히려 더 버벅거린 적이 있을 것이다. 여기서부터 우리는 시간과 정확성의 두 마리 토끼 문제를 해결할 수 있는 법을 발견할 수 있다. 시간과 정확성 중 먼저 '정확성'을 잡는 것이 옳다.

정확성을 잡는 데에 집중하면 시간은 자연스레 따라오게 되어 있다. 처음부터 급하게 마음먹지 말고 2단부터 9단까지 정확하게 말하는 것을 연습하다보면 어느새 빠르게 말하고 있는 자신을 발견할 수 있다. 그렇지만 시간을 잡는다고 해서 정확성이 따라오지는 않는다. 처음부터 구구단을 빠르게 말하려 서두르다보면 오히려 더 많이 틀리는 것을 보면 알 수 있다.

그렇지만 이런 의문이 들 수 있다. "그래도 모의고사나 내신 시험같이 시간이 정해져 있으면 시간 안에 풀어내야 하니까 당연히 시간이 신경 쓰일 수밖에 없지 않나?"라고 말이다. 아주 좋은 질문이다. 먼저 결론부터 이야기하자면 "No. 시간에서 자유로워져야 한다." 시간에서 자유로워지는 것만이 시간 안에 여유롭게 풀 수 있는 유일한 해답이다. 이 역설을 이해해야 한다.

시험을 치는 도중 시계를 본다는 행위는 '이 문제를 풀면 이만큼의 시간이 지났어야 한다'라는 기본 전제가 깔려 있는 행위이다. 따라서 만약 시계를 봤는데 스스로 생각한 시간보다 더 많은 시간이 지났으면 조급해질 것이고, 더 적은 시간이 지났다면 나태해질 것이다. 즉 어떠한 경우에도 좋지 않은 결과가 도출된다는 것이다. 물론 늘 좋지 않은 결과만 도출되는 것은 아니다. 시계를 봤더니 머릿속으로 생각한 시간과 정확하게 일치하는 정도의 시간이 지났을 수 있다. 그렇지만 그 결과로 대체 뭐가 좋아졌는가? 좋아지지 않은 것은 없지만, 그렇다고 좋아진 것은 대체 무엇인가? 아무것도 없다. 지금처럼 계속 문제를 풀면 되는 것뿐이다. 즉 시계를 본다는 행위를 통해 얻을 수 있는 것은 아무것도 없다.

또한 시험장에서 가장 바람직한 자세는 '시험이라는 사실을 잊는 자세'이다. 국어 과목을 예시로 생각해보자. 국어라는 학문은 사랑하는 사람과 관심을 갖고 대화하는 것처럼 저자와 신나게 대화하는 데 그 본질이 있다. 그런데 생각해보라. 만약 당신의 연인이 당신과 대화하는 도중에 계속 시계를 보며 집중하지 않으면 어떻겠는가? 기분이 나쁘지 않겠는가? 당신이 시험 도중 시계를 본다면 국어 지문의 저자가 정확하게 딱 그런 감정일 것이다. 시험이라는 사실을 잊어버린 채 저자와 신나게 대화하고 열심히 고개 끄덕이며 관심을 가지고 이야기하는 것만이 시험을 가장 정확하게, 그리고 빠르게 칠 수 있는 길임을 이해해야 한다.

산티아고 순례길에 보면, 스페인의 유명한 속담이 적혀 있다.[3]

'Sin prisa, sin pausa'

'서두르지 말되, 멈추지 말라'라는 뜻이다. 바로 이런 자세가 필요하다. 시간관념에서 벗어나야 한다. 그 어떤 학문의 본질도 '타임 어택'은 아니다. 서두르는 것이 본질적인 학습법인 학문은 존재하지 않는다. 설사 우리가 흔히 '타임 어택'이 중요하다고 생각하는 소방훈련을 떠올려 봐도 마찬가지다. 조급하게 요구조자를 구출하기 위해 허둥지둥하다 보면 차분하고 정확하게 구출하는 것보다 오히려 시간이 더 오래 걸릴 것이다.

그 어떤 학문을 학습하든 가장 중요한 것은 시간 개념에서 자유로워져 서두르지 않는 것이다. 그렇다고 해서 멈추거나 느긋하게 하라는 것은 절대 아니다. 자신에게 딱 맞는 속도로 '서두르지 말되, 멈추지 않으며' 정확한 학습의 정도正道를 밟아 나가는 것이 정답이다. 꼭 기억하길 바란다. 시간과 정확성이라는 두 마리 토끼 중 정확성을 잡아야 시간이 따라온다. 그러니 부디 시간관념에서 벗어나 차분하고 행복하게 학습의 정도를 걸어가길 바란다.

예습과 수업, 복습

미리 예습을 하고 꾸준히 복습을 하는 것이 학습에 큰 도움이 된다는 이야기는 많이 들어보았을 것이다. 그렇지만 그 이유에 대해 잘 알고 있지 못하는 학습자들이 많다. 또 예습과 수업, 복습 중 무엇이 가장 중요한지에 관해서 잘못된 생각을 가지고 있는 학습자들도 있다. 지금부터 이런 학습자들의 생각을 바로잡아보려 한다.

우선 예습은 학습에 있어서 어떤 역할을 하기에 중요한 것인가? 단순히 미리 한 번 보고 가면 이해하기 수월해서? 아니다. 그 정도의 가치로만 예습을 바라보는 것은 수박 겉핥기 정도일 뿐이다. 앞에서 '허물기 학습'을 하기 위해서 먼저 필요한 것이 '선이해', 다른 말로는 피아제가 제시한 '자기 도식'이라 말한 바 있다. 예습의 역할은 바로 이것이다. 허물기 학습을 위한 사전작업, 즉 자신의 선이해를 만드는 과정인 것이다. 선이해가 없는 상태에서는 허물기 학습을 할 수 없다. 무언가 사전에 쌓여 있는 것이 조금이라도 있어야 이를 허물 수 있지 않겠는가? 사전에 쌓인 것 없이 수업을 듣는다면 수업시간에는 단지 쌓기 학습만을 하게 될 뿐이다. 그렇지만 예습을 통해 만들어진 선이해가 있다면 수업 중에 허물 수 있다.

그럼 수업은 학습에 있어서 어떤 역할을 할까? 수업을 하면서 우리는 앞서 말했듯이 기존의 선이해에 위배되는 경험을 통해 인지적 불평형 상태에 도달할 수 있게 된다. 즉 예습을 통해 만들어 놓은 선이해를 바탕으로 수업 내용을 이해해보려 적극적으로 시도해보지만 선이해로는 이해되지 않는, 선이해에 위배되는 경험을 겪도록 하는 것이 수업의 역할이다.

이 단계가 원활하게 이루어지기 위해서는 무엇보다 학습자의 적극적인 태도가 필수적이다. 즉 학습자는 자신의 선이해를 바탕으로 수업 내용을 이해해보기 위하여 능동적으로 노력해야 한다. 이런 노력을 가지고 있으면 분명 수업을 듣는 중 기존에 갖고 있던 자기 도식과 맞지 않는 경험을 할 수 있을 것이다. 이때 학습자는 평형화 욕구를 지니고 있기에 인지 불평형 상태를 해소하기 위하여 자기 도식을 조절과 동화의 과정을 거쳐 적응하게 된다.

그렇지만 스스로 노력해보아도 자기 도식을 어떻게 변화시켜야 인지 불평형을 초래한 해당 경험을 이해할 수 있을지 도저히 알지 못하겠는 때가 분명히 있다. 바로 그 순간에 필요한 것이 '질문'이다.

수업시간에 교실 앞에서 수업을 하는 교사는 다름 아닌 '학습 도우미'일 뿐이다. 그러니 학습을 하다가 스스로의 힘만으로는 부족하다 느껴질 때에는 학습 도우미에게 당당히 도움을 요청해야 하는 것이다. "선생님, 제가 생각하기로 지상에서 위로 올라갈수록 태양에 가까워지니까 점점 더워질 것 같은데, 왜 대류권에서는 위로 올라갈수록 점점 기온이 낮아지는 것인가요?"처럼 말이다.

그렇지만 우리나라 학습 현장에서 질문을 하는 학생을 찾아보기는 쉽지 않다. 혹자는 "주변 학생들은 다 아는데 저만 모를까봐 질문을 못하겠어요"라고 하기도 하고, "수업시간에 질문 안 하고, 쉬는 시간에 질문하면 되지 않을까요?"라고 하기도 한다. 또 "질문을 하면 선생님의 수업 흐름을 끊을까봐 질문을 못 하겠어요"라고도 한다. 그렇지만 이 모든 생각들은 다 오류가 있다.

먼저 알아둘 것은 수업 시간의 주인은 교사가 아니라 학습자다. 즉 교사의 수업 흐름을 끊을까봐 질문을 못 하겠다는 것은 바꿔 말하자면 가사 도우미의 청소 흐름을 끊을까봐 집에 들어가질 못하겠다는 것과 마찬가지다. 이게 말이 되는가? 학습의 주인이 주인된 자로서의 자세를 취하는 것이 가장 중요할 것이다.

또 주변 학생들은 다 아는데 자신만 모를까봐 질문을 못 하는 경우에는 두 가지 착각을 한다고 볼 수 있다. 첫째는 주변 학생들이 다 안다고 생각하는 착각이다. 그렇지만 앞서 말했듯이 주변 학생들이 질문을 하지 않고 있는 것은 그들이 잘 이해하고 있어서라기보다는 그들 또한 마찬가지 이유로 눈치를 보며 질문을 하는 것을 거부하고 있기 때문이다. 즉 다른 친구들이 질문하지 않고 있다고 해서 그들이 잘 이해하고 있다고 생각하는 것은 착각이라는 것이다.

두 번째 착각은 주변 학생들이 다 아는 것을 질문하여서는 안 된다고 생각하는 것이다. 설사 다른 학생들이 정말 다 알고 있는 것이라 할지라도 학습자에게 늘 필요한 자세는 '선이해를 당연하게 여기지 않고 허물어뜨리려는 자세'이다. 즉 다른 학생들이 알고 있다 할지라도 그것을 다시 질문하는 행위는 다른 학생들에게 스스로의 자기 도식에 다시 한 번 의문을 던져 '허물기 학습'을 할 수 있는 기회를 주는 것이라는 말이다. 따라서 예습으로 이미 정립된 선이해로는 설명할 수 없는, 인지 불평형을 초래하는 경험을 하고 평형화 욕구를 발휘하여 자기 도식을 조직화하는 과정에서 어려움을 겪을 경우에 바로 그 순간 손을 들어 학습 도우미에게 도움을 요청하는 것이 수업시간이 갖는 의미인 것이다.

마지막으로, 학습에서 복습이 갖는 의미는 무엇인가? 상당수의 학습자들은 복습이 단순히 '망각'을 하지 않기 위한 과정이라 생각하곤 한다. 그렇지만 제1장부터 지금까지에 걸쳐 여러 가지 예시들로 살펴보았듯이 학습자가 개념을 온전히 자신의 것으로 만들면 '망각' 따위를 할 이유가 없다. 아무리 시간이 오래 지난다 할지라도 "당신의 이름이 무엇인가요?"라는 물음에 대해 답을 못하지 않는다는 것을 기억할 것이다. 또 'A=B, B=C이면 C=A이다'라는 논리를 절대 '까먹지' 않을 것이지 않은가? 이처럼 개념이 단순히 '앎'의 영역에만 머무르는 것이 아니라 '삶'과 합쳐진다면 학습자는 망각 따위를 하지 않으며, 바로 이것이 복습이 갖는 의미이다. 충분한 시간을 가지고 끝없이 그 개념을 부정하고 허물어뜨린 후 다시 쌓는 과정을 거치며 그 개념을 처음 정립한 바로 그 사람이 생각했을 법한 사고 체계에 공감하여 앎이 삶과 합쳐지는 경험을 하는 것이 복습의 본질이다.

그럼 예습과 수업, 복습 중 무엇이 가장 중요하겠는가? 대부분의 학습자들은 이 질문에 대해 '수업'이라고 답한다. 그렇지만 이 책을 읽는 독자들은 이렇게 답하길 바란다. "예습은 선이해를 쌓는 과정으로서의 의미가 있으며, 수업은 인지 불평형을 초래하는 경험과 이를 해소하는 과정에서 질문할 수 있다는 의미가 있고, 복습은 끝없는 허물기 학습을 통해 개념을 온전히 자신의 것으로 만들어 앎과 삶이 하나가 되는 경험을 통해 진정한 학습의 즐거움을 느낄 수 있다는 의미가 있으니 세 과정 모두 다 정말 중요하다"라고 말이다.

누군가 깨달음을 주는 질문을 던져줄 때까지 기다리는 수동적 학습자가 아닌, 스스로 질문을 생성해가는 능동적 학습자가 되길 바란다.

슬럼프

이제 학습의 정도正道에 관한 논의 중 마지막으로 '슬럼프'에 대해 알아보자. 앞서 말한 모든 단계들을 다 지키면서 학습의 주체로서 능동적인 학습을 하던 학습자도 갑자기 평소와 달리 어느 순간 나태해지고, 집중이 잘 안 되며, 평상시 잘하던 것도 틀리는 경우가 발생할 수 있다. 필자 또한 그런 경험을 해보았고, 실은 그 어느 학습자라 할지라도 이런 경험을 한 번쯤은 해보았을 것이다.

슬럼프가 찾아오는 이유는 너무나 다양해서 사실 정리해서 말하는 것이 크게 의미가 없을 정도이다. 그렇지만 '슬럼프를 어떻게 극복할 수 있을까?'라는 질문은 큰 의미가 있지 않을까?

슬럼프를 극복하기 위해서는 우선 슬럼프를 대하는 마음가짐을 바로잡아야 한다. 학습자들이 슬럼프를 겪게 되면 슬럼프 그 자체보다는 슬럼프를 겪고 있는 스스로를 바라보며 자책감과 자괴감을 느끼는 경우가 많다. 이를테면 '아, 분명 예전에는 잘했던 건데, 왜 더 못하게 된 것 같지? 아, 나는 대체 왜 이러지?'라며 말이다. 그렇지만 이런 마음가짐을 갖는 것은 슬럼프를 극복하는 데에 어떠한 도움도 되지 않는다. 오히려 이런 자세는 스스로를 더 깊은 나락과 나태로 빠뜨릴 뿐이다.

그럼 어떤 자세로 슬럼프를 대해야 하는가? 가장 중요한 것은 슬럼프를 겪고 있다는 것을 특별하게 생각하지 말아야 한다. 슬럼프는 누구나 겪을 수 있는 것이며, 현재 슬럼프에 빠져 있다고 해서 유별나게 잘못된 것이 아니라는 것이다. 학습자라면 누구나, 단지 조금 더워졌다는 이유로 혹은 옷을 따뜻하게 입었다는 이유로, 벚꽃이 피었다는 이유나 혹은 오늘 아침에 길가에서 본 아름다운 그녀의 모습이 눈앞에 아른거린다는 이유로 순식간에 슬럼프에 빠질 수 있다. 중요한 것은 누구나 겪을 수 있는 일이므로 자괴감을 느끼거나 자책하지 않는 자세다.

그 다음으로는 피하지 않는 자세가 중요하다. 당당하게 마주하라는 것이다. 슬럼프를 겪고 있는 자신을 계속 부정하며 외면하지 말고 당당히 마주보아야 한다. 슬럼프라는 놈을 눈앞에 앉혀두고, 두 눈을 똑똑히 응시하는 것이다.

이제부터가 가장 중요하다. 슬럼프를 극복하는 가장 중요한 단계다. 필자가 고등학생일 때 수첩에 적어두고 펼쳐보던 문구가 있다. '슬럼프라는 문은 초심이라는 열쇠를 넣으면 부드럽게 열린다.'

초심으로 돌아가라는 것이다. 억지로 악을 쓰며 슬럼프와 싸워서 이기려 하지 말고, 차분하게 초심으로 돌아가는 것이다.

스스로에게 '나는 왜 공부하는가?'라는 질문과 더불어, 앞에서 본 공부의 정도에 해당하는 네 단계를 의식적으로 다시 밟아보는 것이다. '나의 가슴 벅찬 꿈은 무엇인가?', '나는 내 학습의 주인인가?', '나는 왜 절박한가?', '정확한 학습의 방법을 온전히 밟으며 끊임없이 허물고 있는가?'라고 말이다.

　당연하게 누구나 겪을 수 있는 일이라 생각하고, 외면하지 않고 당당히 마주보며 다시 차분하게 초심으로 돌아가는 것. 이것이 슬럼프라는 굳은 문을 여는 열쇠이다.

제5장

보다 행복한 학습을 향하여

스스로를 사랑하라 – 세상에서 가장 먼 여행

지금까지 우리는 학습이란 대체 무엇이며, 우리 사회의 학습의 문제점은 무엇이고 해결방법은 또 어떤 것이 있는지, 그리고 학습자가 걸어야 하는 공부의 정도가 무엇인지 알아보았다.

사실 지금까지의 논의들만 가지고도 충분히 행복한 학습을 만끽할 수 있을 것이다. 그렇지만 이번 장에서는 당신이 학습하는 모든 찰나의 순간들이 보다 행복한 시간들로 가득차길 바라는 마음으로, 실은 앞의 이야기들보다 훨씬 더 근본적이고 중요할 수도 있는 이야기들을 해보려 한다. 흩날리는 바람에 상처를 입었을 때, 뿌리부터 흔들리는 순간들이 있을 때, 누군가가 너무나 싫고 증오스러울 때 혹은 그 증오의 손가락이 자신을 가리키고 있을 때 한 구절씩 꺼내 읽으면 좋을 짤막한 이야기들이다.

그 첫 번째는 '스스로를 사랑하라'이다. 입시를 전쟁판에 비유하는 것을 쉽게 볼 수 있다. 입시는 경쟁이고, 총칼만 안 들었다뿐 전쟁이라고 한다. 고등학생은 불운하고 힘들며, 그렇기에 응원 받아야 하고, 입시 기간은 버텨내고 이겨내야 하는 시간이라고들 한다. 그렇지만 필자가 계속 이야기했듯이 이는 절대 사실이 아니다. 고등학교, 중학교, 초등학교 시기야말로 인생에 있어서 자기 자신과 대화해볼 수 있는 몇 안 되는 소중한 기회이다.

그럼 자기 자신과 대화한다는 것은 무엇인가? 보통 겉으로 보이는 자기 자신, 즉 바깥으로 드러나는 스스로의 모습을 I_1이라 하고, 그 속에 있는 자신을 I_2라 한다. 우리 I_1은 살아가면서 I_2와 잘 대화하려고 하지 않는다. 바쁘다는 이유로, 이것저것 신경 쓰느라 피곤하다는 이유로 혹은 여타 다양한 갖가지 이유로 I_2에게 관심을 잘 쏟지 않는다. 단지 재촉하고 괴롭히기만 할 뿐이다. 문제를 풀다 실수하면 "너 정말 이것밖에 안 돼?"라며 욕하고, "제발 다음번에는 더 잘하자"라며 협박하기도 한다.

우리는 이 I_2에게 실망하고 등지는 데에만 익숙해져 있다. 이는 고등학생이 되고, 특히 입시를 코앞에 둔 고등학교 3학년이 되면 더욱 심해진다. 그렇지만 이것이 정말 바람직한 행동인가? 혹은 어쩔 수 없는 '대한민국의 고3'이기 때문에 겪을 수밖에 없는 것인가?

　세상에서 가장 먼 여행이 무엇이라고 생각하는가? 지구 반대편에 있는 아르헨티나까지의 여행이 가장 먼가? 혹은 우주로 나가 달까지 가는 여행? 아님 또 다른 은하를 찾아가는 여행?

　필자는 '머리에서 시작해서 가슴으로, 그리고 가슴을 거쳐 발끝으로 향하는 여행'이 세상에서 가장 먼 여행이라고 생각한다. 잠시 멈춰서 이 말이 무슨 뜻인지 곰곰이 곱씹어보길 바란다.[1]

　머리, 즉 우리의 I_1에서 시작해서 가슴, 즉 I_2를 거쳐 발끝, 즉 우리의 행동으로 나아가는 여행을 생각해보라. 세상에서 가장 먼 여행 아닌가? 이 여행이 가장 멀게 느껴지는 이유는 무엇인가? 바로 우리 I_1이 I_2를 계속 외면하기 때문일 것이다.

　그렇지만 우리의 발끝이 향하는 방향, 즉 우리의 행동을 바꿀 수 있는 유일한 동기는 이 책 전반에 걸쳐 누차 설명하였듯이 우리의 내적 동기, 즉 I_2이다. 다시 말해 우리가 I_2를 외면하는 이상 우리의 행동은 절대 바뀌지 않을 것이라는 말이다. 그렇기 때문에 우리는 I_2와 대화하는 방법을 알아야만 한다.

　세상에 혼자 남겨진 것 같고, 혼자만 뒤처진 것 같아 스스로가 너무 한심하게 느껴질 때, 너무나 초라하고 자신이 먼지만도 못한 존재인 것 같다는 생각이 들 때 당신의 I_2는 당신에게 절규하고 있는 것이다. 제발 나랑 얘기 좀 해달라고. 제발 나 좀 살려달라고 말이다.

그렇기에 우리는 이제 I_2를 외면하는 것을 멈춰야 한다. 그를 꾸짖고 핍박하고, 협박하며 때리고 갈구는 것을 그만두어야 한다. 너무 늦어버리기 전에 I_2와 대화하여야 한다.

그렇다면 어떻게 I_2와 대화를 할 수 있는가? 이에 대한 해답은 사람들마다 그 방법이 상이할 수 있다는 데에는 이견이 없다. 다양한 방법이 있겠지만 여기서는 필자가 늘 하는 방법을 소개하겠다. 반드시 이 방법대로 해야 한다는 것은 아니지만, 어떻게 대화를 시작해야 하는지조차 버거운 독자들은 이 방법으로 실천해보길 바란다.

밤에 잠자리에 들어 불을 끄고 가만히 이불을 덮고 눕는다. 그 다음에 눈을 가만히 감고 가슴 속에서 I_2를 툭 떼어내서 앞에 세워둔다. 상상하는 것이다. 진심으로 상상하면 볼 수 있다. 필자의 방법대로 해본 학습자는 이렇게 말하곤 했다. "뭔가 형체 없는 동그란 모양이 보여요"라고 말이다. 그렇게 눈앞에 I_2를 세웠으면 이제 그 아이를 꼭 안아주며 진심을 담아 다음 세 마디 말을 해주는 것이다.

"지금까지 많이 못되게 굴어서 미안해."

"그래도 지금까지 잘 따라와 줘서 고마워."

"잘 못해도 괜찮아."

사실 지금까지 너무 I_2에게 못되게 굴었기에 처음 며칠 동안 이렇게 말을 해준다고 해도 I_2는 어떠한 반응도 하지 않을 것이다. 그렇지만 매일 밤, 잠자기 전에 진심을 담아서 이 세 마디를 해주다보면 어느 순간 I_2가 거꾸로 말을 걸어올 때가 온다. "괜찮아"라면서 말이다. 절대 미친 소리가 아니다. I_2에게 진심을 다해 마음을 열면 그 아이가 하는 조그마한 말이 분명 들릴 것이다. 바로 그 순간 당신과 I_2의 대화가 시작된 것이다.

I_2와의 대화는 인생을 살아가는 데 있어 가장 중요한 습관이라고 필자는 확신한다. 인생을 살며 중대한 선택의 순간들이 올 때 차가운 이성과 논리로 선택을 내려야 한다고 생각하기 쉽지만, 실은 인생을 뿌리째 뒤흔들 만큼의 중대한 결정은 머리가 아닌 마음이 내린다.

꿈이 무엇인지에 관한 생각은 절대 '논리'와 '이성'으로 하는 것이 아니다. 생각만 해도 가슴이 두근거리고 피가 들끓는 것 같은 꿈을 찾는 것은 머리가 아닌 마음이 하는 것이다. 당신이 어떤 사람을 정말로 사랑한다면 당신이 의식하기도 전에 이미 당신의 온 몸은 설렘으로 떨리고 있을 것이고, 뱃고동 소리 따위와 비교할 수 없는 심장소리가 당신의 세상을 덮을 것이다.

우리의 인생을 결정적으로 바꾸는 선택은 차가운 머리가 아닌 뜨거운 마음이 하는 것이다. 잠자리에 들다가도 괜스레 좋아지는 것. 바로 그것을 찾아나가는 과정이 인생이고 삶이며, I_2와의 대화이다. 그러니 부디 스스로를 사랑하라. I_2를 많이 아끼고, 안아주고, 위로하라. 힘들 때면 부둥켜안고 울기도 하고, 기쁠 때면 같이 방방 뛰며 스스로를 온 마음을 다해 사랑하라. 반드시 기억하라. 스스로를 사랑하라.

만악의 근원, 비교

결론부터 말하겠다. 제발 비교하지 말라. 그게 타인과의 비교가 되었든, 과거의 나와의 비교가 되었든 말이다. 단언컨대 비교는 '만악의 근원'이다.

제4장에서 'Sin prisa, sin pausa'라는 어구를 언급하였다. '서두르지 말되, 멈추지 말라'라는 뜻의 이 어구가 갖는 의미는 학습자에게 정말 중요하다고 하였다. 서두르지 말아야 한다. 그어떤 상황에서도 서두르지 말아야 한다.

며칠 전, 한 학생이 필자에게 와 이런 말을 했다. "분명히 혼자서 공부할 때에는 잘한다고 생각했는데, 어제 시험을 칠 때는 하나도 모르겠는 거 있죠. 아직 저는 첫 번째 장을 다 못 풀었는데 누가 '촤륵' 시험지를 넘기면 막 조급해지고, 그래서 너무 신경 쓰이더라고요"라고 말이다. 또 이런 학생도 있었다. "분명 시험을 치기 시작한 다음에 한 30분 정도는 편안하게 치고 있었어요. 그런데 시간이 얼마나 남았는지 확인해봤더니 벌써 50분이나 지났더라고요. 그래서 다급해졌는데, 다급해진 만큼 다 틀려버렸어요."

이 두 학생의 공통점이 무엇이라 생각하는가? 그렇다. 바로 '비교'다. 타인과의 비교가 되었든, 평상시의 자신이 문제를 풀던 속도와의 비교가 되었든 말이다.

이런 경험을 해본 학생은 필자에게 찾아와 하소연한 그 두 명만이 전부가 아니라고 확신한다. 지금 이 글을 읽는 당신도 혹시 바로 저번 시험에서 이런 경험을 하지 않았는가?

필자가 고등학생 시절, 수첩에 적고 늘 보던 문구가 있다. 앞에서 말한 그 수첩 맞다. 필자는 그 수첩에 학습의 본질이 흐려질 때마다 보고 반성할 문구들을 적어 놓았다. 그 중 하나인데, 바로 '비교'에 대한 글이다.

"비교하지 말라. '비'참해지거나 '교'만해지기만 할 뿐이니."

생각해보면 당연한 말이다. 비교한 결과, 기대치보다 자신이 뒤처져 있으면 비참해질 것이고, 앞서 있으면 교만해지기 마련이다. 즉 그 어떠한 이점도 없는 행위라는 것이다.

시험시간 중 시계를 보는 행위 또한 마찬가지다. 스스로 생각한 시간과 실제 흘러간 시간이 정확하게 일치하지 않는 이상 조급해지고 비참해지거나, 느긋하고 교만해질 것이다. 심지어 기대와 실제 흘러간 시간이 정확하게 일치할 때에도 돌아오는 것은 단지 '지금처럼 하면 된다'는 정보뿐이다. 그 어떠한 이점도 없다는 것이다.

다른 친구가 얼마나 잘하든, 얼마나 많은 양의 문제를 풀고 얼마나 빨리 책장을 넘기든 도대체 무슨 상관이란 말인가? 학습은 '경쟁'이 아니다. 달리기 시합이 아니라는 것이다. 아니, 설사 달리기 시합이라 할지라도 내 옆줄의 선수가 나보다 앞에 있는지, 뒤에 있는지는 절대 중요하지 않다. 옆줄의 선수가 의식 속으로 들어오는 순간 그 달리기 시합에서 절대 기대한 만큼의 실적은 기대할 수 없다. 자신의 실력대로 달리기 시합에 임하기 위해서는 오로지 자신에게만 집중해야 한다. 그런데 심지어 경쟁이 아닌 '학습'에서 비교가 가당키나 한가? '배움의 축제', '학습의 즐거움'을 만끽하는 교실에서 대체 짝꿍이 나보다 더 빨리 문제를 푼다는 사실이 왜 중요하다는 것인가?

비교하는 것이 만악의 근원임을 알고 있음에도 비교의 늪에서 벗어나지 못하는 학습자들이 많다. 그렇다면 그들은 대체 왜 계속 비교를 하는 것인가? 왜 비교라는 논리에서 헤어나지 못하는 것인가? 그 답은 '스스로에게 집중하지 못하기 때문'이다.

계속 다른 사람의 시선을 신경쓰고 타인과 나를 저울질하며,

타인에 비해 내가 얼마나 앞서 있는지 늘 확인해야 마음이 놓이는 학습자들은 스스로에게 집중하지 못한다. 그렇기에 늘 온 신경은 타인에게 혹은 과거의 자신에게 가 있는 것이고, 그 자와 자신을 끊임없이 비교하는 것이다.

그렇다면 그 해결방법은 무엇이겠는가? 그렇다. '스스로에게 집중'하면 된다. 하지만 이것이 말처럼 쉬운 것은 아니다. 인간은 본디 사회적 동물이기에 타인의 시선을 신경 쓰지 않는다는 것은 쉽지 않다. 달리기 시합에서 뛰는 경주마처럼 눈가리개를 차고 앞만 보고 달려갈 수 없는 노릇 아닌가? 하지만 그렇다고 해서 비교를 멈추는 것이 불가능하다는 의미는 절대 아니다.

스스로에게 집중하기 위한 가장 좋은 방법은 무엇보다 앞서 말한 대로 스스로를 사랑하는 것이다. I_2를 아무 조건 없이 아끼고 사랑한다면 타인과의 비교를 할 이유는 그 어디에도 없다. 중요한 것은 '아무 조건 없이' 사랑하는 것이다. 에리히 프롬의 〈소유냐 존재냐〉에도 나와 있듯이 자신이 '소유한 것'으로 스스로를 정의하고 바라보지 말라. 그 '존재 자체'로 자신을 정의하고 아무 조건 없이 사랑하길 바란다. 자신을 진정으로 아끼고 사랑하고 보듬어줄 수 있을 때, 즉 타인으로 자신을 정의하지 않을 때 그제야 당신은 '비교의 굴레'에서 벗어날 수 있을 것이다.[2]

마음속에 우주를 품어라

지금 할 이야기는 조금 버거운 이야기일 수도 있고, 어쩌면 받아들이기 힘든 이야기일 수도 있다. 그렇지만 학습자가, 아니 실은 현대사회의 모든 구성원들이 바로잡아야 하는 자세이기도 하니 꼭 납득해보기 위해 최대한 노력하며 천천히 읽길 바란다.

우선 본격적인 이야기에 앞서, 다음의 글을 읽고 물음에 직접 답해보길 바란다. 직접 당신과 대화하며 글을 쓸 수 있다면 정말 좋겠지만 그럴 수 없으니, 필자는 가상의 응답자를 설정한 후 그와 대화하는 방식으로 적어보겠다. 우선 다음 글을 천천히 읽어보라.[3]

일명 '손순孫舜'이라고도 한다. 모량리牟梁里 사람으로 아버지는 학산鶴山, 어머니는 운오運烏이다. 아버지가 죽자 아내와 더불어 남의 집에 품을 팔아 얻은 곡식으로 늙은 어머니를 봉양하였다.

어린 자식이 늘 어머니의 음식을 빼앗아 먹으므로 민망히 여긴 그는 부인에게 이르기를 "아이는 또 얻을 수 있으나 어머니는 다시 얻기 어렵다"고 하면서, 자식을 버려서 어머니의 배를 부르게 하려 했다. 아이를 업고 취산醉山 북쪽 교외로 가서 묻기 위해 땅을 파다가 기이한 돌종石鐘을 얻었다.

부부가 이상히 여겨 나무 위에 걸고 두드려보았더니 그 소리가 은은

하였다. 이 이물異物을 얻음은 아이의 복으로 생각한 그들은 자식을 업고 종을 가지고 집으로 돌아왔다. 종을 들보에 달고 두드리니 그 소리가 대궐에 들리었다.

왕이 종소리를 듣고 사자를 보내어 조사하여 그 사유를 자세히 알고는 "손순이 아이를 묻으려 하매 땅이 석종을 솟아내었으니 효는 천지에 귀감이 된다"라고 하였다. 효행에 대한 포상으로 집 한 채와 해마다 벼 50석을 받았는데, 뒤에 그는 옛 집을 희사하여 절을 삼아 홍효사弘孝寺라 하고 석종을 안치하였다.

– 〈삼국유사三國遺事〉

읽어보았는가? 그럼 이제 다음의 질문에 답해보라. 반드시 소리 내서 답해보길 바란다. 머릿속으로만 생각하기보다 스스로 소리 내어 말해야 더욱 자신의 생각을 보다 적나라하게 볼 수 있으니, 꼭 아래의 글로 내려가기 전에 소리 내어 다음 질문에 답해보라.

"손순의 행동은 도덕적으로 옳은가? 만약 옳지 않다면 왜 옳지 않다고 생각하는가?"

답해보았는가? 그럼 이제 일반적인 응답자가 앞에 있다 생각하고 필자와 대화하는 형식으로 이야기를 풀어나가 보겠다.

필자	손순의 행동은 도덕적으로 옳다고 생각하나요?
학습자	손순의 행동은 도덕적으로 옳지 않다고 생각합니다.
필자	그럼 왜 옳지 않다고 생각하나요?
학습자	어머니의 음식을 빼앗아 먹었다는 이유만으로 아이를 죽이려 했기 때문입니다.
필자	그렇다면 손순은 어떤 행동을 취했어야 했을까요? 당신이 손순이라면 어떤 행동을 취했을 것 같나요?
학습자	아이를 타일렀을 것 같습니다. 그래도 계속 어머니의 음식을 빼앗아 먹는다면, 아이를 아예 격리시키는 등 아이를 죽이지 않고도 해결할 수 있었을 것이라 생각합니다. 또 애초에 더 일을 열심히 해서 아이와 어머니에게 모두 배불리 밥을 줄 수 있을 정도로 돈을 버는 방법도 있었을 것이라 생각합니다.

(여기서부터 중요하니 잘 집중하길 바란다)

필자	그럼 손순은 아이를 묻으러 가기 전에 아이를 타이른다거나, 격리시키거나 혹은 다른 여러 방법을 시도해보지 않았을까요? 또 손순이 돈을 벌기 위해 경제활동을 할 수 없는 신체적 장애를 앓고 있었을 수도 있지 않았을까요?
학습자	어… 음…
필자	손순에게 있어서 어머니도 중요했지만, 너무 당연하게도 아이도 자신의 자식이기 때문에 너무나 소중했을 겁니다.

자신이 너무너무 사랑하는 두 사람 모두가 죽지 않고 행복하게 살 수 있기를 그 누구보다 원하지 않았을까요? 손순이 아이를 땅에 묻으려 했다고 해서 '손순은 아이를 죽이지 않고 이 상황을 해결해보려는 충분한 시도를 하지 않았다'라고 생각하는 것은 오만한 생각 아닐까요? 응답자가 지금 손순의 아이를 생각하는 애틋한 마음보다 수십 배, 수백 배는 더 애틋한 마음으로 손순은 자신의 아이를 지키고 싶었을 겁니다. 그러나 그 어떤 행위를 통해서도 아이가 계속해서 어머니의 밥을 빼앗아 먹는 것을 멈추지 못했을 것이고, 이 때문에 결국 가슴이 무너져 내리는 마음으로 둘 중 한 명을 죽여야 한다는 판단을 했을 때, 그때의 손순의 마음을 생각해보셨나요? 자신이 너무나도 사랑하고 지키고 싶은 어머니와 자식이지만 둘 중 한 명만을 살릴 수 있다는 현실과 마주하였을 때 손순이 느꼈을 그 세상 무너지는 마음을 응답자는 한 번이라도 고려해보셨나요?

손순의 이야기에서 알 수 있듯이 우리는 너무나 쉽게 타인을 blame — '탓하다'라는 단어보다 'blame'이라는 단어가 필자의 의도를 더 잘 드러내므로 이 단어를 사용하겠다 — 하려는 경향을 가지고 있다. 당사자의 입장에서 겪었을 법한 무수한 가능성을 배제한 채 우리가 생각하기 쉬운 방향으로만 생각하려고 하기 마련이다.

이를테면 '손순은 별 노력도 안 해보고 아이를 죽이려고 했다'라거나 '아이의 목숨을 가볍게 생각하였다', 혹은 '아이를 별로 사랑하지 않는다'와 같이 말이다. 손순이 느꼈을 세상 무너지는 슬픔과, 아이와 어머니 둘 중 한 명만을 살릴 수 있다는 현실을 마주했을 때의 참담한 심정은 철저히 무시하고, 애초에 고민하려는 시도조차 하지 않은 채 말이다.

그럼 이런 질문이 들 수 있다. "아니, 그럼 손순의 행동이 도덕적으로 옳다는 것인가?"라고 말이다. 이에 대한 답은 논리상 조금 어려울 수 있으니 계속해서 잘 따라와 보기 바란다.

우선 앞에서 말했듯이 당연하게도, 손순이 아이를 별로 사랑하지 않았다거나, 상황 개선을 위해 별다른 노력을 하지 않았음에도 불구하고 아이를 죽이려 하지는 않았을 것이다. 따라서 손순의 행동을 '상황 개선을 위해 충분한 노력을 하지 않았음에도 불구하고 아이를 죽이려 했기 때문'에 도덕적으로 옳지 않다고 말하는 것은 적절하지 못하다. 손순이 겪었을 무수한 감정의 흐름과 생각에 공감하지 못한, 철저히 응답자의 자기중심적인 생각이기 때문이다.

그럼 손순의 행동은 도덕적으로 옳은가? 이 또한 아니다. 그럼 대체 손순의 행동이 도덕적으로 옳지 않은 이유는 무엇이란 말인가? 그 이유는 바로 '생명의 경중을 저울질하였기 때문'이다. 위의 지문을 보면 손순이 아이를 묻기로 결심한 근거가 명백하게 제시되어 있다. "아이는 또 얻을 수 있으나 어머니는 다시 얻기 어렵다"라고 말이다. 바로 이 부분이 도덕적으로 옳지 않은 부분이라는 것이다. 아이의 생명과 어머니의 생명의 무게를 저울질하여 그 경중을 따졌기 때문이다. 그 누구의 생명도 다른 존재의 생명보다 더 높은 가치를 지니지 않는다. 모든 생명의 가치는 동일하며, 그 무엇도 생명보다 더 높은 가치를 지니지 않기에 생명의 무게를 저울질했다는 것이 옳지 못하다는 것이다.

정리해보면, 손순이 아이를 버리려고 결심하고 산에 묻으러 간 행동 자체는 도덕적으로 blame할 수 없다. 당신이 상상하는 그 모든 평화로운 해결책을 당연히 손순도 시도해보았을 것이고, 그 어떤 방법도 통하지 않았기에 결국 아이와 어머니 중 한 명만을 살릴 수 있는 상황에 처하게 된 것이기 때문이다. 그럼에도 불구하고 손순이 도덕적으로 옳은 것만은 아닌데, 그 이유는 손순이 아이를 버려야겠다고 결심하게 된 동기가 도덕적으로 옳지 않기 때문이다.

그런데 이 논의는 여기서 끝나지 않는다. 한 발자국만 더 깊이 들어가보자. 다음의 상황을 생각해보자.

오늘은 수능 시험날이다. 당신은 수능 시험장까지 지하철을 타고 가고 있다. 그런데 의료사고를 당해 휠체어를 타고 지하철에 탑승하려는 승객이 있었다. 휠체어를 타고 지하철에 올라오려는 순간, 그만 휠체어 바퀴가 지하철과 플랫폼 틈 사이에 끼어버렸다. 너무 꽉 끼어버려서 휠체어 바퀴를 빼고 다시 지하철에 안전하게 탈 때까지 10분이나 걸렸다. 결국 지하철은 10분 지연되었고, 이 때문에 당신은 수능 시험장 입실 완료 시간까지 맞춰들어가지 못하고 말았다.

당신이 이 상황의 주인공이라면 당신은 어떤 반응을 보일 것인가? 의료사고를 당해 휠체어를 타고 있던 그 사람에게 화를 낼 것인가? 그 사람을 blame할 것이냐는 말이다. 휠체어를 타고 있던 사람으로 인해 당신이 수능 시험장에 시간 안에 못 들어가게 되었으니, 그 사람은 욕을 먹어 마땅한가? 당연히 아닐 것이다. 상식적으로 의료사고를 당한 환자를 탓하는 것은 말이 안 된다. 혹시 "왜 그런 의사한테 수술을 받았습니까?"라며 blame할 것인가? 당연히 아닐 것이다.

그럼 다음의 상황을 한 번 더 읽어보라.

오늘은 학교에서 시험을 치는 날이다. 열심히 시험을 치고 있던 당신에게 갑자기 접힌 종이가 날아왔다. 뭔가 싶어서 종이를 펼쳐보니 옆자리에 앉은 짝꿍이 13번 문제의 답을 알려달라는 쪽지였던 것이다. 그런데 아뿔싸. 당신이 그 쪽지를 읽으려 하는 순간 시험 감독관 선생님이 그 장면을 목격하신 것이다. 그래서 결국 당신과 옆자리 짝꿍은 모두 실격 처리되었고, 0점으로 처리되고 말았다.

당신이 이 상황의 주인공이라 생각해보자. 당신은 어떤 반응을 보일 것인가? 필자가 만나본 수많은 학습자들은 열이면 열, 정말 신기하게도, 앞선 지하철 상황에서는 휠체어를 탄 사람을 blame하지 않다가, 두 번째 시험장 상황에서 쪽지를 날린 옆자리 짝꿍은 blame하는 경향을 보였다.

그렇지만 생각해보자. 앞선 지하철 상황과 두 번째 시험장 상황이 대체 무엇이 다르단 말인가? 휠체어를 타고 있던 사람은 의료사고를 당한 환자였으며, 의료사고의 책임은 당연히 환자가 아닌 의사에게 있다. 따라서 의료사고를 당한 그는 명백히 피해자이므로 그 사람을 탓할 수 없는 것이었다.

그럼 쪽지를 날린 옆자리 짝꿍은 어떤가? 의료 현장에서 의료사고가 있는 것처럼 '교육 현장'에서는 '교육사고'가 일어난다. 즉 그 짝꿍은 어린 시절부터 지금까지 커오며 언젠가 교육사고를 겪었을 것이라는 말이다. 앞에서 말했듯이 가장 강력한 학습의 형태는 다름 아닌 주변 환경의 연기가 몸에 배는 학습인 '훈습'이다. 즉 그 아이가 어렸을 때부터 '컨닝을 하는 것'에 대해 주변인들 중 누구도 저지하지 않았고, 심지어는 주변 환경이 컨닝과 도둑질, 즉 소위 말하는 '비양심적 행동'을 자연스레 하는 환경이었을 수도 있다는 것이다. 이로 인해 그 아이는 잘못된 교육, 즉 교육사고를 겪었을 것이며, 그 행동이 잘못된 줄조차 모르고 있었을 것이다.

그렇지만 이런 반론이 가능하다. "아니, 그런데 '자신의 행동이 잘못된 것인 줄 알면서도' 그렇게 행동하는 사람은 어떻게 설명할 것인가요?"라고 말이다. 좋은 질문이다. 조금 더 깊게 들어가보자.

앞에서, 의료 현장에서의 의료사고와 마찬가지 개념으로 교육 현장에서의 교육사고를 제시하였다. 그러니 방금 물어본 질문 또한 교육사고로 설명가능하다. 바로 이렇게 말이다. '잘못된 것인 줄 알고 있음에도, 잘못된 행동을 하고 싶은 욕구와 양심적으로 행동하고 싶은 욕구가 갈등을 일으킬 때에 잘못된 행동을 선택하는 것'이 자연스레 훈습을 통해 학습되었을 수 있다. 가장 흔한 훈습의 주 요인이 되는 '부모'가 만약 '바쁠 때에 무단횡단을 하는 모습'을 보여준다거나, '속임수를 사용해서 이기는 모습'을 보여준다면 그를 통해 훈습을 한 학습자는 '아, 옳지 않은 행동과 양심이 충돌할 때에는 옳지 않은 행동을 선택하는 것이 당연하구나'라고 자연스레 생각하게 될 것이다. 즉 이 또한 훈습을 통해 일어난 교육사고라는 것이다.

그럼 다시 이런 질문을 할 수 있다. "아니, 아무리 그래도 그런 상황에서 훈습을 통한 교육사고를 겪었다 할지라도 학습자 스스로가 노력해서 제대로 된 가치관을 확립할 수 있지 않나요? 그런 환경에서 그런 훈습을 받았다고 해서 무조건 잘못된 가치관을 가지게 되는 것은 아니잖아요"라고 말이다.

이 또한 아주 중요한 질문이다. 자, 그럼 필자가 다시 묻겠다. 앞선 지하철 상황에서 당신은 휠체어 탄 사람에게 "아니, 대체 왜 재활운동을 하지 않은 겁니까? 당신처럼 의료사고를 당했지만 재활치료를 해서 다 나은 사람도 있단 말이에요!"라며 blame할 것인가? 아닐 것이다. 그 상황의 책임은 낫기 위해 노력하지 않은 의료사고의 피해자가 아니라 애초에 의료사고를 일으킨 의사에게 있는 것이니 말이다.

훈습을 통한 교육사고 또한 마찬가지다. 시험장에서의 상황의 책임은 잘못된 훈습을 통한 교육사고를 겪었음에도 불구하고 나아지기 위해 노력하지 않은 교육사고의 피해자가 아닌, 애초에 교육사고를 일으킨 환경에 있는 것이다. 그 환경은 부모나 또래 친구와 같은 존재들뿐 아니라 TV 프로그램, 애니메이션, 유명인의 연설 등 다양한 존재들이 될 수 있다. 그 모든 훈습의 대상이 되는 환경에 바로 교육사고의 책임이 있다.

그렇다고 해서 교육사고를 당한 학습자는 재기불능이라는 뜻은 절대 아니다. 앞서 말했듯이 의료사고를 당한 환자는 스스로의 의지로 재활운동을 하며 점차 능력을 회복해나갈 수 있다. 물론 의사의 도움이 있으면 조금 더 쉽고 빠르게 회복할 수 있을 것이다. 교육사고를 당한 학습자 또한 마찬가지다. 스스로의 의지로 사고체계를 바로잡기 위해 노력하며 점차 올바른 도덕과 윤리관을 갖출 수 있다. 물론 올바른 교수자의 도움이 있다면 조금 더 쉽고 빠르게 정립할 수 있을 것이다.

그렇지만 올바른 학습으로 사고체계를 바로잡기 위하여 교수자가 해야 하는 것이 학습자를 blame하는 것, 즉 왜 이렇게 인성이 나쁘냐고 하며 탓하고 비난하는 것은 절대 아니다. 오히려 그런 방식의 교수자는 학습자에게 또 다른 교육사고를 불러일으킬 수 있다. '아, 옳지 않은 행동을 한 자에게는 마음껏 비난하고 탓해도 되는구나'라고 말이다. 학습자를 blame하는 것이 아니라 그에게 올바른 길을 제시하고 올바른 사고방식을 알려주며, '옳지 않은 행동을 하고 싶은 욕구'와 '양심'이 충돌할 때에는 '양심'을 선택하는 것이 바람직하다는 것을 학습할 수 있도록 안내하여야 한다. 그리고 학습자 스스로가 그런 선택의 상황에서 '양심'을 선택할 수 있을 때까지 믿고 기다리며, 올바른 재활치료를 할 수 있도록 최선을 다해야 한다. 의사가 환자의 회복력을 믿고 끊임없이 "아프지만 할 수 있다"라며 용기를 북돋는 것처럼, 올바른 교수자 또한 교육사고를 당한 학습자의 회복력을 굳게 믿고 끝없이 올바른 길을 제시하며, "힘들겠지만 할 수 있다"라며 용기를 북돋아줘야 한다. 이것이 그 학습자에게 잘못된 환경을 제시하여 훈습으로 인한 교육사고를 불러일으킨 사회가, 그리고 교수자가 책임을 지는 가장 올바른 방식일 것이다.

다시 손순의 이야기로 돌아와 보자. 자, 이제 답해보라. '손순의 행동은 도덕적으로 옳지 않은가?' 이제 알겠는가? 손순 또한 그저 교육사고의 피해자였을 뿐이다. 생명의 무게를 저울질하고 경중을 따질 수 있다고 주변 환경으로부터 훈습을 통해 갖춰진 사고체계를 가진 한 명의 피해자였을 뿐이라는 것이다.

다시 한 번 우리 사회를 돌아보라. 깊은 고민 없이 너무 쉽게 손가락질하고 blame하며, 타인에게 돌팔매질을 하고 있지 않은가? 너무 쉽게 '악인'이라 낙인을 찍어버리고, 그를 탓하고 비난하며 '악당을 퇴치하는 우리는 이 시대의 영웅'이라 생각하는 사회 분위기가 너무나 만연하다. 그렇지만 우리는 반드시 이 질문을 던져야 한다. '과연 우리는 타인을 함부로 blame할 수 있는가?'라고 말이다.

행복한 학습을 통해 이뤄내야 하는 궁극적인 목적은 제3장에서 보았듯이 BBT, 즉 Being Better Together이다. 타인을 배척하고 깎아내리며 싸워 이기고 짓밟고 올라서는 것이 아니라는 말이다. 사람 인人을 보면 사람은 홀로 꼿꼿이 서 있기보다는 서로에게 기대어 있는 형태를 하고 있다. 인간은 본디 절름발이라는 말도 있지 않은가? 인간은 홀로 완전해질 수 없다.

우리는 타인과 기대어 있음으로 인해 비로소 완전한 사람ᄉ이
되기에, 즉 자신의 존재가 '타인과의 관계'로 인해 온전히 정의
되기에 우리는 학습을 통해 궁극적으로 BBT를 추구해야 한다.
그리고 이를 위해서 모든 학습자가, 아니 적어도 이 책을 읽는
당신만큼은 꼭 이 말을 새겨두었으면 한다.

'마음속에 우주를 품어라.'

이 말은 모든 것을 이해하고 안아줄 수 있는 마음가짐을 의
미한다. 사회에서 너무나 당연하게 돌팔매질을 당하고 있는 사
람에게 다가가 손을 뻗고 따뜻하게 안아주는 것 말이다. 이를
가리켜 두 글자로 '공감'이라고도 부른다. 손순의 이야기를 읽
으며 손순을 탓하고 blame하기에 급급하기보다 손순의 마음이
얼마나 찢어졌을지 공감하며 같이 눈물을 흘릴 줄 알아야 한
다. 그가 지금껏 살아온 사회에 만연한 잘못된 가치관을 훈습
하여 겪게 된 교육사고에 공감하고, 영문을 모른 채 돌팔매질
을 당해온 그를 따스하게 안아줄 수 있어야 한다.

물론 이런 생각을 가지는 것은 쉽지 않다는 것을 안다. 모두
가 돌을 던지고 있는데도 앞을 막아서서 대신 돌을 맞으며 그
를 품어주는 것은 절대 쉽지 않다. 많은 용기가 필요하고, 또
진정으로 그를 이해할 수 있어야 한다. 즉 얼마나 깊이 진심을
다해 그에게 공감할 수 있는가가 중요하다는 것이다.

그럼 어떻게 이런 관점을 가지고 모두가 blame하는 대상을

마음속에 품을 수 있을까? 어떻게 해야 나에게 뺨을 때린 자에게 반대쪽 뺨을 내밀며 안아줄 수 있을까? 이에 대한 답변은 사람마다 상당히 상이할 것이라는 데에는 이견이 없다. 누군가는 종교의 힘에 기대어 그를 이해할 수 있는 힘을 달라 기도하기도 하고, 또 옛 성인들이 남긴 책을 찾아보며 도움을 청하기도 한다. 정답이라는 것은 없을 것이라 생각한다.

이제 필자가 사용한 방법을 소개하려 한다. 이렇게 타인에게 쉽게 돌팔매질을 하고 있는 자신의 모습을 의식하여 앞으로 변해야겠다고 다짐한 필자는 한 가지 습관을 매일 실천하기로 결심하였다. 바로 '명상'이다. 아무 생각도 하지 않고 명상한다는 것이 아니다. 필자가 생각하는 사고의 흐름을 제시할 테니 같이 한 번 실천해보길 바란다.

눈을 감고 상상을 한다. '마음속'을 눈앞에 그려보는 것이다. 컴컴한 무無의 세계라고 우선 생각한다. 그 캄캄한 무의 세계를 유영하는 작은 먼지 하나 들어올 공간을 만들어보자. 이제 강아지 한 마리 들어올 공간도 만들어보자. 만들었는가? 자, 이제 거기에 자신이 가장 싫어하는 동물을 하나 들여놓는 것이다. 가장 싫어하는 벌레도 좋다. 가장 싫어하고 증오하는 사람도 한 명 들여놔보자. 이제 그 마음속에 나무를 들여놓고, 숲을 들여놓고, 푸른 강과 바다를 들여놓자. 되었는가? 이제 그곳에 총과 칼, 탱크와 핵폭탄, 사회주의와 공산주의도 들여놓자.

힘들지만 그려졌는가? 그럼 그곳에 지구를 넣자. 온 인류와 셀 수 없는 많은 종의 동식물, 미생물과 구름, 비와 우박, 번개와 천둥까지 다 넣는 것이다. 그 다음에 지구 주위를 도는 달도 넣고, 화성, 목성, 태양도 넣자. 그럼 이제 우리 은하를 넣고, 안드로메다 은하도 넣는다. 수천, 수만의 은하가 흐르는 은하수도 넣어보고, 은하수들을 강물 삼아 성장하는 은하단, 그 사이의 캄캄한 무▒의 공간과 광활한 우주 전체까지. 이렇게 모든 것을 마음속에 품는 것이다. 바로 이것이 '마음속에 우주를 품어라'라는 말의 의미다.

단순히 '악'이라 무언가를 치부하고 '권선징악'을 하는 것이 옳은 것이라는 생각은 전래동화 속에서나 가능한 이야기다. 그렇지만 조금만 더 깊게 생각해보면 '악'이라 낙인찍을 수 있는 것은 사실 없다는 것을 알 수 있다. '홍길동이 혼쭐을 내준 탐관오리들은 왜 자신의 재산에만 집착할 수밖에 없었을까?', '무엇이 그들로 하여금 그러한 가치관을 가지게 만들었을까?', '자신들이 커오며 배워온 당연한 훈습의 결과로 행한 행동에 대해 곤장 수백 대와 목숨을 요구하는 사회를 마주했을 때, 그들은 얼마나 억울했을까?' 더 나아가 '탐관오리들을 죽인다고 해서 그들에게 그러한 가치관을 심어준 훈습의 대상인 환경이 없어지는 것은 아니지 않나?', '탐관오리들을 죽일 것이 아니라 잘못된 훈습을 만들어내는 환경을 바꾸는 것이 옳지 않은가?'라는 질문을 던질 수 있어야 한다. 꼭 기억하라. 당연하게 사회적으로 비난받아야만 하는 존재는 없다.

이 글을 읽는 당신은 가장 사회적으로 비난받는 자에게 다가가 따뜻하게 안아줄 수 있는, 생각의 끝을 헤아릴 수조차 없는 깊은 사유를 하는 학습자가 되길 바란다. '공감', '사랑', '배려', '나눔'과 같은 눈부시게 반짝이는 삶의 가치들을 '가식'이라 치부하지 않고 가슴과 심장으로 뜨겁게 느껴, 타인과 같이 눈물 흘리고 사랑을 나누며 같이 울고 웃는, 더 빛나는 '우리'를 만들어가는 것이야말로 진정한 학습이다.

이성의 비관주의에서 의지의 낭만주의로

'학습이란 도대체 무엇인가?' 현대 한국 사회를 살아가는 참 많은 학습자들이 간과하는 질문이었을 것이다. 학습에 대한 깊은 사고와 올바른 개념이 정립되지 않은 채 눈앞의 문제를 풀어내는 데에만 급급해 있는 것이 현재 학습 현장의 모습이다. 명확한 이유 없이 단지 옆 친구가 하기 때문에, 공부 안 하면 혼낸다는 부모의 강요 때문에, 혹은 공부를 못 하면 나중에 편하게 살지 못한다는 교사의 겁박 때문에 학습을 한다.

그러다보니 학습자들에게 있어 공부는 단지 스트레스일 뿐이고, 빨리 해치워서 자유로워지고 싶은 구속의 대상으로 다가오게 마련이다. 공부를 많이 한 다음 날에는 쉬고 싶어 하고, 쉬는 시간 종치기 직전에 질문하는 학생을 증오에 찬 눈빛으로 쳐다보곤 한다. 쉬는 시간에는 무조건 쉬어야 하며, 힘든 숙제를 내주지 않은 선생님은 학생들을 사랑하는 최고의 선생님이라는 것이다.

그러다 옆 반 친구보다 성적이 잘 나오지 않으면 낙담하고, 자책하고 스스로를 쥐어박는다. 왜 이렇게 멍청하냐며 두뇌를 탓하고, 우직하게 앉아있지 못하는 자신의 산만함과 의지 부족을 탓한다. 시험에서 실수라도 하는 날에는 자신이 너무나 증오스러워지고, 이로 인한 정신적 압박의 정도가 심해지면 극단적인 선택을 하는 경우도 있다.

학습의 본질을 잃은 현대 한국의 학습현장과 공부에 대한 인식으로 인해 늘 스트레스를 받고 있는 학습자들에게 이 책이 부디 잠시 쉬었다 갈 수 있는 안식처가 되었으면 한다. 학습 본연의 모습을 되찾기 위해 애쓰고 싶은 교수자와, 올바른 학습의 길로 학습자를 인도하고 싶은 부모에게도 이 책이 부디 나침반과 같은 역할을 하였으면 한다.

학습을 하다보면 어느 순간 길을 잃었다는 느낌이 들 때가 있다. 어디를 봐도 오답밖에 보이지 않는 데도 정답을 찾아내라 외치는 사회의 압박에 지쳐 어느 순간 무기력해질 수도 있으며, 계속되는 실패의 경험으로 인해 '나는 이 정도밖에 안 되는 인간이야'라며 포기하고 싶을 순간들도 분명 있을 것이다. '나 따위가 이걸 하겠다고 하면 주변 사람들이 얼마나 비웃을까'라는 마음에 꿈을 포기하고, 이 정도면 최선을 다한 것이라며 스스로를 속이고 현실과 타협하려 할 수도 있다.

예고 없이 찾아오는 그런 모든 순간들에 부디 필자가 하는 이 말이 섬광처럼 뇌리를 스쳐 지나가길 바란다. 필자가 가장 좋아하는 영화 〈Bending The Arc〉에 나오는 문구다.

'이성의 비관주의에서 의지의 낭만주의로'

어떠한 정황을 봐도 불가능할 것이라는 결론밖에 나지 않는 것 같을 때 머릿속으로 꼭 되뇌기 바란다. 필자 또한 중학교 시절 주구장창 농구만 하다가 고등학교에 올라와서 사람들을 살리는 의사가 돼야겠다는 결심을 했을 때, 주변의 많은 사람들이 비웃었다. 친구들은 물론이거니와 학교 선생님, 심지어는 학부모님들도 모여서 비웃곤 했다. 그 상황 속에서도 끝까지 필자를 믿어준 존재가 네 명 있었는데 부모님과 고등학교 3학년 때의 담임선생님, 그리고 필자 자신이었다.

이 글을 읽는 독자 가운데 누군가는 필자의 경우보다 훨씬 더 힘들 수도 있다. 스스로를 믿는 존재가 자신뿐일 수도 있다. 그렇지만 모두가 다 비웃고 믿지 않더라도, 마지막의 마지막 순간까지 자기 자신만은 스스로를 굳게 믿어주길 바란다. 이성의 비관주의보다는 의지의 낭만주의로, 부디 학습에 푹 빠져 그 즐거움을 만끽하는 행복한 삶을 살 수 있길 바란다.

주석

제1장 – 공부에 대한 오해와 이해

1. 이 책의 모든 교육심리학 이론은 모두 다음 책에서 참조하였다. 그 중 고전적 조건화, 모델링에 관한 부분은 다음 부분에 언급되어 있다. Don kauchak, Paul eggen, 「교육실제를 보는 창」, 『교육심리학』, 김동민, 김정섭, 김종백, 김지현, 서영석, 신종호, 도승이 역., 서울 : 학지사, 2016, pp.243–290.

2. 교육심리학 이론 중 지능이론은 다음 자료에서 참조하였다. Ibid., pp.189–197.

3. Ibid., pp.458–459.

4. 여러 가지 동기이론은 다음 자료에서 참조하였다. Ibid., pp.435–489.

5. 모든 용어 정의는 네이버 지식백과의 정의를 인용하였다.
「공교육」, 『네이버 지식백과』, 「https://terms.naver.com」, 2020. 6. 13
「사교육」, 『네이버 지식백과』, 「https://terms.naver.com」, 2020. 6. 13

제2장 – 공부를 왜 하는가?

1. 이 책에서 다루는 인류의 역사와 호모 사피엔스에 관한 논의는 다음 책을 참조하였다. Yuval Noah Harari, 사피엔스, 조현욱 역, 서울 : 김영사, 2015

2. 「야생아」, 『두산백과』, 「https://doopedia.co.kr」, 2020. 6. 15

제3장 – 공부에 대한 불편한 진실, 그리고 해결방법

1. 이 장의 모든 교육심리학 이론 중 동기이론은 모두 다음 자료를 참조하

였다. Op.cit., Don kauchak, Paul eggen, pp.437-489.

2. 역동적 평가에 관한 내용은 다음 자료를 참조하였다. Ibid., 89-92.

3. 공자, 『논어』

4. 유교 사상에 관한 논의는 다음 자료를 참조하였다. 맹자, 『맹자』

제4장 - 공부의 정도 正道

1. 매슬로우의 욕구위계론에 관한 논의는 다음 자료를 참조하였다. Op.cit., Don kauchak, Paul eggen, pp.446-447.

2. 에릭슨의 성격발달 단계와 마르시아의 정체감 이론은 다음 자료를 참조하였다. Ibid., pp.117-122.

3. Sin prisa, sin pausa라는 어구는 필자의 좌우명이기도 하다. 본문에 언급한 대로 스페인의 유명한 속담이라고 한다.

제5장 - 보다 행복한 학습을 향하여

1. 세상에서 가장 먼 여행에 관한 논의는 다음 책을 참조하였다. 신영복, 『담론』, 돌베개, 2015., pp.13-22.

2. 본문에 언급되어 있듯이 스스로를 있는 그대로 바라보고 정의하는 것에 관한 논의는 다음 책을 참조하였다. 에리히 프롬, 『소유냐 존재냐』, 차경아 역., 까치, 2020

3. 손순의 일화는 다음 자료를 참조하였다. 일연, 『삼국유사』

참고 - 더 읽어볼 만한 책

※ 셸리 케이건, 죽음이란 무엇인가, 박세연 역., 파주시 : 웅진씽크빅, 2012

학습이란 무엇인가

지은이 | 김규민
펴낸이 | 박영발
펴낸곳 | W미디어
등록| 제2005-000030호
2쇄 발행 | 2021년 8월 20일
주소 | 서울 양천구 목동서로 77 현대월드타워 1905호
전화 | 02-6678-0708
e-메일 | wmedia@naver.com

ISBN 979-11-89172-31-2 (03370)

값 15,000원